당신은
사람 보는 눈이
필요하군요

당신은 사람 보는 눈이 필요하군요

나쁜 관계에서 나를 지키는 방탄 심리학

크리스텔 프티콜랭 지음

이세진 옮김

부·키

지은이 **크리스텔 프티콜랭** Christel Petitcollin은 신경언어학, 에릭슨 최면요법, 교류 분석 등을 공부하고 심리치료사, 자기계발 강사, 작가로 활동하고 있다. 인간관계에 특히 관심을 갖고 20년간 모든 종류의 인간관계에서 나타나는 심리적 조종을 다루어 왔다. 《나는 생각이 너무 많아》《나는 왜 그에게 휘둘리는가》《나는 왜 네가 힘들까》 등을 출간 했다. 프랑스 국영·지역 방송에 출연하고 여러 매체에 칼럼을 쓰는 등 활발한 활동을 통해 독자와 청중을 만나고 있다.

옮긴이 **이세진**은 서강대학교 철학과와 같은 학교 대학원 불어불문학과를 졸업했다. 크 리스텔 프티콜랭의 《나는 생각이 너무 많아》와 《나는 왜 그에게 휘둘리는가》를 비롯해서 《유혹의 심리학》《나르시시즘의 심리학》《나라서 참 다행이다》《내 안의 어린아이》 등 심리 학 서적을 우리말로 옮겼다.

당신은 사람 보는 눈이 필요하군요

2018년 9월 10일 초판 1쇄 발행 | 2024년 7월 15일 초판 8쇄 발행

지은이 크리스텔 프티콜랭 | 옮긴이 이세진 | 펴낸곳 부키(주) | 펴낸이 박윤우
등록일 2012년 9월 27일 | 등록번호 제312-2012-000045호
주소 서울시 마포구 양화로 125 경남관광빌딩 7층
전화 02)325-0846 | 팩스 02)325-0841
홈페이지 www.bookie.co.kr | 이메일 webmaster@bookie.co.kr
제작대행 올인피앤비 bobys1@nate.com

ISBN 978-89-6051-658-8 03180

이 도서의 국립중앙도서관 출판예정도서목록(CIP)은 서지정보유통지원시스템 홈페 이지(http://seoji.nl.go.kr)와 국가자료공동목록시스템(http://www.nl.go.kr/ kolisnet)에서 이용하실 수 있습니다.(CIP제어번호: CIP2018025258)

여는 글
아마도 생각이 너무 많을 여러분에게

이 책을 읽기 전에 다음을 염두에 두었으면 좋겠습니다. 여러분처럼 생각이 너무 많은 사람은 책을 건성으로 읽어 버리기 좋아한다는 것을 나도 익히 알고 있습니다. 책에서 말하고자 하는 바를 금세 포착하다 보니 끝까지 차분하게 읽어 갈 필요성을 못 느끼지요. 그래서 자기와 직접 관련되는 부분만 골라서 읽고 지루해 보이는 나머지 부분은 건너뛰곤 합니다.

그런 읽기도 여러모로 유용할 수 있습니다만 '치유' 기능의 독서에는 적합하지 않습니다. 이 책은 여러분의 의식이 독서를 통해 여러 계기와 부딪히면서 깨어나게끔 구성되었습니다. 그런 논리적 진행을 따라가면 여러분을 조종당하기 쉬운 사람으로 만드는 모든 것에서 분연히 벗어날 수 있습니다. 중간 단계들을 건너뛰고 읽다 보면 내가 왜 그런 주장을 펴는지 그 이유를 정확히 알지 못하고 이 책의 내용 또는 일부 대목에 반감을 느낄지도 모릅니다. 판단에 필요한 정보들이 다 갖춰지지 않은 상태에서는 내가 마련한 계기들이 제대로 작동할 수 없으니까요.

이런 이유에서 여러분이 내가 일부러 닦아 놓은 코스를 잘 따라 주기를 바랍니다. 그래야만 이 책을 읽으면서 최대한 많은 것을 건질 수 있습니다.

이제 출발해 볼까요? 즐거운 독서가 되기를 바랍니다.

Christel Petitcollin

차 례

1부
그는 당신의 인생을 망치러 왔다

2부
'생각이 많은 사람'은 왜 목표물이 될까

3부
당신이 '자꾸'만 빠지는 함정의 실체

4부
지금 당신에게 필요한 건 '선 긋기'

본격적으로 시작하기 전에

심리 조종 피해자의 편에 서서 심리 조종 수법, 피해자들의 반응, 먹잇감이 포식자에게 걸려드는 메커니즘을 연구한 지 어느덧 24년이 되었다. 나는 특히 피해자가 심리 조종자의 지배에서 벗어나는 데 도움이 되는 요소를 찾고자 노력해 왔다.

임상 경험을 차곡차곡 쌓으면서 심리 조종자들의 인격과 심리 조종 피해자들의 인격을 파악할 수 있었고 이 둘의 기묘한 연결에 어떤 요소들이 관여하는지 알 수 있었다. 코칭 상담을 통해서 더욱 다듬어지고 보완된 방식으로 관찰하게 되었으며 막연하던 가설은 기각되거나 검증되거나로 결판이 났다. 복잡성 사유의 구성 요소들을 잘 알게 되면서부터는 심리 조종자가 어떻게 피해자의 정신적 거미줄을 의도적으로든 본능적으로든 역이용하는지 이해할 수 있었다. 특히 내가 발견한 가해자와 피해자의 기능적 상호 보완성은 꽤나 큰 충격을 주었다. 예를 들어, 한쪽은 감각 과민증인데 다른 쪽은 감각적 침입을 행사한다 (자세한 설명은 앞으로 차차 하겠다). 한쪽은 타자를 이해하려는 욕구가 병적으로 절박하고, 다른 쪽은 설명을 (역시 병적으로) 거부한다. 평화와 조화를 갈망하는 이쪽의 마음이 갈등과 힘겨루기를 원하는 저쪽의 욕구와 충돌하는 것이다.

이런 관찰에서 다섯 권의 책이 나왔다. 그중 세 권은 심리 조종을 다루고 두 권은 내가 '정신적 과잉 활동'이라고 명명한 복잡성 사유 현상을 다루었다(생각이 너무 많은 사람들은 자신에게 영재성이 있다고 생각하지 않기 때문에 나는 이런 명칭을 만들어 냈다).

이 책들은 다음 순서에 따라 썼고 내용이 서로 맞물려 있다.

> 《나는 왜 그에게 휘둘리는가》
> 《나는 생각이 너무 많아》
> 《심리 조종자와 이혼하기: 풀타임 근무 *Divorcer d'un manipulateur : un emploi à plein-temps*》(국내 미출간)
> 《나는 왜 사랑받지 못할까?》
> 《나는 생각이 너무 많아: 생존편》

심리 조종자를 다루는 책에서는 피해자 프로필을 설명하는

데에만 몇 장※을 할애했다. 정신적 과잉 활동을 다루는 책에서는 복잡다단한 두뇌의 소유자들은 암시에 걸려들기 쉬우니 각별히 주의해야 한다고 몇 장씩 할애해 가면서 당부했다.

독자들은 대개 내가 의도한 방향대로 이 책들을 읽어 주었다. 복잡하게 갈래를 뻗어 나가는 자신의 독특한 사고방식과 화해하고 자신감을 찾았다고 말해 준 독자들이 참 많았다. "휴, 살았네요!" 여러분은 내게 이렇게 알려 주었다. 하지만 많은 이에게 이처럼 평화로운 소강상태는 아주 잠깐밖에 지속되지 않았으리라.

객관적인 사실이 그렇다. 정신적 과잉 활동인은 심리 지배에서 벗어나는 자기계발을 수행한 후에도, 또 심리 조종 메커니즘을 훤히 파악한 후에도 꼭 자석처럼 그런 사람들을 끌어당긴다. 이미 다 이해했고, 손바닥 들여다보듯 빠삭한데도…… 결정적인 요소가 아직 빠져 있달까. 그들은 심리 조종에서 영원히 구원받을 계기를 아직 만나지 못한 것처럼 행동한다. 그래도 드물게나마 그런 계기를 만난 사람들이 있다. 그들은 이제 웃으면서 내게 말한다. 심리 조종자가 거창한 끄나풀을 바리바리 챙겨서 다가오는 모습이 십 리 밖부터 보인다고, 지금은 오히려 심리 조종자가 자기를 겁내는 것 같다고. 안타깝게도 다른 사람들은 기억상실에라도 걸리는 것 같다. 그들이 기껏 얻은 정보는 희석되고 증발된다. 말짱 도루묵이다.

심리 조종 피해자 코칭을 오랫동안 해 오다 보니 내게 상담을 받은 사람을 몇 년 후에 다시 만날 기회도 많았다. 과거에 그들은 내게 상담을 받으면서 파멸적인 지배 관계에서 벗어났다. 하지만 그 후 동일한 관계 도식에 말려드는 바람에 다시 상담의 필요성을 느끼고 찾아온 것이다. 이들에게는 따끔한 추가 접종이 필요하다. 이런 사례를 마주칠 때마다 나는 심리 조종자들이 엄연히 존재한다는 사실을 생각이 너무 많은 사람들이 얼마나 빨리 잊어버리는지 관찰하면서 충격을 받는다. 활기차고 정 많고 자신감 넘치는 이들은 금세 본인의 인도주의 성향으로 돌아가 또다시 관계의 백지수표를 남발한다. 못된 놈들이 존재한다는 불쾌한 현실을 인정하지 못하면서 정신적 과잉 활동인이 다음번에 만날 포식자의 이상적 먹잇감이 되지 않을 도리가 있나?

프랑신은 예전에 직장 문제로 내게 코칭 상담을 받았다. 그녀의 문제는 본인의 정신적 과잉 활동에 대한 무지와 직결되어 있었다. 그래서 자기가 어떤 사람이고 자기 두뇌가 어떻게 활동하는지 이해하고 난 후에는 동료들과 보조를 좀 더 잘 맞출 수 있었고 잘 맞는 업무도 찾았다. 그런데 2년 만에 상담받으러 다시 온 것이다. 원하던 업무를 맡기는 했지만 그 부서에서 사정이 "그리 잘 풀리지는 않았기" 때문이다. 그녀는 새로 만난 상사가 '특별하지만' '업무 능력이 그렇게까지 뛰어나지는 않다'고 느꼈다. 얼마 지나지 않아 상사가 프랑신을 어설프게 싸고돌기 시작했고 그녀는 동료들에게 밉보이고 말았다. 말을 경청하다 보니 내 눈엔 그 상사가 심리 조종자라는 사실이 명명백백했다.

상사는 자기 부서에서 잘 안 풀리는 일을 모두 프랑신 책임으로 돌리려고 의도적으로 그녀를 편들고 있었다. 그 여자가 프랑신을 곤란하게 만들면서 상황을 즐기는 게 분명했다. 프랑신이 거미줄에 걸린 파리 신세가 되어 팀원들에게 찢기고 먹히는 모습을 즐기고 있다고 할까. 내 가설을 듣더니 프랑신은 그럴지도 모른다고 수긍하고는 그 후의 이야기도 더 들려주었다. 곧잘 충동적으로 결정 내리는 문제의 상사는 마치 어쩌다 그런 것처럼 여름휴가철 직전에 업무 프로세스를 싹 바꿨다. 나는 프랑신이 혼자 팀원들의 적대감을 상대하게끔 상사가 방임한 게 아니냐고 짚고 넘어갔다.

"아뇨, 그분은 심리 조종자가 아니에요!"

프랑신이 상사를 편들고 나서자 어이가 없었다. 그래서 나는 심호흡을 하고 딱 잘라 말했다.

"잘 들어요, 프랑신. 날 좀 도와줘요. 내가 이번에는 왜 정신적 과잉 활동인이 심리 조종에 특히 잘 걸려드는지 설명하는 책을 쓸 거예요. 전남편도 심리 조종자였지요? 그래서 그들이 어떻게 행동하는지 누구보다 잘 알지요? 그런데 프랑신이 지금 하는 말을 들어 보면 그 상사는 분명히 당신에게 악의가 있어요.

도대체 왜 그 사람이 심리 조종자라는 사실을 받아들이지 못하는데요?"

프랑신은 퍼뜩 제정신이 든 것 같았다. 마치 최면에서 깨어난 사람처럼 정신을 못 차리고 얼떨떨해했다. 무척 혼란스러운 듯 말까지 더듬거렸다. 그다음 상담에서 그녀는 '각성'했다. 차분하고 단호하고 이성적인 모습으로 돌아온 것이다. 바로 앞 상담에서 보여 준 정신 못 차리는 모습은 온데간데없었다. 곰곰이 생각했더니 내 말이 다 맞았다고 했다. 그녀는 내가 제기한 비판과 위험 요소를 하나하나 되짚어 보았다. 그러면서 다음 회의에서 상사가 어떤 식으로 변명할지 조목조목 예측했다. 나는 프랑신이 하는 말을 다 인정할 수밖에 없었다. 정신적 과잉 활동인은 현실적인 자기변호에 나서기를 진심으로 작정하면 그다음부터는 알아서 잘한다! 프랑신 또한 자기 입으로 그동안 마치 최면에라도 걸린 것 같았다고 말했다.

2년 전에 에리크는 심리 조종자 아내와 아주 힘들게 이혼을 했다. 하지만 전처의 도구가 되어 버린 열다섯 살짜리 딸내미에게 여전히 꽉 잡혀 살고 있다. 재혼한 아내는 에리크가 부녀 관계를 회복할 수 있게끔 지원해 주는 듯했다. 하지만 차츰 두 번째 아내도 심리 조종자의 면모를 드러내면서 전처의 딸이 연적이라도 되는 것처럼 행동했다. 에리크와 딸의 관계는 지금의 아내 때문에 나빠졌으면 나빠졌지 절대로 좋아지지 않았다. 에리크와 내가 딸과의 관계 회복을 위해 마련한 계획들은 모조리 현재 아내의 방해로 좌절되었다. 게다가 아내는 점점 더 이성적으로 납득하기 힘든 반응을 보였다.

에리크는 두 번이나 이상한 여자에게 걸려들었다는 사실을 인정할 수 없었다. 아내가 범죄에 가까운 일을 저질렀는데도 그 소행을 변명해 주려고 온갖 핑계를 만들 정도였다. 그러던 어느 날, 내게 죽을죄를 지었다는 표정으로 고백했다. 자기도 그런 여자인 줄 알지만 사랑한다나. 절대로 헤어질 수 없다나.

장폴은 이혼 과정에서 전처의 탐욕과 악의를 입증할 기회가 얼마든지 있었다. 그는 내 책에 나온 심리 조종자의 프로필과 전처가 완벽하게 일치한다고 인정했다. 그런데도 수시로 자기가 어떤 사람을 상대하는지 까맣게 잊고 전처가 이성적이고 믿을 만하며 악의 없는 사람인 것처럼 행동했다. 그러다가 한 번씩 뒤통수를 맞으면 그제야 정신이 번쩍 나는 듯했다. 장폴은 어느 회사의 대표다. 그는 어떤 청년이 자기 마음을 움직였다는 이유로 "두 번째 기회를 주고 싶어서" 회사에 채용했다. 얼마 지나지 않아 장폴은 회사 문제로 상담을 하러 왔다. 그 청년을 채용한 후로 사내 결근 비율과 인사 교체율이 높아져서 직원들이 아주 힘들어하고 있다나. 하지만 장폴은 이 문제를 심각하게 보지 않으려 했다. 제멋대로 구는 청년은 물론 골치 아픈 직원이지만 자기가 이 상황을 타개할 수 있고 아버지 같은 인내심과 온정으로 그 친구를 대하면 결국은 다 잘될 거라고 했다. 그로부터 2년간 장폴의 시간 낭비, 기력 낭비, 돈 낭비는 상당한 수준이었다. 그래도 장폴은 잘 협상해서 드디어 그 성격 파탄자를 회사에서 내보낼 수 있게 되었다고 안도했다.

안도는 오래가지 않았다. 그 매력적인 청년은 '부친 살해'를 작정했던 모양이다. 퇴직 협상을 다 마쳐 놓고 곧바로 장폴을 부당 해고로 고소했다. 장폴은 그 소행을 도무지 이해할 수 없다고 길길이 뛰면서도 청년이 심리 조종자라는 사실은 인정하지 않았다. 그는 차라리 청년도 너무 힘들어서 그랬을 거라 생각하고 싶어 했다. 그런 태도가 장폴의 실패에 '고결한' 인상을 더해 준 것은 사실이다.

마리안도 죽을 것처럼 힘들게 이혼을 했다. 전남편은 심리 조종자 중에서도 특히 음흉한 축에 드는 사람이었다. 그녀는 차츰 남편의 수작에 넘어가지 않는 법을 배웠다. 남편은 마리안과 아이들을 떼어 놓는 데 성공하지 못했다. 심지어 될 대로 되라는 식으로 외국에 가 버렸다. 마리안은 심리 조종자들의 소행에 관한 한 완전히 도가 튼 것처럼 보였고 꽤 단호하게 전남편을 저지하는 데 성공했다. 그녀는 얼마 전에 새로운 남자를 만나서 함께 살기 시작했다. 그런데 새로운 남자와의 생활은 그녀가 평소 지켜 왔던 소신이나 인생관과 정반대로 흘러가고 있었고, 그 때문에 또 힘들어지기 시작했다. 그렇지만 그녀는 그 남자도 심리 조종자일 리는 없다고 딱 잘라 말했다. 나는 마리안과 상담을 하는 내내 그녀가 그 남자의 지저분한 행동을 변명하느라 머리깨나 쓴다는 생각이 들었다. 심지어 자기 삶의 원칙을 침해하는 행동인데도 변명을 해 주다니.

몇 년 전에 소니아는 내게 코칭 상담을 받고서 악질 심리 조종자 남편과 그럭저럭 괜찮게 이혼을 했다. 상담을 통해 직장에서 자기주장을 하는 법을 배웠고 정말로 근사한 남자도 만났다. 그런데 그녀가 매우 심란한 얼굴을 하고 다시 찾아왔다. 옛 동료가 나가서 '자기 회사를 세웠는데' 소니아에게 사장 자리를 맡아 달라고 했다나(실상은 명의만 빌려 달라는 뜻이었다). 소니아는 첫날부터 이성보다는 감정에 휘둘렸다. 그녀의 기억에 함께 일하던 당시에도 그 동료는 그리 믿음직한 인물이 아니었다. 이야기는 놀라웠다. 그녀는 마치 사람이 둘로 쪼개진 것처럼 한편으로는 상대의 모순, 상대가 말하지 않은 것, 상대의 압박을 냉철하게 관찰했다. 일이 어떤 식으로 굴러갈지 훤히 보였다.
그런데 함정인 줄 알면서도(확실치 않은 사람됨, 급박하게 들어오는 압력, 일단 저질러 놓고 통보하기, 막판에 가서 다 바꾸기……) 그녀는 거기에 빠지지 않을 도리가 없었다. 거절해야 한다는 사실을 알고도 그럴 수 없었던 것이다. 다행히도 소니아는 우리의 코칭 세미나에서 사임의 뜻을 밝힐 용기를 얻었다(계약서에 서명한 지 한 달밖에 안 됐을 때다). 그다음에는 문제의 심리 조종자가 그녀의 서명을 사용할 수 없도록 곧바로 법적 조치까지 밟았다. 몇 주 후, 소니아는 완전히 해방되었다. 운 좋게 그 실수는 큰 손해를 끼치지 않고 마무리되었다. 심리 조종자는 단호하게 돌변한 태도에 당황했는지 군말 없이 출자금을 돌려 주었다. 우리가 함께 이 일을 정리할 때 소니아는 매우 중요한 두 가지 요소를 지적했다.

> 예전 동료는 호감 가는 사람은 아니었지만 소니아가 결코 거부할 수 없는 마법의 말을 건넸다. "난 당신이 필요해."
> 소니아는 위험천만한 계약을 맺는다는 것을 빤히 알면서도 상대가 하자는 대로 했고 서명한 계약서가 합의한 바와 다르다는 것을 알았을 때조차 변호사 앞에서 감히 '진상을 떨지' 못했다. 그렇지만 나중에 변호사가 어떻게 그 불공정한 계약서를 인증할 수 있었을까 의문을 품기는 했다.

프랑신, 소니아, 마리안, 장폴, 에리크, 그 밖의 수많은 사람이 떠오른다. 내게 상담을 받은 사람 가운데 적지 않은 수가 지배 관계에서 빠져나와 두 다리 뻗고 살 수 있게 되자마자 기억

상실에 걸린 듯 새로운 지배 관계에 발을 담근다……. 자기가
어떤 사람을 만나 욕봤는지 까맣게 잊고 또 다른 심리 조종자
를 인간적이고 선의 넘치는 사람으로 착각하고 다가간다. 외부
자의 시선으로 보면 자기가 들어갈 불구덩이를 제 손으로 열심
히 파는 것처럼 보일 정도다. 그들은 제 발로 감옥에 들어간 다
음에 감옥 열쇠를 순진하게 심리 조종자에게 건네준다. 사실과
행동만 따져 봐도 명백한 상황을 왜 못 볼까? 너무 남을 쉽게 믿
어서? 너무 관대해서? 아니면 사랑받고 싶고 쓸모 있는 존재가
되고 싶은 욕망이 너무 커서? 그렇다면 그들의 방어기제는 어디
로 갔을까? 자기보호를 못 하는 건가, 안 하는 건가? 세상에는
심보가 고약하고 못돼 먹은 사람들도 있는데, 이 당연한 생각을
그들은 왜 못하는가?

소니아는 앞에 드리워진 함정을 훤히 보면서도 피하지 못
했다. 프랑신은 새로운 상사가 심리 조종자일 거라는 생각조차
못했지만 상담 후에는 곧바로 이해했다. 마리안은 위험을 못 본
체하면서 새로운 남자친구의 행동거지를 변명해 주기 바빴다.

에리크는 명철하면서도 불행했다. 조금이나마 사랑받기 위
해서 과거에 전처와의 관계에서 그랬던 것처럼 완전히 제멋대로
구는 배우자를 참고 견딜 각오를 하고 있었다.

그리고 장폴은 그냥 내가 하는 말을 아예 알아듣지 못했던

것 같다……. '심리 조종자'에 대한 개념 자체가 없었다. 그는 허다한 사례들을 목격하면서도 모든 사람이 서로 이해하며 살 수 있다는 믿음을 버리지 않았다. 그렇게 믿겠다는데 어쩌랴.

사실 오랫동안 이 책의 집필을 망설였다. 할 말은 이미 다했다고 생각했으니 말이다. 심리 조종자들에 대해서나, 생각이 너무 많은 사람들에 대해서나. 정보의 밥상이 그 정보를 알고자 하는 사람들 앞에 이미 차려져 있는 느낌이라고 할까. 특히 내가 쓴 책을 다시 읽어 볼 때면 그런 느낌이 더욱 여실했다. 이미 했던 말을 쓸데없이 반복할 필요가 없다고 확신했다. '뭐야, 여기다 있잖아! 난 이미 다 말했어!' 한 줄 한 줄 읽을 때마다 그런 생각이 들었다. '이렇게까지 얘기했는데 어떻게 모를 수가 있지?'

전작 《나는 생각이 너무 많아: 생존편》에서 나는 정신적 과잉 활동인과 상담할 때 자주 느끼는 피로감, 인간에 대한 그들의 대책 없는 믿음에 대해 말한 적이 있다.

나는 그 버러지 같은 인간들이 아무것도 모르는 보통 사람들을 수동적인 공모자로 삼고서 여러분에게 가하는 악행을 더는 못 참겠다. …… 가끔은 여러분이 너무 천사표라서 내가 다 짜증이 난다. …… 나는 이제 여러분을 설득할 목적으로는 단 한 줄도 더 쓰고 싶지 않다.

다행히 나의 피로와 낙심은 늘 잠깐밖에 지속되지 않는다.

여러분이 이 책을 읽고 있다는 사실만 봐도 더는 이 주제로 책을 쓰지 않겠다는 내 결심이 무너진 것을 알 수 있다. 여러분이 머뭇거리던 내 등을 떠밀었다. 내가 심리 조종자와 정신적 과잉 활동인의 놀라운 상보 관계를 다룬 책을 쓰고 싶다고 말할 때마다 여러분은 제목만 듣고도 눈빛이 확 변하곤 했다. "오, 좋네요, 그 책 써 주세요! 저한테 꼭 필요한 책이에요!" 여러분의 기대에 큰 힘을 얻어 나는 다시 조사에 착수했다. "문제는 없다, 해법들이 있을 뿐!" 이 문장이 나의 모토다. 분명히 내가 아직 파 보지 못한 단서들이 있을 거라고, 아직 발견하지 못한 해법들이 있을 거라고 생각했다.

나는 심리 조종자와 그 먹잇감 사이의 연결고리, 상응, 유사, 대조, 상호 보완을 목록으로 정리해 보았다. 진입점이 어딜까? 어디서 힘을 받아서 이런 결과가 나왔지? 어떤 반향들이 있지? 서로 이해 못 하는 부분은 뭘까? 나는 심리 조종자들의 행동과 활발하게 돌아가는 두뇌 기능 사이에서 상당한 상호 보완성을 발견했고 이 얘기를 여러분에게 꼭 해 줘야겠다고 마음먹었다!

나는 머리가 빨리 돌아가는 사람일수록 심리 조종에 빠지기 쉽다는 놀라운 결론에 이르렀다. 쉽게 이해되지 않겠지만 사실이다. 똑똑한 사람은 다른 사람을 이해하고 싶어 하고 상대의 관점을 헤아리려 한다. 난관에 굴하지 않고 이해의 여지를 찾는다. 더욱 안타까운 것은, 똑똑한 사람은 모든 오해를 대화로 풀수 있다고 순진하게 믿는다. 그런데 심리 조종자는 거짓말을 하고, 현실을 부인하고, 일부러 갈등을 조장한다. 애초에 악의로 똘똘 뭉친 사람과는 대화로 해결을 볼 수가 없다.

이 책을 쓰기 전에 내가 마지막으로 극복해야 했던 난관은 바로 격차다. 쉽게 말해 심리 조종자들에 통달한 나의 전문적 식견과 여러분이 들어서 아는 이야기(혹은 듣고 싶은 이야기) 사이의 격차다. 24년의 시간을 떠올려 보기 바란다. 그 세월 동안 내가 귀 기울이고 도움을 준 심리 조종 피해자들이 어디 한둘이겠으며 얼마나 많은 점을 알게 되었겠는가. 나는 이제 심리 조종자들의 실체에 일말의 의심이나 환상을 품지 않는다.

내가 곧잘 사이코패스로 몰린다는 것도 잘 알고 있다. 그 이유는 내가 사이코패스를 사이코패스라고 바른말을 하기 때문이다. 나는 여러분에게 불편한 진실을 고발한다. 아니면, 그냥 상상도 필요 없는 진실이라고 해야 할까? 그렇지만 세상에는 사회적으로 멀쩡한 얼굴 뒤에 잔인하고 악독하고 위험한 심보를 숨기고 사는 사람들이 분명히 있다. 엄연한 사실을 부인하면서 여러분이 보호받을 수는 없을 것이다.

이따금씩 상담을 진행하면서 심리 조종자의 시커먼 속내를 설명하노라면 여러분이 쏟아 내는 경멸 어린 시선을 느낀다.

"어떤 사람이든 좋은 점도 있게 마련이지요. 난 칼로 무 자르듯 사람을 나쁘게 단정하고 싶지 않아요." 이런 유의 천사표 발언을 내가 얼마나 많이 들었는지 아는가.

그렇지만 여러분의 이론은 현실 앞에서 버텨 내지 못한다. 허용의 여지가 전혀 없는 사실과 행동도 있다. "아드님이나 따님이 그런 일을 당했다고 생각해 보세요. 제일 친한 친구에게 생긴 일이라고 상상해도 좋아요. 그래도 그딴 짓을 한 인간에게 뭔가 좋은 점이 있을 거라고 말할 수 있을까요?" "음, 뭐라고요? 아뇨, 그런 말은 못하지요." 최근에 사회면에 실린 추접스러운 뉴스들을 상기시키면서 나의 증명을 마무리하련다. 잔인무도한 범죄를 사전에 냉철하게 계획하고 실행하는 인간은 엄연히 존재한다.

"그럼, 그런 사람의 소행은 어떻게 설명할 건가요? 그 악당에게도 인간다운 선의가 있나요?" 여러분이 얼굴에서 지우지 못하는 난처한 표정은 참으로 많은 것을 말해 준다. "선의야 있겠지요, 난 알아요. 하지만 그런 행동에서 의미를 찾을 순 없지요. 내가 판단하고 말고 할 일이 아니라고 생각해요."

나는 내게 상담받는 사람들에게서 정말로 비극적인 사연들을 들었고 그러한 상황의 동기를 알아내고자 애쓰다 보니 어느새 사이코패스의 사고방식을 거의 직통으로 읽어 내기에 이르렀다. 나는 상담 대상자가 들려주는 정보에 집중한다. 그러면 어느 순간부터는 골치 아픈 일들을 예측하고 미리 조심시킬 수 있다. 가령 이런 식으로 말을 꺼낸다. "내가 그 심리 조종자인데 당신을 피 말리게 하고 싶다면 이렇게 행동할 것 같아요." 내 예측은 웬만하면 맞아떨어진다. 심리 조종자의 위험성 수준에 대한 예측도 마찬가지다. 어느 순간부터 내게 상담받는 사람들은 나를 '마담 이르마'◆라는 별명으로 부르기 시작했다. 그들은 며칠 뒤 다시 상담을 받으러 와서 이렇게 말한다.

"그 인간이 딱 선생님이 말한 대로 나오더라고요! 다행히 선생님께 미리 들은 말이 있어서 대비할 수 있었어요."

자, 여러분은 그들의 행동을 감당하지 못한다. 나의 고발을 듣고 불쾌해하기보다는 나를 믿어 주기 바란다. 내가 다 설명할 수 있다. 이쪽으로 빠삭하게 알고 말하는 거니까!

용인할 수 없는 행동을 바로 알아보고, 이해하고, 비판하고, 좌절시킬 수 있는 사람이 많아질수록 여러분이 열망하는 평화와 화합이 세상에 널리 실현될 것이다.

그리고 우리끼리 솔직히 말하자면 삶의 기쁨, 애정, 원기를 기분 나쁜 사람에게 쪽쪽 빨리는 것보다 나은 일이 세상에 얼마

◆ 〈마담 이르마(Madame Irma)〉는 2006년에서 프랑스에서 제작된 코미디 영화로, 냉정하고 권위적인 여성 고위 간부가 하루아침에 회사에서 해고당한 후 마담 이르마라는 점술가로 변신하는 내용을 담고 있다. - 옮긴이

나 많은가? 여러분은 달라질 준비가 되었는가? 구원의 계기를 맞이하고 싶은가? 아, 그렇다고?

자, 심리 조종자들이 어떻게 정신의 거미줄로 함정을 착착 짜서 여러분을 걸려들게 하는지, 무엇보다 그들에게 당하지 않으려면 어떻게 해야 하는지 알아보자!

1부

그는
당신의 인생을
망치러 왔다

먼저, 심리 조종자에 대해 내가 아는 모든 것, 내가 이해하고 예측하는 모든 것을 여러분과 공유할 것이다. 그 사람의 인성과 소행을, 그 사람의 행동 방식과 동기를 있는 그대로 바라보고 이해하기로 결심하지 않는 한, 여러분은 그 사람의 지배에서 벗어날 수 없다. 이 기회에 내가 이미 골백번도 더 들은 질문에 대해 먼저 대답을 하고 넘어갈까 한다. 나는 심리 조종자에게 개인적으로 원수진 일이 없다. 나는 심리 조종자가 죽도록 미워서 이런 일을 하고 있는 게 아니다!

손바닥도 마주쳐야 소리가 나듯, 문제는 심리 조종자들에게서만 비롯되지 않는다. 그들은 까마득한 옛날부터 원래 그런 인간들이었고, 앞으로도 계속 그렇게 살 것이다. 내가 보기에 가장 심각한 요인은 심리 조종의 작동 방식에 전반적으로 무지한 분위기 또는 수동적이거나 적극적인 공모다.

심리 조종자는 자발적으로 힘을 쓰지 못하며 남들이 넘겨 준 힘만 쓸 수 있다. 그래서 명철하고 단호하고 짜임새 있는 사람에게는 아무런 해도 끼치지 못한다. 내 목표는 딱하다면 딱한 심리 조종자들을 '파멸시키는' 것이 아니라 그저 아무에게도 그들이 해를 끼칠 여지를 주지 않게 하려는 것이다. 또한 여러분이 뭐가 문제인지 똑바로 알고 심리 조종자들을 상대할 수 있기를 바랄 뿐이다.

몇 년 전에 나는 기쁘고 영광스럽게도 도발치료의 창시자 프랭크 패럴리Frank Farrelly◆에게 직접 도발치료를 전수받을 기회를 누렸다. 이 심리치료 요법은 우리가 하는 부조리한 행동과 앞뒤가 안 맞는 말을 드러냄으로써 우리가 개인적으로 진실과 타협하는 방식을 깨닫게 한다. 도발치료의 주요 목표는 웃음이나 분노를 불러일으키는 것이다. 하지만 오해는 말자. 패럴리의 말마따나 도발치료는 '열린 마음의 차크라'로 하는 것이다. 심각한 상황을 조롱한다기보다는 함께 웃는 것이 중요하다. 한바탕 웃고 나면 상황을 좀 더 가볍게 볼 수 있어서 좋고, 새로운 시

◆ Frank Farrelly, *La Thérapie provocatrice*, Éd. Satas, Le Germe, 2009.

야가 열려서 좋다. 마찬가지로, 분노가 행동력을 끌어내면 그 여세를 몰아 수동적인 피해자 역할에서 빠져나올 수 있다. 단, 분노가 향해야 할 대상을 착각하지만 않는다면 말이다!

그래서 여러분은 이 책을 읽으면서 자질구레한 도발에 부딪히고 놀림받는 기분을 느끼면서 새로운 시야에 눈뜨게 될 것이다. 하지만 내 특기는 '눈치코치 안 보고 말하기'다. 내가 좀 심란하게 할지라도 다 여러분 잘되라고 하는 말이다! 어느 독자의 말마따나 '한 방씩 얻어맞는 느낌'이 들지라도 내가 여러분 모두를, 특히 내 책의 독자들을 애틋하게 생각한다는 것만은 믿어 주기 바란다!

1장
가면을 쓰고
끄나풀을 던지는 사람

틀 에 박 힌 듯
똑 같 은 프 로 필

맨 먼저 심리 조종자들에 대해 말해 보자. 그들은 누구인가? 그 수는 얼마나 될까? 그들은 어떤 수작을 부릴까?

여러분은 심리 조종자에 관해 매우 애매한 태도를 취하지만 실은 그들을 아주 오래전부터 자주 상대했기 때문에 잘 알고 있다. 어린 시절 학교에서 여러분을 힘들고 괴롭게 한 아이들을 떠올려 보자. 여러분의 간식을 빼앗아 먹고 짜증 나게 괴롭히면서 킬킬대고 좋아하던 코흘리개가 있지 않았나. 혹은 다른 친구들 있는 데서 교묘하게 창피 주는 말을 골라 하면서 허구한 날 여러분을 웃음거리로 만들던 아이라든가……. 중학교도 크게 다르지 않았을 것이다. 학교에서 더 심하게 괴롭힘을 당한 쓰라린 기억이 있을지도 모르겠다.

지금은 우리에게 경종을 울릴 정도의 상황이 됐다. 어른들이 아이들의 환심을 사기에 급급하거나 나 몰라라 손을 놓아 버린 와중에, 아이들이 다른 사람의 SNS에 접근하기가 쉬워졌고 그 파괴력은 증폭되었다. 중학교, 심지어 초등학교에서도 괴롭힘을 못 이겨 자살하는 학생들이 늘어나는 추세다.

사실은 이 글을 쓰는 중에도 관련 뉴스를 들었다. 2017년 1월에 미국 오하이오주 카슨 초등학교에 다니던 개브리얼 테이가 자살했다. 고작 여덟 살 난 소년이 자기 방에서 목을 맨 시체로 발견된 것이다. 소년이 자살한 이유는 교내에 설치된 '감시 카메라'에서 드러났다. 말이 나온 김에, 초등학교에서 카메라가 아이들을 '감시할' 수 있을까? 어쨌든 동영상에서 개브리얼이 이틀 전에 학교에서 심각한 괴롭힘을 당했다는 사실이 드러났다. 소년은 난폭하게 벽에 패대기쳐졌고 여러 명에게 집단폭행을 당했다. 그 아이들은 개브리얼을 조롱했고 땅바닥에 쓰러져 정신을 잃은 소년에게 계속 주먹질을 했다.

개브리얼이 의식을 잃은 채 화장실에서 발견되었는데도 학교 측은 아이를 양호실에 보내기만 했을 뿐 더 이상의 조치를 취하지 않았다. 심지어 부모에게 그 사실을 알리지도 않았다.

내가 괜히 어른들이 "아이들의 환심을 사기에 급급하거나 나 몰라라 손을 놓아 버렸다"고 말하는 게 아니다. 기사는 이렇게 끝을 맺는다. "학교 측은 사안을 절차대로 처리했다고 주장하면서 이 비극의 책임을 벗어 보려고 근근이 노력 중이다." 늘 그랬듯이 어린 희생자에 대한 사과와 연민을 찾아볼 수 없다. 프랑스에서 모 학교는 자기네 학생의 자살이 "미디어에 지나치게 노출됨으로써 피해를 입었다는" 이유로 소송을 제기했다. 이보다는 덜 심각했던 또 다른 학교폭력 사태에서는 인터뷰에 나선 교장이 "교육 공동체의 이름으로, 내부에서 겪는 현실과는 동떨어진 취재 기사들을 보고 충격을 받았고 기가 막혔다"는 요지로 말하기도 했다. 요컨대, 그들이 느끼는 현실은 객관적 사실과 다르다는 얘기다……. 본격적으로 '내부에서' 조사해야 한다는 생각이 그 교장의 머릿속에는 영영 떠오르지 않으려는 모양이다.

아마 고등학교에서도 남을 괴롭히기 좋아하는 친구들을 만났을 것이다. 대학교의 신입생 환영회에서도 난감한 순간이 있었는지 모른다. 행동 패턴은 늘 똑같다. 피해자는 놀림당하고 따돌림당한다. 창피당하거나 협박당한다. 실제로 얻어맞거나, 심하게는 성 학대를 당하기까지 한다……. 정신적 과잉 활동인 가운데에는 학창 시절로 두 번 다시 돌아가고 싶지 않다고 말하는 이들이 꽤 많다. 자폐아들도 자신이 경험한 가혹 행위를 말하곤 한다.

여기서는 그 못돼 먹은 코흘리개들이 어땠는가만 기억하자. 그들은 바보 같고, 심술 피우고, 귀찮게 굴고, 음흉하다. 하지만 담임선생님이 나타나기 무섭게 안면을 바꾸고 걸핏 하면 우는소리를 한다. 그런 아이들은 어른들의 시선이 미치지 않는 후미진 운동장 구석이나 화장실 같은 곳에서 자기보다 어리고 똑똑하고 약하고 친구가 별로 없는 아이를 공략한다. 여러분이 지금 딱하다고 생각하는 심리 조종자들이 그 잔인하고 사악한 꼬마들, 여러분의 학창 시절을 무참히 짓밟던 바로 그 꼬마들이다. 이제 다 자라서 어른 행세를 하고 살지만 그들의 정신머리나 행동거지는 변하지 않았다. 여전히 사장이 안 보는 데서, 이웃들의 눈길을 피해 혹은 법의 감시를 피해 못된 짓을 일삼고 있으니까. 그들은 항상 괴롭힐 상대를 찾는다. 그들은 지금도 여전히 거짓말쟁이, 사기꾼, 거머리 같은 인간이다.

나는 코칭 세미나에서 사람들이 들려주는 경험담만 듣고도 심리 조종자들의 존재를 다시금 확인한다.

사람들은 개인적인 문제나 인간관계상의 문제가 있을 때 상담을 받으러 온다. 그들의 문제에는 일반적으로 크게 두 가지 원인이 있다.

> 어린 시절과 관련된 문제: 자신감 결여, 자기주장이나 감정 관리의 어려움, 실패나 갈등이나 버림받음에 대한 두려움 등이 있는 경우다. 이런 사람들에게는 자기계발이 효과적인 처방이 될 수 있다.

> 주위 인물과 관련된 문제: 개인적으로 가깝게 지내는 사람들이나 직장 환경 속에 그들의 삶을 말 그대로 망치는 '성격 까다로운' 인물이 있다. 그 사람은 배우자일 수도 있고 부모, 친구, 직장 상사나 동료일 수도 있다. 때로는 별로 가깝지도 않은 이웃집 사람이 내 삶을 생지옥으로 만들기도 한다. 괴로움에 시달린 사람들은 소통의 도구를 찾게 된다.

시간이 흐르고 상담이 진행되다 보면 그 '까다로운' 사람들과의 힘겨운 만남이 단순한 소통 문제가 아닌 것처럼 보일 때가 있다. 정상적인 사람들과의 관계라면 아무리 상대의 성격이 깐깐할지라도 늘 어떤 해결책이나 조정안, 타협점을 찾을 수 있다. 결국은 어떤 계기로 상황이 진정되게 마련이다.

그런데 어떤 사람들은 무슨 수를 써도 답이 없다. 심지어 갈등을 해소하려는 노력이 사태를 되레 악화시키기도 한다. 철두철미한 거짓말, 악의, 현실 부정, 죄의식 조장, 정서적 협박, 위협에 부딪혀 나를 찾아와 상담받는 사람들이 있다……. '까다로운' 그 사람은 소통 실패의 책임을 조금도 느끼지 않는다. 그는 악의를 속으로만 품기 때문에 오랫동안 겉으로 표가 안 나지만 결국에는 노골적으로 본색을 드러내고야 만다.

내가 충격을 느끼는 점은 무엇보다도 듣는 사연이 지독히도 천편일률이어서다. 모두 같은 사람 이야기를 하는 건가 싶을 정도다! 피해자들은 매번 동일한 징후, 다시 말해서 과도한 스트레스와 여기에 따라오는 병적인 죄의식, 거의 한시도 벗어날 수 없는 불안감, 무엇보다 산만하고 흐릿한 정신 상태를 보인다. 한마디로, 괴롭힘의 징후들이다.

나는 이 사연들의 유사성에 힘입어 그 '까다로운' 사람의 몽타주를 재구성할 수 있었다. 전작 《나는 왜 그에게 휘둘리는가》에 이 관찰 내용을 모아 놓았다.

"사실이 아니야!" "꿈이라도 꾼 거 아냐?" "거짓말. 네가 언제 나한테 그랬니?" 심리 조종자는 양심의 가책 없이 수시로 거짓말을 하기 때문에 사실이 빤히 밝혀진 후에도 아니라고 잡아뗄 수 있다.

심리 조종자는 비웃기를 좋아한다. 그는 우스꽝스럽게 만들 수 있는 것은 죄다 우스꽝스럽게 만들기에 곧잘 사람들에게 상처를 입힌다. 당신이 발끈하면 그는 되레 유머 감각이 없다고 흉을 볼 것이다.

별명이나 딱지를 붙이는 짓은 조롱의 연장선상에 있다.

"페미니스트 납셨네"라거나 "척척박사님 오셨습니다"라는 말을 들으면, 누구나 '내가 그런 이미지인가?'라고 생각하게 마련이다. "퇴물"이니 "여편네"니 하는 말을 들으면서 존중받는 느낌을 받을 수는 없다.

심리 조종자는 기가 막힐 정도로 뻔뻔하게 거짓말을 잘한다. 사실이 다 밝혀지고 증거가 나와도, 법적 절차를 거쳐 집행영장까지 떨어져도 그는 계속해서 부인할 수 있다. 그의 모토는 '내가 아니라면 아니야!'다. 그럼에도 심리 조종자는, 역설적이지만 자기가 거짓말을 하고 있다는 사실을 상대에게 주지시키는 데 집착한다.

나는 이 까다로운 사람을 거짓말을 일삼고, 자기당착에 빠져 있으며, 심술이 똘똘 뭉쳤고, 진실을 알겠답시고 거짓을 설파하며, 자기 잘못은 꿈에도 생각하지 않고 늘 여러분을 질책하느라 바쁜 인물로 묘사했다. 심리 조종자들의 특징과 행동 방식만으로도 책 한 권이 꽉 찼다. 독자들은 내 관찰이 딱 들어맞는다면서 이렇게 말했다.

"선생님 책을 읽기 시작하면서 형광펜으로 줄을 그었어요. 하지만 얼마 못 가 밑줄 긋기를 그만두었죠. 모든 문장에 줄을 긋다 보니 온통 형광색이 됐으니까요. 믿기지가 않았어요. 완전히 내 얘기더라고요! 선생님이 나와 함께 경험한 얘기 같았어요.

한 마디 한 마디가 귀신같이 맞아 들었어요. 나를 조종하는 그 사람이 딱 그렇게 행동한답니다."

이런 사람을 지칭하는 말은 아주 많다. 나르시시즘에 빠진 변태, 나르시시스트, 사이코패스, 파괴적인 심리 조종자 등. 나는 간단하게 '심리 조종자'라고만 부르는 편이다. 심리 조종의 심각성은 수준에 따라 다르지만 기본적인 작동 방식은 항상 동일하다. 누구나 어느 정도는 남의 심리를 조종하면서 살아간다는 생각이 꽤 보편적으로 받아들여지는 것 같은데 실상은 그렇지 않다! 적어도 내가 정의하는 심리 조종자의 의미로 보아서는 절대 그렇지 않다. 우리가 모두 타인을 물건처럼 이용하고 싶어 하지는 않는다. 또한 일부러 남을 화나게 하거나 안절부절못하게 하면서 즐거워하지도 않는다. 내 말이 맞지 않나?

심리 조종자는 전체 인구의 2~4퍼센트 정도라고 생각한다. 이 수치가 얼마나 정확한지 검증하기란 매우 어렵지만 나는 이 주제로 기업 대표들을 위한 세미나를 진행할 때마다 확인해 보곤 한다. 그들은 직원이 100명 있으면 그중 두세 명은 내가 말하는 심리 조종자 프로필에 들어맞는 것 같다고 말한다. 100명 가운데 두세 명, 전체 인구의 4퍼센트. 적다면 적고 많다면 많은 숫자다. 통계적으로, 우리가 이름을 알고 지내는 사람의 수는 평균 300명이라고 한다. 그렇다면 우리 주위에도 평균 잡아 심리 조종자 6명에서 12명이 어슬렁거린다는 이야기다. 어떤가,

그 정도면 '까다로운' 사람이 꽤 많은 셈 아닐까. 그들이 지닌 파괴력은 어마어마하다. 심리 조종자 한 사람이 한꺼번에 50여 명을 괴롭힐 수 있다고 하니까!

심리 조종의 작동 방식은 예로부터 변함이 없건만 사람들은 여전히 심리 조종자에게 뒤통수를 맞고서 깜짝 놀란다. 나는 이렇게 놀랄 수 있다는 게 더 놀랍다. 수많은 소설과 영화에서 시시콜콜 묘사된 행동이라면 당연히 충격 효과도 없어야 하는 거 아닌가! 어찌 된 일인지, 우리는 늘 심리 조종자의 존재와 행동 방식을 새삼스럽게 재발견하느라 시간을 낭비한다! 도대체 언제까지 그들이 세상에 없다고 믿는 척하며 살까?

프랑스어의 특성상 나는 '심리 조종자manipulateur'라는 남성 명사를 자주 쓴다. 그렇다고 해서 남성 여러분을 특별히 공격하는 것은 아닐뿐더러, 남성 피해자들의 고통을 무시하는 것도 아니다. 남성이든 여성이든 심리 조종자 인구 비율은 비슷하다! 게다가 위험하기로는 남성 심리 조종자 못지않지만 여성 심리 조종자들은 겉으로 표가 잘 나지 않는 경우도 많다. 그렇지만 남성과 여성을 한데 묶어서 지칭할 때에는 남성 복수형을 쓰기 때문에 남성 피해자들은 좀 억울한 감이 들지도 모르겠다.

다른 한편으로, 나는 표현을 단순화하기 위해 심리 조종자들을 총칭할 때에도 남성 명사를 쓸 것이다. 이 책을 읽는 동안

'심리 조종자'라는 단어를 특정한 성별의 인간이라기보다는 일종의 개념으로 이해해 주기 바란다. 내가 드는 모든 예는 남성, 여성 구분 없이 적용 가능하다.

심리 조종은 대단히 단순하고 전형화되어 있어서 숫자 몇 개로 쉽게 요약될 정도다. 얼굴은 두 개, 끄나풀은 네 가닥, 함정을 벗어날 열쇠는 세 개, 방법도 세 단계, 그리고 세 가지 생각만 기억해 두면 정리 끝이다.

~~~~~~~~~~~~~~~~~

두 얼굴의
심리 조종자

두 얼굴의 소유자가 심리 조종자의 첫 번째 특징이다. 상담을 하다 보면 이 기준은 어떤 예외도 없이 100퍼센트 들어맞는다. "그 사람이 두 얼굴을 지녔다고 생각하시나요?" "네, 그래요! 정말 딱 맞는 말이에요!" 게다가 심리 조종이라는 주제를 다룬 저자들도 모두 이 특징에 대해서는 합의를 보았다.

첫 번째 얼굴은 아주 호감이 가고 사근사근하다. 이 얼굴은 '대외용'이라서 다른 사람의 눈이 있을 때나 심리 조종자가 먹잇감 후보를 유혹하는 단계에서만 나온다. 두 번째 얼굴은 음침하고 잔인하다. 시간이 갈수록 심리 조종자는 앙심이 깊어진다. 하지만 심리 조종자와 사적으로 깊은 관계에 있는 사람들만 두 번째 얼굴을 안다. 피해자 한 사람만이 이 얼굴을 아는 경우도 많다. 피해자가 심리 조종자의 악행을 감히 고발하고 나서지 못하는 이유 가운데 하나가 바로 여기에 있다. 외부 사람들은 그 사람의 호감형 얼굴밖에 모르기 때문에 자기가 무슨 말을 해도 믿어 주지 않을 거라 생각하니까 말이다.

내게 상담을 받던 피해자 몇몇은 자기를 죽일 듯이 노려보는 심리 조종자의 표정을 사진으로 남기는 데 성공했다. 한마디로 증오 그 자체다. 남들이 안 보는 데서는 그런 냉혈한이 없다! 어릴 적, 여러분을 학교 운동장 구석으로 끌고 가 윽박지르던 그 코흘리개의 심술궂은 눈빛 그대로다. 어른이 되어서도 그 사람의 못된 소행은 잘만 통한다. 그러니 그 짓을 그만둘 이유가 없지 않을까.

엄밀히 말해 우리가 심리 조종자에 대해 가장 착각하기 쉬운 개념이 이 '두 얼굴'이다. 실은 두 얼굴이 아니다. 하나는 가면이고 다른 하나가 진짜 얼굴이다. 호감형 얼굴은 진짜가 아니라 타산적으로 착용하는 가면에 불과하다. 그래, 나도 안다. 인정하기 힘든 사실이다. 하지만 기억을 한번 더듬어 보자. 여러분이 학창 시절에 만난 꼬마 심리 조종자도 천사의 얼굴과 악마의 얼굴을 자유자재로 오갈 수 있지 않았던가? 그때 이미 여러분은 그 천사 같은 얼굴의 진실 여부를 알고 있었을 것이다.

호감형 얼굴이 가면에 불과하다는 것을 아느냐 모르느냐가 큰 차이를 낳는다. 그 이유는, 최초의 미끼가 바로 그 얼굴에 있기 때문이다. 처음 마주한 얼굴이 호감형이었기 때문에 당신은 그 가면이 상대의 진짜 인성이라고, 어쨌거나 근본적으로는 저 사람도 꽤 괜찮은 사람이라고 생각한다. 그러다가 음침하고 잔인한 두 번째 얼굴이 튀어나오면 잠시 괴로운 사정이 있어서 그렇겠거니, 저러다 말겠거니 생각한다. 착각이다. 당신은 심리 조종자를 힘든 일을 많이 겪은 사람이라고 생각하기 때문에 알아서 다 봐주는 것이다. 의도치는 않았지만 자기가 저 사람 심기를 건드렸거나 상처를 줬을 거라고, 그래서 저 사람이 잠시 냉랭하게 나오지만 계속 저러지는 않을 거라고. 당신이 싹싹하게 굴면 그 사람의 상처도 아물 테고, 그러면 본래의 선량한 모습으로 돌아올 거라고. 내 말이 어떤가? 여러분을 심리적으로 조종하는 그 사람에 대한 여러분의 생각이 딱 이렇지 않은가?

간단히 말해, 변명을 양산하는 기계가 작동하기 시작한 것뿐이다. 하지만 불쾌한 얼굴이 점점 더 튀어나오고 호감형 가면은 사라지다시피 한다. 피해자는 심리 조종자의 진짜 인성을 깨닫지 못한 채 그 아름다운 가면을 돌아오게 하려고 꽤 긴 세월을 허비하곤 한다. 어찌할거나, 그는 원래부터 음침하고 잔인하게 생겨 먹은 사람인 것을. 피해자가 잘 참아 주고 친절하게 굴수록 심리 조종자는 못되게 군다. 그러나 피해자는 낙심하기는커녕 늘 자기 쪽에서 좀 더 노력하니 상황은 악화일로를 걷는다.

이 두 얼굴에 대해서 잘못 생각하는 한, 혹은 더 나쁘게도 그 사람에게 착한 본성이 있다고 믿는 한, 당신은 함정에 갇혀 있을 것이다. 당신이 싫어하는 성격이 그 사람의 진짜 성격이다. 당신이 좋아한 성격은 한낱 신기루였다. 거리를 좀 두고 물러나서 그 수작을 관찰해 보라. 심리 조종자는 철저히 계산에 의해 필요한 만큼만 호감형 가면을 착용한다. 당신은 짐작 못 했겠지만, 그 사람은 친절하게 구는 것 자체를 피곤해한다. 그래서 친절하게 굴 필요가 없다고 생각하면 당장 때려치운다.

아주 구체적인 예를 들어 보겠다. 성질 고약한 남편과 별거를 시작한 아내가 내게 상담을 받고 있었다. 아내가 떠난 후로 남편은 개과천선이라도 한 듯 '좋은 남자'가 되었다. 함께 사는 20년 동안 아무리 말해도 고쳐지지 않던 부분이 거짓말처럼 개선되었다. 나는 아내를 돕는 뜻에서, 남편은 20년 동안 아내가 무엇을 바라는지 다 알고 있었으면서 실행에 옮기지 않았기 때문에 지금 그렇게 행동하는 거라고 일깨워 주었다. 나는 단순한 조언을 건넸다. "막연한 약속만 받고서는 남편에게 돌아가지 마세요. 구체적인 계약 조건들을 제시해 보세요." 하지만 남편은 아내를 만날 때마다 구체적인 요구사항들은 요리조리 피해 갔다. 그러면서도 근사한 가면을 장착하고 사랑한다는 맹세를 남발했다. 그러다 어느 시점이 되자 솔직하게 가면을 벗어던지고 이렇게 말했다.

"젠장, 당장 집에 돌아오는 게 좋을 거야! 내가 언제까지나 당신 비위를 맞춰 줄 것 같아?"

심리 조종자를 웬만큼 상대했던 사람이라면 누구나 제삼자가 방에 들어오거나 나가는 순간 그 사람의 얼굴이 스위치 켜듯 확 바뀌는 현상을 목격했을 것이다. 그 현상은 그들이 자기 소행을 완전히 의식하면서 자기 이미지를 관리한다는 명백한 증거다. 하지만 그렇게 생각하면 너무 정나미가 떨어지기 때문에 사람들은 대부분 이 객관적인 사실을 못 본 체한다. 잘 생각해 보자. 보통 사람은 그렇게 순식간에 안면을 바꾸지 않는다. 그러니 그럴싸해 보이는 가면들을 경계하라. 심리 조종자가 별안간 당신에게 친절하게 굴거든 특히 조심하라. 그 사람이 당신의 경계심을 잠재우려는 의도를 품고 있다는 뜻이니까.

사람들은 대부분 호감형 얼굴이 가면이라고 인정하기 힘들어한다. 상대가 본래 성품은 착한데 잠시 뭐에 씌어 저러는 거라고 생각한다면 그 사람에게 자기가 원하는 대로 오만 가지 변명과 핑계를 만들어 줄 수도 있다. 또한, 누구에게나 좋은 점은 있으니 사람을 함부로 판단해서는 안 된다는 천사표 담론에 머물 수도 있다. 상대의 인격은 하나뿐이라고 이해하게 되면 비로소 그 사람이 냉소적이고, 타산적이며, 자기 존재와 행동을 완벽하게 의식하고 있다는 사실을 부정할 수 없을 것이다. 그때부터 그 사람의 행동을 감싸 주면 당신도 공모자가 되는 셈이다. 당신은 입장을 분명히하고, 자기주장을 펼치고, 필요하다면 갈등도 불사해야만 할 것이다. 이런 이유로 피해자들은 매일같이 심리 조종자가 내보이는 객관적인 증거를 빤히 보면서도 차라리 자기가 정상적인 사람을 상대하고 있다고 믿고 싶어 한다.

〰〰〰〰〰〰〰〰〰

끄나풀 네 가닥이면
충분하다

심리 조종의 네 가닥 끄나풀은 유혹, 피해자 행세, 위협, 죄의식 조장이다. 이 네 가닥이 잘 움직여 주기만 하면 심리 조종자는 한껏 당신을 꼭두각시로 부릴 수 있다. 하지만 이 끄나풀들이 그렇게까지 교묘하지는 않다. 이것들이 제대로 작동하지 않는 날, 여러분은 비로소 해방될 것이다. 심리 조종자는 끄나풀을 조작하는 것 말고는 아무것도 할 줄 모르는 사람이기 때문이다. 여러분 수족에 매인 끈이 다 풀렸는데도 그는 기를 쓰고 예전처럼 자신의 같잖은 기술을 쓰려 할 것이며, 그 모습이 딱해 보이기까지 할 것이다. '굵은 끄나풀grosses ficelles'◆이 따로 없다. 심리 조종자의 행동은 점점 더 우스꽝스럽게 느껴질 것이다. 여러분이 거리를 둘수록 그 사람의 의도가 훤히 보인다.

유혹

심리 조종자는 당신을 유혹하기 위해 근사한 가면을 쓴다. 가면을 쓴 그 사람은 왠지 마음에 들고, 말도 잘 통하고, 친근하다. 하지만 조금 가까이서 들여다보면 그런 행동이 우애나 애정과 별 상관이 없다는 것을 알 수 있다. 그는 다소 부적절하게 당신과 친한 척하고, 무례하다 싶을 정도로 허물없이 굴고, 과하게 호기심을 드러내고, 배짱 좋게 불쑥 당신의 사생활에 들어온다. 만난 지 얼마 되지도 않았는데 벌써 사귀는 사이처럼, 오래전부터 잘 알고 지낸 친구처럼 행동한다. 자기 멋대로 신체 접촉을 한다든가, 당신의 개인 영역에 들어와 바짝 다가선다든가. 그 사람은 입은 환하게 웃고 있지만 냉혹한 눈빛으로 부담스럽게 당신을 주시한다. 심리 조종자는 뻔뻔하게 당신의 미래에 끼어

◆ 꼭두각시가 저 혼자 움직이는 것처럼 보이려면 인형을 조종하는 끄나풀이 눈에 잘 띄지 않아야 하는데 그렇지 못하다는 뜻으로, 속내가 훤히 들여다보이는 수작을 뜻하는 관용 표현이다. - 옮긴이

들 것이다. 만난 지 10분밖에 안 됐는데 벌써부터 올해 여름휴가를 함께 보낼 것처럼 이야기한다. "있잖아, 내가 낚시하기 좋은 데를 알아(혹은 환상적인 전용 해변을 아는데, 내가 들어갈 수 있는 곳이야). 내가 꼭 데려가 줄게!" 찡긋 윙크까지 한다. 정말이지, 냉철한 눈으로 보면 그 사람은 붙임성이 좋다기보다는 오지랖을 떤다고 볼 만하다.

심리 조종자는 여기에 아부라는 수법을 곁들인다. 당신은 아부 따위에 넘어가지 않는다고? 자신하지 말자! 우리 모두 칭찬, 축하, 격려를 필요로 하고 자신감이 유독 위축된 때라면 더욱더 그렇다. 피해자들은 대부분 이렇게 약해져 있을 때 덫에 걸려든다. 또한 심리 조종자는 솔깃한 약속들을 남발한다. 몇 달 지나서 보자. 그 사람은 그중 어떤 약속도 지키지 않을 것이다. 하지만 당신은 자기가 한 말은 꼭 지키는 사람이다 보니 상대가 애초에 지킬 마음도 없는 말을 뱉었을 거라는 상상을 못 한다. 생각이 너무 많은 사람들은 병적일 정도로 철두철미하게 약속을 지키는 편이다. 심리 조종자는 정반대다. 약속은 자기에게 해당사항이 없는 것처럼 생각한다. 나는 분명히 경고했다!

유혹 단계에 있을 때 심리 조종자는 당신에게 궁금한 점이 참 많다. 당신은 질문 공세에 시달리다 못해 무슨 조사를 받는 기분마저 들지 모른다. 상대의 목표는 당신의 원동력, 당신을 곧바로 발끈하게 하는 시동장치, 당신의 약점을 파악하는 것이다. 당신의 가장 큰 꿈을 알아냈다면 당신에게 족쇄를 채우는 법도 알아낸 것이다. 우리 모두에게는 각별히 소중한 꿈이 있다. 자녀를 많이 낳고 화목한 가정을 이루는 꿈, 무용학교를 차리고 싶다는 꿈, 좋아하는 가수의 라이브콘서트에 가고 싶은 꿈…… 그리고 물론 평생을 함께할 사랑을 만나고 싶다는 꿈도 있다.

심리 조종자는 자기가 그 꿈을 이루어 줄 수 있을 것처럼 군다. 당신이 꿈에 그리던 잘생긴 왕자님 또는 다정한 공주님이 되어 줄 것처럼! 세상에, 이런 인연이 있을까! 당신은 늘 자녀가 많은 가정을 꾸리고 싶었는데 이 사람도 아이들이라면 깜박 죽고 장차 10명을 낳아도 상관없단다. 혹은 그 사람 사촌이 무용교육계의 마당발이고 친구가 시에서 문화교육사업 지원금을 담당하고 있다고 한다. 절묘한 우연의 일치로, 당신이 열렬히 좋아하는 밴드의 베이스기타가 그 사람의 죽마고우라서 말만 잘하면 당신을 VIP 초대석에 앉혀 줄 수도 있다나!

순진한 이들을 위해 굳이 부연하자면, 물론 몽땅 거짓말이다! 이 단계에서 심리 조종자는 당신의 '드림캐처'로 보이려고 애쓸 뿐이다. 심리 조종자가 자기 뜻대로 당신의 꿈을 납치했다면 이제 당신을 자기 마음대로 부릴 것이다. 심리 지배에서 벗어나는 작업은 상대가 당신의 은밀한 욕망 중에서 어떤 것을 도적질했는지 파악하고 당신이 주도적으로 그 욕망을 실현하는 것이 전부라고 해도 과언이 아니다. 당신은 그 심리 조종자의 중재를 거치지 않고도 자녀가 많은 가정을 만들 수 있고, 당신의 무용학교를 세울 수 있으며, 당신의 아이돌에게 좀 더 다가갈 수 있다. 자기 꿈의 주도권을 되찾고 나면 그동안 상대가 얼마나 파렴치하게 당신의 소중한 꿈을 가지고 놀았는지가 보인다. 자기는 정말로 그런 가정을 꾸릴 준비가 되어 있었는데 당신이 다 망쳤다나! 어제 친구랑 통화했고 바로 다음 주면 시 지원금을 받을 수 있는데 당신이 어리석어서 그새를 못 참고 자기를 화나게 만들었다고 할 수도 있다! 그래 봐야 당신만 손해라나! 죽마고우인 베이시스트가 다음번 콘서트 초대권을 이미 등기우편으로 부쳤다고도 말할 것이다(하지만 당신이 덥석 그 표를 받겠다고 나서면 틀림없이 우편물 분실 사고가 일어난다)…….

정신적 과잉 활동인은 진실하다 못해 속이 투명하게 내비치는 사람들이다. 이 사람들은 의식구조가 쉽게 파악되고 꿈, 가치관, 신념 등도 쉽게 알아낼 수 있으므로 어떻게 유혹해야 할지가 금세 보인다. 생각이 너무 많은 사람들은 세상 사람들이 전부 자기처럼 약속을 잘 지키고 언제나 진실한 줄 안다. 이들은 모종의 정신적 노력을 기울여야만 상대가 거짓말을 하거나 약속을 어길지도 모른다는 생각을 겨우 할 수 있다.

별생각 없이 편안하게 대화를 주고받을 때에는 이런 사고가 잘 작동되지 않는다. 그래서 대화가 종료된 후에 상황 설명이 필요한 경우가 곧잘 있다. 나는 상담을 하다가 가끔 이런 말을 한다. "그 사람이 당신한테 거짓말을 했네요." "그 사람 말을 곧이곧대로 듣지 마세요. 그게 참말이라는 증거는 하나도 없잖아요." 그러면 내게 상담받는 사람들은 그런 생각 자체를 전혀 못 해 봤다는 듯 눈을 동그랗게 뜬다. 그들은 인간관계에 '계산'이라는 개념 자체가 들어올 수 없다고 믿는 것이다. 심리 조종자에게 이들을 가지고 놀기란 누워서 떡 먹기다.

하지만 충분히 거리를 두고 바라보면 그런 유혹의 시도들은 허접스럽기 짝이 없다. 아부, 거짓 약속, 친한 척하기……. 여성 심리 조종자도 상투적인 유혹의 코드를 써먹는다. 천사와 악마, 처녀와 창녀, 착한 여자와 나쁜 여자, 어린애 같은 여자, 바람기가 있지만 어느 선은 지키는 여자……. 진부하면 어떤가, 통하면 됐지. 생각이 너무 많은 사람들은 성품이 너그럽고 타인을 함부로 판단하지 않으려 하기 때문에 이 너절한 유혹의 수법에 쉽사리 걸려들곤 한다.

드림캐처보다 훨씬 심각한 수법이 있다. 심리 조종자들이 유혹 단계에서 아무렇잖게 구사하는 '모방'이다. 이 수법은 사용에 아무 어려움이 없다. 당신과 똑같이 생각하고 행동하는 척하면서 이따금 신기해 죽겠다는 듯 감탄만 하면 되니까. "와! 희한하네, 나도 그렇거든!" "어, 나도 그 영화 진짜 좋아해!" "세상에, 네 말이 맞아! 나도 딱 그렇게 생각하고 있었어!" "그래, 내가 하려던 말이 바로 그거야!" 심리 조종자의 화법은 이런 식이다. "아, 네가 제일 감명 깊게 본 영화는 뭐야? …… 아, 그래? 내가 제일 좋아하는 영화가 바로 그거야!" 상대는 심지어 그 영화를 보지도 않았으면서 이런 말을 천연덕스럽게 할 수 있는 인간이다. 영화를 보지 않았다는 사실이 들통나더라도 그 사람은 얼렁뚱땅 잘 넘어갈 것이다. "아, 그 영화 얘기하는 거였어? 내가 잘못 알았구나." 그러고서 얼른 다른 얘기로 화제를 돌린다. 상대는 태도 바꾸기 선수다.

아주 오랜 시간이 지나서야 피해자는 처음부터 상대가 자기를 가지고 놀았음을 알아차린다. 이런 깨달음은 직장에서 만난 관계에서든 친구 관계에서든 무척 고통스럽고 애정 관계에서는 더 말할 나위 없이 끔찍하다. 심리 조종자는 처음부터 거짓말을 했고 언젠가는 이 무시무시한 진실을 마주해야만 할 것이다. 당신이 주의를 기울였더라면 상대가 당신 입에서 먼저 얘기를 끌어내고 거기에 자신을 맞췄다는 사실을, 당신과 생각이 같은 척하려고 자기모순도 서슴지 않는다는 사실을 눈치챘을 것이다. 하지만 누가 그렇게 세세한 부분까지 주의를 기울일 생각을 할까? 그 정도로 경계심이 투철한 사람은 드물다. 이제부터는 사람을 너무 쉽게 믿지 말기를 바란다.

모방은 단순하지만 가공할 만한 위력을 지닌 무기다. 특히 남들에게 이해받지 못하는 쓸쓸함을 자주 느끼는 사람, 혼자서만 다른 별에서 떨어진 것처럼 왠지 자신은 남들과 다르다고 느끼는 사람에게 이 무기는 치명적이다. 심리 조종자가 거울에 비친 자기 모습처럼 행동하기 때문에 당신은 드디어 동족을 만났다고 착각하기 쉽다. 그 사람은 나를 이해해 주고, 나와 비슷하게 생각하고, 나를 내 모습 그대로 받아들여 줄 것 같아. 할렐루야! 심리 조종자는 당신의 꿈을 포착하고 당신을 모방할 뿐이지만 당신은 간절히 기다려 온 베스트프렌드, 소울메이트, 멘토, 동역자를 드디어 찾았다고 믿게 될 것이다.

이 의도적인 모방 때문에 여러분은 심리 조종자에게서 자기 분신을 발견한 것 같은 느낌이 든다. 이 상황은 정신적 과잉 활동인에게 엄청나게 위험하다. 정서적 의존증이 있는 사람의 무의식적 공생 욕구를 자극하고 오랫동안 기다려 온 존재를 드디어 만났다는 착각을 불러일으킬 수 있기 때문이다. 심리 조종자가 제공하는 관계는 사람을 정서적으로 허기지게 하는데 그 결과 환상만 키운다. 정서적으로 의존해 있는 사람은 공허한 관계의 덫에 걸린 채 자기가 사랑받고 있다는 환상에 매달린다. 속이 텅 빈 병 주둥이에 여전히 붙어 있는 종이처럼, 그 사람은 자신을 파멸시키는 이 관계에 스스로 마침표를 찍을 힘이 없다.

모방은 또한 쌍둥이 기억을 자극한다. 《나는 생각이 너무 많아: 생존편》에서 나는 '잃어버린 쌍둥이 증후군'을 언급한 적이 있다.

태내에서 쌍둥이 형제자매를 잃어버린 아기는 생을 알기 전에 죽음을 먼저 만난다. 아기는 슬프고 겁에 질린 상태로 태어난다. 그래서 스스로를 벌주고 애착 품기를 두려워하는 생의 시나리오를 쓰게 되는 것이다. 버림받거나, 거부당하거나, 이별하는 상황에서 그는 너무 심한 불안과 고통을 느끼기 때문에 그런 상황을 도무지 통제하지 못한다. 홀로 태어난 쌍둥이는 돌이킬 수 없이 외롭고 불행하다. 심지어 좋은 사람들에게 둘러싸여 사랑받을 때조차도 그는 치유할 수 없는 고독을, 기막힌 공허감을 느낀다. ……이리하여 홀로 태어난 쌍둥이는 전형적인 쌍둥이 특유의 소통방식을 취하고, 웬만한 사람들은 감당하기 힘든 끈끈하고 융합적인 인간관계를 추구한다.

생각이 너무 많은 사람들은 이런 무의식적인 특성을 지니고 있을 확률이 높다. 통계는 임신의 13퍼센트가 쌍둥이 임신이지만 실제로 태어나는 쌍둥이는 출생의 2퍼센트 남짓에 불과하다고 말해 준다. 그렇다면 신생아 가운데 약 11퍼센트는 원래 쌍둥이로 수태되었다가 혼자만 세상의 빛을 보았다는 얘기다. 배 속에서 일어난 일을 얼마나 기억할 수 있을까? 지금은 태아도 태내에서 일어난 일을 기억하고 있으며 이 같은 태내기억이 출생과 성장 이후의 정서에 영향을 미칠 수 있다고 보는 것이 정설이다. 잃어버린 쌍둥이에 대한 태내기억은 매우 강력하다. 그래서 다른 사람의 파렴치한 모방이 더없이 가까운 자기 분신, 특별한 공모자에 대한 기억, 생체에 아로새겨진 그리움을 자극하고 활성화할 위험이 있다.

여러분도 이 증후군에 해당된다면 심리 조종자의 모방 행동을 보면서 영혼의 쌍둥이를 다시 만난 것 같은 무의식적인 기분을 유독 절실하게 느낄 것이다. 심리 조종자는 이로써 여러분을 괴롭힐 수 있는 전권을 거머쥔다. 더 심각하게는, 그 사람과의 결별을 최초의 분리를 재현하는 것처럼, 기껏 찾은 쌍둥이와 다시 한 번 헤어지는 것처럼 아프고 처절한 경험으로 여길지도 모른다. 그래서 그 사람과 헤어진다는 것은 상상조차 할 수 없는 일이 될지도 모른다.

여러분에게 꼭 일러둘 말이 하나 있다.《나는 생각이 너무 많아》가 출간된 후로 심리 조종자가 여러분에게 그 책을 추천하면서 접근하는 경우가 꽤나 있었다. "자, 받아, 네가 이 책을 꼭 읽어야 해! 여기 쓰여 있는 내용, 완전 다 내 얘기야!" 그러고 나서 여러분이 스스로를 재발견하는 동안 자기도 여러분과 똑

같은 경험을 했던 것처럼, 모든 면에서 '여러분과 똑 닮은 것처럼' 가장하면서 심리 조종자는 제 속셈을 채웠다. 하루는 어떤 독자가 혼란스러운 심경이 여실히 느껴지는 이메일을 보내왔다. 그 사람은 정신적 과잉 활동인이면서 동시에 심리 조종자인 사람이 있을 수 있느냐고 질문했다. 내 대답은, 단연코 '그럴 수 없다'였다. 계산적인 속셈, 파렴치, 악의가 분명히 있다면 정신적 과잉 활동인일 리가 없다. 나는 정신적 과잉 활동과 휴머니즘이 떼려야 뗄 수 없는 관계에 있다고 보기 때문이다.

그러므로 대인 관계에 분별력을 발휘하는 법을 아는 것이 시급하다. 섣부른 모방의 시도들을 바로바로 알아차리는 법을 배우자. 자기에 대한 이야기를 너무 많이 하지 말고 상대가 먼저 이야기하도록 내버려 두자. 잃어버린 쌍둥이 증후군이 여러분에게도 상실감이나 버림받은 듯한 느낌을 자극하지는 않는지 확인해 보자. 모방의 함정을 피하고 싶거든 자기 자신에게 '이 사람은 어떤 점이 나랑 같지?'보다는 '이 사람은 어떤 점에서 나와 다르지?'라는 질문을 던져 보자.

그리고 이 점을 꼭 짚고 넘어가자. '저 사람은 말과 행동이 일치하는가?' 말은 거짓으로 짜고 엮을 수도 있으니 말보다는 행동을 잘 보자. 가령 얼마 전에 알게 된 친구가 자기도 당신처럼 대체의학에 심취해 있어서 웬만하면 병원에 가지 않는다고, 원인은 내버려 두고 증상만 개선하는 약을 먹기 싫다고 말했다

치자. 그런데 바로 다음 주에 그 친구는 가벼운 감기일 뿐인데도 병원에 가서 항생제 처방을 받아 왔다. 당신 같으면 그런 상황에서 항생제를 먹을까?

업계 동료 하나가 이런 말을 했다. "여자들은 토끼 같아서 귀부터 잡아야 해." 물론, 불쾌하고 사람을 도발하는 말이다. 그렇지만 남자들에게도 이에 필적할 만한 독특한 성향이 있으므로 '여성혐오'로 치부하고 무시해도 좋은 말은 아니다! 호메로스의《오디세이아》에서는 남자들이 세이렌의 노랫소리에 홀려서 넋을 잃는다. 요컨대, 성별은 상관없다. 남자든 여자든, 귀부터 사로잡히지 않도록 주의하라! 듣기 좋은 약속과 아부를 경계하라. 자기 자신과 자기 가치관, 자기 느낌을 확고하게 믿는 사람일수록 유혹자들의 수작에 잘 넘어가지 않는다.

피해자 행세

심리 조종자는 여러분과 만난 지 얼마 안 되어 자신이 큰 불행을 겪었거나, 운이 지독히 나쁘거나, 박해를 받은 적 있는 사람처럼 보이려 애쓸 것이다. 그 사람의 목표는 당신의 마음을 자극해 연민을 불러일으키는 것이다. 곰곰이 생각해 보면 학교 운동장에서 잘만 까불던 아이는 담임선생님이 등장하는 순간 홀쩍대면서 불쌍한 표정을 짓곤 했다. 중학교에서는 심보가 고약하고 남들을 괴롭히기 좋아하는 학생을 '힘든 일이 많아서 불안하고' 딱한 아이라고 감싸던 교사들이 얼마나 많았던가. 심리 조종자가 당신의 동정심을 불러일으켰다면 당신은 함정에 빠진 거다. 이제 그에게 상처가 될 법한 말은 감히 꺼내지도 못할 것이요, 그의 뜻을 거스르는 말조차 못해서 당신의 상식이나 자기 존중마저 양보하게 될 테니까.

심리 조종자들은 알을 갓 깨고 나온 어린 새처럼 보이지만 그들이 뒤집어쓴 알껍데기는 담금질된 강철과도 같다! 당신 힘으로는 절대로 그 껍데기를 벗기지 못한다! 그들은 자기가 지구에서 제일 불쌍한 사람인 척, 팔자가 더럽게도 사나웠던 척, 나쁜 사람을 만나 인생이 꼬였던 척, 지독히도 힘든 척하는데 늘 자기 탓이 아니라 남 탓이다. 그들은 늘 하소연을 한다. 목소리가 크고 말이 많다. 수도꼭지 돌리듯 마음만 먹으면 당장 눈물을 쏟을 수 있는 사람들이다. 희한하게도, 그들은 늘 자기 불행에 아무런 책임이 없다. 언제나 남들이 죽일 놈, 죽일 년이다. 선량하기 짝이 없는 당신은 측은한 마음을 가눌 수가 없어서 적극적으로 도움의 손길을 내민다.

여러분은 쓸모 있는 존재가 되고 싶고 세상을 구하고 싶은 욕구가 큰 사람들이다. 심리 조종자가 피해자 행세를 하면서 활성화하려는 원동력 가운데 하나가 바로 당신의 이런 욕구다. 업계 동료 한 사람이 이런 말을 했다. "배우자에 대한 마음이 오로지 동정심일 뿐이라면…… 그 사람한테서 벗어나세요!" 공감과 연민은 엄연히 구분해야 한다. 공감은 저 사람이 힘들구나, 많이 괴로워하는구나 헤아려 주면서도 누구나 인생에 힘든 시기가 있음을 전제하는 태도다. 공감하는 사람은 상대가 그 어려움을 스스로 극복할 만한 역량이 있다고 믿어 준다. 상대가 바라는 것도 주로 마음으로 지지하고 응원해 주는 모습이다. 상대는 자신의 개인적 문제를 당신이 책임지거나 자기 대신 해결해 주기를 바라지 않는다.

소설가 아멜리 노통브 Amélie Nothomb는 이렇게 말한다. "나도 다른 사람들하고 똑같아요. 나도 많이 힘들어 봤다는 얘기예요." 심리 조종자들은 정말로 고통을 겪은 사람들이긴 하지만 (이 얘기는 뒤에서 더 하겠다) 그들만 그랬던 건 절대로 아니다. 노통브의 말이 맞다. 인생은 아무도 봐주지 않는다. 누구나 삶은 녹록치 않다. 저마다 제 몫의 골치 아픈 문젯거리와 애끊는 아픔이 있다. 겉으로 보기에 걱정근심이라고는 모르고 살아왔을 법한 사람인데 막상 속내 이야기를 들어 보면 기막힌 사연이 있는 경우가 얼마나 많은가. 그런데도 정작 그 사람은 어떻게 저럴 수 있을까 싶을 만큼 늘 올곧고 차분하고 명랑하지 않은가. 정말로 큰 아픔은 말이 없다고들 한다. 이와 달리 심리 조종자들의 아픔은 아주 시끄럽다! 실제로는 이게 가장 큰 차이다.

사람들은 대부분 아픔이 있어도 크게 티 내지 않고 꿋꿋하게 살아가지만 심리 조종자들은 자신들의 고통을 극적으로 과장하고 우는소리를 하면서 타인에게 은근슬쩍 책임을 떠넘긴다. 이제 공감과 연민을 좀 더 잘 구분할 수 있겠는가? 공감은 저 사람도 세상 모두가 그렇듯 힘든 구석이 있구나라고 이해하는 입장이다. 반면에, 연민은 저 불쌍한 사람은 남들보다 훨씬 팔자가 기구하구나, 저 힘없는 사람이 자기 문제를 해결할 도리가 없으니 누가 구해 줘야만 하는구나, 내가 아니면 안 되겠구나라는 입장이다.

위협

위협은 세 번째 끄나풀이다. 여러분이 초등학교에서부터 익히 잘 아는 끄나풀. 위협은 상대를 조련하는 데 유용하기 때문에 인간관계에서 아주 일찍부터 나타난다. 그런데 위협은 은밀하게, 점진적으로 자리를 잡는다. 위협의 목적은 당신을 늘 두려움 속에서 살아가게 하는 것이다.

　심리 조종자는 태풍을 몰고 오는 먹구름 같다. 언제나 위협적이고, 언제나 예측을 불허하며, 점점 더 자주 폭발한다. 그 사람은 초조하고, 조급하고, 짜증을 잘 내고, 남에게 스트레스를 잘 주지만 본인 역시 늘 스트레스에 시달리는 듯 보인다. 심리 조종자가 등장하면 그 공간의 분위기가 바뀐다. 모두 긴장한 듯 부자연스럽게 군다. 그러다가 그 사람이 나가면 다시 숨통이 트이고 편안하게 풀어진다. 찬찬히 생각해 보면 이게 다 코미디지만 그 점을 의식하는 사람은 별로 없다.

그렇지만 심리 조종자는 다른 사람들의 시선이 없는 곳에서 당신에게 충분히 압박을 가하고 난 후에 휘파람을 불며 그 자리를 뜬다. 유혹 단계가 지나갔다면 초반에 당신에게 바치던 칭찬과 찬사는 비난과 조롱으로 변하고 그 강도는 점점 더 높아질 것이다. 당신은 점점 그의 판단을 두려워하며 벌벌 떨게 될 것이다. 당신이 반발하면 심리 조종자는 다 당신이 잘되기를 바라는 마음에서 비판하는 거라고 응수할 것이다. 평생 어리석고 못난 부적응자처럼 살고 싶으면 그래라, 너만 손해지라는 식으로. 자기는 당신을 조롱하지 않았다며 농담도 못 받아들이느냐고 할 것이다. 결국 당신만 유머 감각도 없는 사람이 되고 만다. 하지만 그 사람이 유머랍시고 던지는 말은 초등학생만도 못한 수준이다. 부담스럽고, 아픈 데를 건드리고, 바보 같고, 똥오줌 소리만 들어가면 다 웃기는 줄 아나…….

심리 조종자는 잘 삐친다. 그게 그 사람 취미다. 별안간 정색하고 입을 꾹 다문다. 그러면 분위기가 무거워진다. 심리 조종자는 말없는 비난의 화살들을 쏘아 댄다. 저 사람이 왜 갑자기 심기가 상했는지 짐작하고 알아내는 것은 당신 몫이다. 나중에 그는 발작이라도 하듯 분노를 쏟아 내고 한바탕 난리를 친다. 도대체 저런 폭력성을 어떻게 속에 담고 살았나 싶을 정도다. 다시 한 번 기억하자. 심리 조종자는 눈 깜짝할 사이에 이 얼굴에서 저 얼굴로 바뀔 수 있는 사람이라는 사실을. 실제로 그는 자기가 어느 선까지 막 나가도 되는지, 어느 시점에 멈춰야 하는지 귀신같이 꿰고 있다.

견디기 힘든 토라짐과 분노발작은 다소 위장된 보복으로 차츰 발전할 것이다. 이걸 해독하는 것도 당신 몫이다. 그가 당신더러 친구로 알고 지내는 남자들을 만나도 괜찮다고, 자기는 신경 쓰지 않으니까 당신 마음대로 하라고 이야기했다 치자. 그런데 당신이 친구들 모임에 갔다 올 때마다 그 사람은 꼬박 이틀을 말도 안 하고 기분 나쁜 표정으로 일관한다. 원인과 결과를 연결 짓는 것은 당신이 해야 할 일이다.

심리 조종자는 사근사근한 가면과 성난 얼굴을 수시로 오가며 명실상부한 조건화 작업을 수행하고 당신을 조련한다. 한 손에는 당근을, 다른 손에는 채찍을 들고서 당신이 아무 생각 없이 자기 말에 복종하게끔 훈련시킨다. 당신은 그 사람이 화내고 난리 치는 상황이 두려워져 점점 더 살얼음판 걷듯 조심스러워진다. 매사에 그 사람을 이해하려 하고, 반응을 예측하려 하고, 무슨 일이 있어도 심기를 거스르지 않으려 애쓴다. 심리 조종자는 당신이 마음 깊숙이 묻어 둔 무의식적인 두려움이나 비이성적인 두려움 또는 두 가지를 모두 자극할 줄 안다. 상처 입힐지 모른다는 두려움, 부당한 처사를 하거나 무능한 존재가 될지 모른다는 두려움, 거절당하거나 버림받을 수도 있다는 두려움까지…….

당신이 기울이는 노력이 무색하게도, 험악한 상황은 점점 더 발생하고 괴로움의 강도 역시 높아진다. 긴장된 분위기나 갈등을 특히 못 견디는 당신에게는 평화와 조화가 필요하다. 그래서 숨 쉴 만한 분위기를 만들어 보겠다는 일념으로 자기도 깨닫지 못하는 사이에 매우 고분고분한 사람, 늘 지나치게 상대에게 맞춰 주는 사람이 된다. 당신의 복종은 사태를 더욱 악화시킨다. 당신이 터를 닦아 놓을수록 상대는 더 멀리까지 갈 수 있기 때문이다.

두려움은 위험을 피할 수 없다는 말이 있다. 심리 조종자와의 관계에서 이 말은 특히 일리가 있다. 당신이 확실하게 자기 입장을 밀고 나가지 않은 한, 심리 조종자는 멈추지 않을 것이다. 언제가 됐든 조만간에 자기주장 펼치는 법을 배워야만 한다. 그와 동시에, 그 사람의 가면이 떨어져 나가면 진짜 본성이 보일 것이다. 당신 눈으로 보아도 믿을 수 없는 본성. 심리 조종자는 잔인하고, 질투가 심하고, 미움이 많고, 심보가 고약한 사람이다. 그가 남들을 두고 하는 말은 많은 것을 시사한다. 그 사람 말로는, 자기 빼고 모두 바보 멍청이다. 꼴좋게 됐다거나 자기를 거스르면 따끔한 맛을 보게 될 거라나……. 자신의 치사한 복수와 등쌀이 그렇게도 흡족한 모양이다. 당신에 대해서도 마찬가지 태도를 보일 거라는 점은 모르려야 모를 수가 없다.

그의 위협은 간접적일 때가 많다. 그렇지만 상상력이 풍부하고 생각이 너무 많은 당신의 두뇌가 나머지를 알아서 한다. 당신은 그동안 일어난 어떤 사건들이 '우연'만은 아니었던 것 같다고 의심을 품기 시작한다. 심리 조종자는 수동적 공격성을 띤다. 달리 말하자면, 상당한 공격성을 잘 은폐하고 있다는 뜻이다. 그는 고의가 아니라 실수인 척…… 더럽히고, 망치고, 부러뜨리고, 망가뜨리고, 잃어버린다. 그 사람의 부주의나 섣부른 짓 때문에 당신만 손해를 보는 것이다. 당신이 허리를 숙이고 있을 때 그는 당신 머리 위의 찬장 문을 열어 놓고, 그 사람이 제멋대로 옮긴 가구에 당신은 발을 찧는다. 계단을 함께 내려가다가 그 사람이 밀치는 바람에 넘어졌어도 절대 일부러 그런 건 아니다. 그는 단지 냄비가 화상 입힐 만큼 뜨겁다고 말할 생각을 못했을 뿐이다…….

심리 조종자들은 더 위험한 짓도 저지를 수 있다. 당신을 아무 데나 버려 놓고 가고, 당신을 차에 태운 채 트럭으로 돌진하는 시늉을 하고, 당신 머리를 향해 물건을 던지기도 한다. 그러면서 당신이 너무 겁이 많고 과보호를 한다고 비난한다!

이 표현을 기억해 두자. "그 생각이 문득 머릿속을 스치더라고요." 내게 상담을 받은 이들은 모두 심리 조종자의 악의나 위험성을 무의식적으로만 감지할 때 하나같이 이런 말을 했다. 로랑스의 말을 들어 보자.

"수요일에 친정 부모님을 뵈러 갔어요. 친정은 우리 집에서 고속도로로 45분 거리에 있거든요. 그런데 자동차 상태가 영 이상하더라고요. 겨우 친정에 도착해서 아버지에게 그 얘기를 했어요. 아버지가 우리 차를 살펴보더니 타이어 네 개가 다 바람이 심하게 빠졌는데 이걸 어떻게 몰고 왔느냐고 하시더라고요. 타이어 바람을 넣으시면서 화를 내셨어요. '네 남편도 참 어지간하구나! 도대체 차 관리를 어떻게 하고 있는 거냐? 네가 이런 차를 몰다가 고속도로 한복판에서 사고라도 나면 어쩌려고!' 바로 그 순간, 어쩌면 남편이 일부러 타이어 상태를 방치했을지도 모른다는 생각이 들더라고요. 그 전날 남편이 나한테 친정 갈 때 차를 쓸 거냐고 물어봤는데 그 말투가 묘하게 기억에 남았거든요. 평소 같으면 집에 들어가자마자 남편에게 '당신 차 관리를 어떻게 하는 거야!'라고 한바탕했을 거예요. 하지만 그런 의심이 든 탓에 아무 말도 안 하고 가만히 그 사람을 지켜봤어요. 평소 내가 어떻게 지내는지 관심도 없는 사람이 그날은 괜히 내 주위를 빙빙 돌면서 자기는 아무것도 모른다는 말투로 이렇게 묻더군요. '그래, 장인장모님은 잘 만나고 왔어? 별일 없었어? 운전은 힘들지 않았어?' 나는 아무 일도 없었던 척했지만 남편이 대놓고 도둑이 제 발 저린 티를 내니까 너무 무섭고 끔찍했어요. 내가 저렇게까지 악의로 똘똘 뭉친 인간하고 살을 맞대고 살다니, 얼마나 소름 끼치는 일인가요. 그 사람이랑 사는 게 진짜 위험한 일이구나 싶어요."

이들의 생각과 행동은 여러분이 무엇을 상상하든 그 이상이다. 여러분은 자기를 보호하는 법을 배워야 한다.

죄의식 조장

네 번째 끄나풀은 죄의식 조장이다. 이 수법 역시 표준화되어 있다. 안 된 일은 전부 당신 탓이고 당신이 책임져야 한다. 심리 조종자는 아무 잘못이 없다! 그는 늘 순수하고 죄가 없다! 선생님에게 현장에서 덜미를 잡히던 학창 시절부터 그랬다. 남의 가방에 손을 집어넣다가 그 자리에서 들켜도 그는 딱 잡아뗐을 것이다. 심리 조종자는 어른이 되어서도 똑같이 행동한다. 그 사람 입에서는 결코 자기 잘못을 시인하는 말은 나오지 않을 것이다! 자기 잘못은 눈곱만큼도 없다. 늘 남들이 잘못한 거고, 특히 당신이 제일 잘못했다! 그는 뻔뻔하게도 자신의 모든 행동을 당신 행동에 대한 이성적이고 정상적인 반응으로 간주한다.

절대 불변의 도식은 다음과 같다. "당신이 이러이러했기 때문에 내가 이러이러한 거잖아." 예를 들어, 자기가 바람을 피우고는 당신이 임종을 앞둔 친정아버지를 돌보느라 자기에게 소홀했기 때문에 어쩔 수 없었다고 한다. 자기가 저지른 불륜도 이리하여 당신 탓이 된다(이 예는 실화일 뿐 아니라 내가 피해자 한두 명에게 들은 게 아니다!). 이 메커니즘은 당신이 자기 행동을 심리 조종자의 반응과 스스로 연결해 생각하게 한다는 점에서 그 사람에게 더욱 유리하다. 당신은 자연스럽게 행동하기가 더욱더 힘들어진다.

당신은 어떻게든 적응하고 좀 더 낫게 살아 보려 하지만 그 노력은 수포로 돌아가고 기운만 빠질 것이다. 왜일까? 그 이유는 죄의식 조장이라는 끄나풀이 '이중제약'을 다분히 끌어들이기 때문이다. 미국의 팰로앨토 학파가 발견한 이중제약 개념은 사람을 소외시키는 관계성이다. 이중제약은 빠져나갈 구멍을 주지 않는다. 당신이 "하양"이라고 말하면 "깜장"이라고 했어야 한다고 비난하고, 반대로 "깜장"이라고 말하면 왜 "하양"이라고 하지 않았느냐고 비난한다. 간단하다. 당신이 뭘 하든 그걸 하면 안 된다고 비난하는 것이다.

심리 조종자는 싫어하는 것이 많기도 참 많지만 자기가 정말로 뭘 원하는지는 자세히 말하지 않는다. 그래서 당신은 쓸데없는 예측과 취사선택으로 인생을 낭비하게 된다. 결국 당신이 뭘 하든 절대 그의 기대에는 미치지 못할 것이다. 게다가 타의 추종을 불허하는 그의 못된 심보를 생각해 보자. 그는 당신을 인정하지 않기 위해서라면 자기모순도 서슴지 않을 것이다. 당신이 자기에게 잘해 줬어도 누가 그런 걸 바랐느냐는 식이다. 얼른 포기하고 나가떨어지는 편이 낫지, 계속 그렇게 살다가는 미친다. 타인의 기대에 미치지 못했다는 당신의 좌절감을 부채질하기 위해 심리 조종자가 즐겨 쓰는 화법이 있다. "똑똑한 사람들은 ○○를 한대." "요즘 ○○도 모르는(못하는) 사람이 어디 있어." 등등.

정신적 과잉 활동인은 순탄하지 않은 인간관계에 익숙해 있다. '보통 사람들'의 틈바구니에서 이들은 쓸쓸함 또는 아무에게도 이해받지 못하는 기분을 자주 느낀다. 사회의 암묵적 규약을 알아차리는 눈치가 없는 편이라 어처구니없는 실수도 잘하고, 모임 분위기를 불편하게 만들기도 한다. 또한 '피상적인' 대화를 지루해하기 때문에 자기가 여기서 뭘 하고 있는 걸까 명해질 때도 있다. 정신적 과잉 활동인은 여러모로 '너무하다'는 이유로 지나친 비난을 곧잘 받는다. 너무 예민하다, 너무 감정적이다, 너무 까다롭다, 너무 쉽게 상처를 받는다 등등.

그런데 정신적 과잉 활동인은 만약 문제가 있다면 상대가 아니라 자기 쪽에 문제가 있을 거라는 생각에 익숙하다. 다른 사람들을 이해하려면 자기가 열심히 노력해야 한다는 생각에도 익숙하다. 이 때문에 소통이 잘 안 되면 그들은 죄의식에 빠지기 쉽다. 게다가 자기 책임이라고는 일절 모르는 심리 조종자들과는 정반대로, 정신적 과잉 활동인은 책임감마저 과잉이다. 이들은 자기 몫의 책임을 감당하는 데 연연한 나머지, 남의 책임은 남의 몫으로 남겨 두어야 한다는 사실마저 잊는다. 양심적인 사람, 일을 잘하고 싶은 사람, 뭔가를 증명해 보이고 싶은 사람에게 죄의식을 조장하기는 아주 쉽다. 심리 조종자는 이 빈틈을 이용할 줄 안다.

더는 조종당하고 싶지 않다면 확실하게 이 끄나풀 네 가닥을 끊어 내야 한다. 이 책에서 그 작업을 해 볼 심산이다. 일단은 이 4대 노선만 기억해 두자.

> 호감형 가면, 듣기 좋은 말, 속빈 강정 같은 약속에 더는 넘어가지 마라. 오직 사실과 행동에 비추어 사람을 판단하라. 무엇보다도, 이제는 관계의 백지수표를 끊어 주지 마라. 시간을 충분히 들여라. 사람 됨됨이를 고작 몇 시간 만나고 알 수는 없으니 말이다.
> 끈끈한 연민에 빠져 허우적거리고 싶지 않거든, 못된 사람과 불행한 사람을 혼동하지 마라. 아무리 모진 불행을 겪었어도 절대 남에게 못되게 굴지 못하는 사람이 있고, 자신의 못된 심보가 흡족하기만 한 사람도 있다. 정상적인 사람이라면 자기 문제는 자기가 책임지고 해결해야 한다고 생각한다.
> 여러분은 이제 학교 운동장에서 뛰어노는 초등학생이 아니다. 자기 자신을 보호할 수 있는 규칙들이 있다. 더 이상 위

협에 넘어가지 마라. 가급적 갈등을 피하고 자기주장을 차분하게 펼치는 연습을 하라.

〉 이제 남의 행동에 책임감을 느끼지 말자. 심리 조종자와는 평온한 인간관계가 불가능하다는 점을 인정하라. 무엇보다 당신에게 함부로 할 권리는 아무에게도 없다! 당신은 더 나은 대접을 받을 자격이 있다!

심리 조종자는 끄나풀을 조종하는 재주를 빼면 허수아비다. 당신에게 그 끄나풀이 먹히지 않는다면 당신은 자유롭다. 그다음부터는 심리 조종자가 통하지도 않는 끄나풀을 물고 늘어지는 모습이 우스꽝스럽다 못해 애잔해 보일 것이다. 내게 상담받는 사람이 예전 같으면 눈물을 흘리면서 괴로워했을 일을 웃으면서 아무렇지도 않게 말하는 모습을 볼 때마다 나는 행복해진다. 여러분도 그럴 수 있기를 바란다.

2장
세 개의 문과 세 개의 열쇠를
기억하라

∧∧∧∧∧∧∧∧∧∧∧

심리 조종의
세 열쇠

심리 조종은 어떻게 작동할까? 그 세 열쇠는 의심, 두려움, 죄의
식이고 이 열쇠들은 자기 강화적인 순환 구조를 이룬다. 첫 번째
열쇠에 발동이 걸리면 두 번째 열쇠를 불러오고, 두 번째 열쇠는
세 번째 열쇠를 끌고 나오며, 세 번째 열쇠는 다시 첫 번째 열쇠
와 연결된다. 이런 기제 때문에 심리적으로 지배를 당하는 사람
들은 갇혀 버린 느낌, 나아가 뭔가에 씐 느낌을 받는다. 한번 심
리적 함정에 빠지면 쳇바퀴 돌리는 햄스터처럼 아무리 용을 써
도 그 안에서만 뱅뱅 돌게 되기 때문이다. 함정에서 빠져나갈 구

멍이 보이지 않는 것 같다.

쳇바퀴가 돌아갈수록 사정은 악화된다. 의심이 점차 더 심각한 정신적 혼란으로 변해 가면서 이러다 미쳐 버리지 싶다. 두려움은 언제나 떠나지 않는 먹먹한 불안이 된다. 늘 불안하고 이따금 공황 상태에 빠진다. 죄의식에 빠진 사람은 자기 자신과 멀어진다. 자기중심과 자기 본능에서 동떨어진 삶을 살게 된다는 뜻이다. 당신은 죄의식 때문에 당신을 괴롭히는 그 사람의 뒤틀리고 배배 꼬인 논리를 차츰 따라가게 될 것이다. 심리적으로 완전히 지배당한 피해자들은 전형적인 '스톡홀름 증후군'을 보여 준다. 인질이 자신을 납치한 가해자를 편들고 가해자의 논리에 동조하는 희한한 정신 상태 말이다.

심리 조종의 열쇠들은 생각이 너무 많은 사람들에게 특히 효과가 좋다. 정신적 과잉 활동인은 외부 영향이 없어도 스스로 온갖 다양한 의심, 두려움, 죄의식의 사슬을 만들어 내기 때문이다. 심리 조종자는 그러한 생산을 촉진만 하면 된다.

첫 번째 열쇠: 의심

여태 보았듯이, 의심과 지능은 불가분의 관계에 있다. 하지만 내가 정신적 과잉 활동인에게 이런 말을 하면 그 사람은 말도 안 된다는 듯이 웃음을 터뜨린다. "와, 내가 엄청 똑똑한가 봐요!" 그 사람은 이 말에 중대한 진실이 담겨 있다는 것을 실감하지 못한다. 똑똑한 사람은 자기 자신을 문제 삼을 줄 안다. 자기 관점을 떠나 다른 관점에서 이해하려고 애쓰고, 서로 다른 입장들을 경청하고 존중해서 타협안을 모색한다. 똑똑한 사람은 왜 아무에게도 도움 안 되는 심술을 일부러 부리는지, 왜 단지 다른 사람을 골탕 먹일 작정으로 굳이 거짓말을 하는지, 왜 자신의 전능 환상을 충족시키겠다고 악의적으로 행동하는지 이해를 못한다. 그런 건 무척 바보 같고 비생산적이지 않은가! 똑똑한 사람은 세상 모든 이가 누이 좋고 매부 좋은 평화로운 상태를 추구한다고 생각한다. 해답 찾기보다 문제 일으키기를 더 좋아하는 사람들도 있을 수 있건만, 똑똑한 사람들은 이 가능성을 좀체 검토하지 않는다.

똑똑한 사람들의 대척점에는 심리 조종자들이 있다. 그들은 피해자가 스스로의 인도주의적 신념에 발목을 잡혀 곤란을 겪고 혼란스러워하는 꼴을 보면서 희희낙락한다. 정신적 과잉 활동인은 바로 이런 식으로 자기 지능의 덫에 걸리곤 한다.

의심의 씨를 심는 것이야말로 상대를 무너뜨리기 위해서 맨 처음 할 일이다. 사람은 개인적인 신념을 망각할수록 타당한 결정을 내리기가 어렵다. 그러므로 일단 치아의 뿌리를 드러내듯 상대가 확고하게 믿는 것을 차츰 뒤흔들고 후벼 파서 약하게 만들어야 한다. 정신적 과잉 활동인은 원체 함부로 확신하지 않는 사람들이기 때문에 의심 불어넣기는 식은 죽 먹기다. 깜짝 놀라는 표정, 그거면 충분하다. "진짜야? 당신, 정말 그렇게 믿는 거야?" 현실 부정은 의심을 증폭시킨다. "난 그런 얘기 한 번도 들은 적 없어." 여기에 반대편 주장을 살짝 흩뿌려 주면 끝이다. "네 말은 틀렸어. 난 한 번도 부정적인 반응을 겪지 않았단 말이야." 단 세 문장으로 사람을 바보 만들 수 있다. 또 다른 수법은 이론의 여지가 많다고 알려진 사실들을 두고 말을 바꾸는 것이다. 상대에게 악의가 있다고 생각 못 하는 사람일수록 의심을 불어넣기가 쉽다. 그냥 펄쩍 뛰고 잡아떼기만 해도 게임 끝이다. "내가? 내가 언제 그랬어? 당신이 잘못 알아들었겠지! 내가 하려던 말은 그게 아니었다고! 난 안 그랬어!"

심리 조종자는 상대의 정신을 흐트러뜨리기 위해 암시가 잔뜩 깔린 불분명한 언어를 구사한다. 말끝을 흐리거나, 여기저기서 실언을 남발하고, 엄청난 거짓말과 약간의 진실을 조합해 그럴싸한 얘기를 만들며, 심하게는 한 문장 안에서도 앞뒤가 안 맞는 소리를 지껄인다! 짠, 결판은 났다! 이것은 작정하고 최면을 거는 언어다. 당신은 무슨 말을 해야 할지도 모른 채 혼란스럽고 진 빠지는 대화를 마치게 된다. 다들 '나무의 말langue de bois'(솔직하지 않은 식상한 말)이 뭔지 알 것이다. 하지만 정작 대화를 나누면서 그런 말을 감지해 낼 수 있는 사람은 드문 것 같다. 빛 좋은 개살구 같은 연설도 여전히 유권자들과 온갖 종교의 신도들에게 잘만 먹히지 않는가. 듣는 사람은 자기도 모르게 그 공허한 말에다가 자기 사연, 자기 생각을 보태 내용을 만들어 준다. 그러면 자기가 듣고 싶은 바로 그 이야기를 듣는 셈이니 얼마나 즐거우랴! 심리 조종자들은 이런 유의 알맹이 없는 말을 완벽하게 구사할 줄 안다. 더는 조종당하지 않으려면 의미 없는 말을 감지하는 법을 배워야 한다.◆

마지막으로, 심리적 혼란을 가중시킨다는 점에서 결코 간 과해서는 안 될 요소를 지적하겠다. 정신적 과잉 활동인은 정확 하고 상세한 것을 매우 좋아해서 어지간해서는 이 욕구를 만족 시키기가 어렵다. 이들은 초등학교 때부터 시험문제의 지시문이 너무 애매하고 주제와 관련 없는 것들을 많이 끌어들인다고 생 각했다! 그래서 감각 과민증과 대비되는 신경전형인Neurotypical, 즉 흔히 말하는 정상인들의 대략적이고 혼란스러운 사유와 타 협하는 습관이 들어 있다. 그들은 어른이 되어 가면서 정확성을 따지고 싶지만 상대가 곤란할까 봐 참는 법을 배웠다. '제대로 이해받지 못하기'가 그들의 특기다. 이 때문에 그들은 심리 조종 자의 모순을 따지려 들지 않을 것이다. 그랬다가는 그들 자신부 터 미치도록 괴로워질 공산이 크다.

◆ 프랑스어에 익숙하다면 'le parler creux sans peine'를 아무 검색엔진에 넣기만 해도 상당한 정보를 얻을 수 있을 것이다!

의심이라는 열쇠를 제거하려면 거리를 두고 물러나 상대의 모순, 어리석은 선언, 알맹이 없는 말을 감지해야 한다. 또한 명백한 기만과 거짓을 목격했을 때에는 그게 기만이고 거짓임을 인정해야 한다. 세상에는 악의와 미움으로 똘똘 뭉쳐 쓸데없이 못되게 구는 사람도 있다고 인정할 수 있어야 한다! 마지막으로, 자신의 의심을 관리하고, 외부에서 확증을 구하려는 태도를 버리고, 스스로의 느낌과 지각과 직관을 믿는 것이 가장 중요하다. 개인적인 신념들은 의심의 바다를 항해하기 위한 이정표처럼, 흘러내리는 모래 같은 심리 속에서도 굳건한 말뚝처럼 자기 안에 소중히 간직하자. 눈으로 보고, 귀로 듣고, 느낄 수 있으면 됐다. 당신의 감각과 느낌을 믿어라!

피해자들이 얼마나 암시에 잘 넘어갈까? 실상을 확인하면 경악하곤 한다. 내 상담실에는 선명한 빨간색 안락의자들이 놓여 있다. 한번은 내게 상담받던 어떤 사람에게 이런 말을 했다. "자, 보세요, 이 의자들은 빨간색이에요! 내가 이 의자들이 초록색이라고 바득바득 우긴다고 해서 자기 눈에 보이는 사실을 의심해선 안 돼요!" 그 사람은 쓸쓸하게 미소 지으며 대꾸했다. "선생님이 진짜로 완강하게 우기면 저는 아마도 제가 적녹색맹인가 보다, 생각할 거예요." 아니, 이러면 안 된다. 상대가 소파 색깔을 두고 거짓말을 했는데 자기 시력부터 의심해서야 되겠는가. 자신을 좀 더 믿어 보라. 차라리 상대가 적녹색맹일지도 모른다고 생각하라!

여러분이 다시 중심을 잡게끔 도와줄 핵심 질문 몇 가지를 여기에 정리해 본다.

> 나는 나에게 귀 기울이고 있는가? (오직 나에게만!)
> 무엇이 참인가? 무엇이 옳은가?
> '나'는 무엇을 원하는가? 이 상황은 받아들일 만한 것인가?
> 가장 친한 친구가 이런 상황에 처했다면 나는 어떻게 생각할 것 같은가?

두 번째 열쇠: 두려움

두 번째 열쇠를 주로 작동시키는 것은 앞에서 다룬 '위협'이라는 끄나풀이다. 여러분이 심리 조종자를 겁낼수록 그 사람의 힘이 세진다. 심리 조종자는 이 점을 잘 안다.

생각이 너무 많은 사람들은 상상력이 차고 넘친다. 내가 여러분은 영화 제작에 소질이 있다고, 특히 아무 소재로도 재난영화를 만들 수 있을 거라고 말해 봐야 요긴한 정보는 되지 못할 것이다. 얼룩말*인터넷카페에 정신적 과잉 활동인만 이해할 수 있는 유머가 한동안 나돈 적이 있다. "통화를 하다가 상대가 아

◆ 프랑스에서 영재나 지적 특이성을 지닌 사람을 가리키는 은어. − 옮긴이

무 말도 안 하면 차라리 그 사람이 죽었다고 생각하고 싶어져요. 차라리 그게 안심이 돼요." 이런 특성에 기대어 당신의 두려움을 자극하고 당신이 알아서 최악의 시나리오를 쓰게끔 내버려 두면 게임 끝이다. 약간 위협적인 태도, 다소간의 불안한 암시를 구사한 후 짜증을 바가지로 퍼붓고 태세 전환을 몇 번만 해 주면 공격 끝, 결판은 났다. 당신의 재난영화는 이미 바쁘게 제작 중이다. 심각하고 극적인 분위기를 벗어나고 싶거든 당신 자신이 어떻게 하고 있는지 살펴보라. 그 시나리오로 아예 갈 데까지 가 보라. 결국 어이가 없어서 웃음이 터질 때까지.

여러분은 무방비 상태에 있기 때문에 두려움을 더 쉽게 자극당한다. 너무 개방적이고, 너무 투명하고, 너무 청렴하고, 너무 무사공평하다. 심지어 사람에 대한 경계심이 별로 없어서 아무에게나 관계의 백지수표를 끊어 준다. 하지만 여러분은 이런 지적을 하는 내가 편견에 빠진 거라고 말한다. 내가 이제 이렇게 하지 말라고 하면 발끈한다. 사람을 경계해야만 한다면 인간관계란 가능하지도 않을 거라나! 그러면 나는 이렇게 묻는다. "자녀에게 아무나 믿고 따라가도 된다고 가르치실래요? 아이가 믿어도 되는 사람인지 아닌지 확인도 하지 않고 졸졸 따라가기를 바라세요?" 다행히도, 그건 아니라고들 답한다. 하지만 사람을 조심하고 자기를 보호할 줄 알아야 한다는 생각이 여러분의 이상주의에 썩 들어맞지는 않는다. 시민을 보호하기 위해 법이 있는 거다. 그게 아니면, 갑과 을이 계약서에 서명을 나란히 할 이유가 있을까. 심리 조종자는 "놀다가 선생님(법)한테 이르는 건 반칙이야!"라고 할 것이다. 글쎄, 우리가 법대로 하려는 이유는 소송에 재미 붙여서가 아니라 그게 어른스럽고 책임 있는 조치이기 때문이다. 문제가 불거졌을 때에는 계약서밖에 믿을 게 없다. 그러니 법적 보호를 절대로 마다하지 말자.

실제로 생각이 너무 많은 사람들은 일견 비이성적으로 보일 만큼 두려움이 많다. 이들은 늘 두렵다. 상처를 줄까 봐, 불쾌하게 할까 봐, 갈등을 일으킬까 봐, 관계가 소원해질까 봐, 거절당할까 봐, 이해받지 못할까 봐, 심지어는 놀림이나 비난당할까 봐……. 이들은 이미 유치원 때부터 자기가 남들과 다르다고 느낀다. 다른 애들은 친구도 잘 사귀는데 자신은 혼자일 때가 많다. 짝을 짓거나 모둠을 만들 때면 아무도 손 내밀지 않는 그 상황이 창피하고 힘들다. 친구들은 운동장에서 바보 같고 시시한 놀이를 하면서도 참 즐거워 보인다. 하지만 생각이 많은 사람들이 진심으로 재미있어하는 것을 친구들은 재미없다고 한다. 이들의 농담에는 아무도 웃지 않는다. 친구들은 놀려 대고, 어른들은 꾸지람하고, 아무도 그들을 이해해 주지 않는 것 같다.

최악은, 정신적 과잉 활동인이 사회의 암묵적 규약을 잘 몰라서 실수를 자주 한다는 것이다. 당연히 주위 사람들은 거북하게 여긴다. 무슨 일이 일어나긴 했는데…… 나만 그게 뭔지 모른다면? 이렇게 본다면 정신적 과잉 활동인의 두려움이 비이성적이라고 할 수만은 없다. 그가 실제로 겪은 일이며 언제고 다시 불거질 수 있는 정신적 외상들이 미세하게 또는 상당한 정도로 남아 있기 때문이다. 정신적 과잉 활동인은 이처럼 고달픈 인간관계를 겪으면서 남들이 아니라 자기에게 문제가 있다고 결론을 내린다. 따라서 죄의식이라는 세 번째 열쇠를 작동시키는 건 일도 아니다.

세 번째 열쇠: 죄의식

세 번째 열쇠에는 '죄의식 조장하기'라는 끄나풀과 '피해자 행세하기'라는 또 다른 끄나풀이 작용한다. 당신은 아마 상처가 많고 힘도 없는 사람을 감히 공격할 만한 위인은 못 될 것이다. 그런 사람을 내버려 두지 못하는, 그런 심성의 소유자가 아닌가?

앞에서 익히 보았듯이 심리 조종자들은 매사에 책임이라고는 모른다. 그 어떤 것도 그들 잘못이 아니다. 뭔 일이 터지든 늘 남들이 잘못한 거고, 특히 당신이 제일 잘못한 거다. 바보 같은 사람도 당신, 문제가 많은 것도 당신, 말재주가 없어서 일을 그르치는 것도 당신, 할 일을 하지 않은 사람도 당신, 늘 만족을 모르는 사람도 당신이다. 생각이 너무 많은 사람들은 사고방식이 정반대다. 이들은 주위의 모든 일에, 심지어 자기와 상관없는 일에도 자기가 관여한 것처럼 느낀다. 이들은 실제로 자기가 뭘 하면 세상이 좀 더 나은 곳이 될까를 고민한다. 자, 이쪽 끝에는 자기 행동에 책임을 질 줄 모르고, 자기 자신을 결코 문제 삼지 않으며, 자기 행위의 결과를 부정하는 심리 조종자가 있다. 그리고 저쪽 끝에는 책임감 과잉, 심리 조종자가 지지 않은 책임마저 기꺼이 떠안는 당신이 있다. 당신은 그 사람과 맺는 관계의 질을 혼자서 책임져야만 한다. 저쪽에서는 이 관계를 망치기 위해 갖은 수를 쓰는 것도 모른 채.

죄의식은 책임의 전이다. 내가 남의 삶을 책임지려 한다든가, 반대로 남에게 내 삶의 책임을 떠넘기든가. 자크 살로메 Jacques Salomé는 죄의식이 관계의 암癌이라고 했다. 그가 이렇게 말한 이유는, 행동력이 있을 때에만 책임을 논할 수 있어서다. 나는 내가 좌지우지할 수 있는 것에 한해서만 책임이 있다. 집에서 500킬로미터 떨어진 도시에서 국도를 무단 횡단하려는 사람의 안전을 당신이 책임질 수 있나? 그 사람에게 뭘 해 줄 수 있는데?
나는 상담받는 사람들에게 자주 묻는다. "당신이 누군가를 행복하게 해 줄 수 있다고 생각하세요?" 대부분은 "네, 그래요"라고 대답한다. 그러면 나는 계속해서 내 논리를 밀고 나간다. "행복해지고 싶은 마음이 없는 사람을 어떻게 행복하게 해 줄 수 있는데요? 게다가 본인이 그럴 마음이 없다면 무슨 권리로 그러실 건데요?" 그러면 상대는 어깨를 으쓱한다. "아, 물론 본인이 그럴 마음이 있다는 전제에서지요! 그 전제가 갖춰지지 않는다면 내가 뭘 할 수 있겠어요! 그런데 행복해지기 싫어하는 사람도 있나요?"

다시 한 번 자크 살로메를 인용한다. "어쩌면 행복은 불행의 쾌감을 포기하는 것이리라." 여러분이 어떻게 생각하든 상관없다. 행복해지고 싶다고 말은 하지만 실상 행복에 전혀 의욕이 없는 사람들은 분명히 있다. 불행한 채로 살면 질투를 사지 않으면서 배려와 돌봄을 누릴 수 있다. 당신은 어떠한가? 음울하고 어둡고 미움 많고 산통 깨기 좋아하는 사람을 행복하게 만든답시고 시간과 기력을 낭비하는 당신, 당신은 확실히 행복해지고 싶은 사람 맞는가? 삶의 기쁨을 짓밟고 당신의 열광에 찬물을 끼얹는 사람 옆에서 왜 못 떠나는가? 그 사람 때문에 사는 것답게 살지도 못하면서 도대체 왜?

어찌 보면, 죄의식은 순진한 교만과 다르지 않다. 여러분이 어찌할 수도 없는 일을 책임지겠다고 나선다면 여러분 역시 전능 환상에 빠져 있다고 봐야 한다. 우리는 힘을 써야 할 곳에 쓰지 않고 쓸 수 없는 곳에 쓰고 싶어 하게끔 교육받았다. 우리가 충분히 힘을 발휘할 수 있는 상황에서 수동적인 자세로 일관할 때가 얼마나 많았던가. 이를테면 우리의 건강, 각종 증명서, 재정 상태, 자아실현은 우리가 알아서 열심히 챙겨야 할 것들이다.

일단은 스스로 행복해지려고 노력해야 우리에게서 뿜어 나오는 행복의 빛을 다른 사람들에게 비춰 줄 수 있다. 그런데 우리는 남들을 대신해 주는 것부터 배웠다. 생각이 너무 많은 사람들은 이 분야의 챔피언이다. 도움이 되는 이, 매사를 빈틈없이 미리 생각하는 이, 다른 사람 신분증이나 여권 갱신을 챙기는 이, 용돈을 챙겨 주는 이, 보살펴 주고 기분 좋게 달래 주는 이……. 남 얘기가 아니지 않은가! 하지만 일일이 관리하고 통제하면서 진을 빼는데 결과가 변변찮으면 스트레스가 심해진다.

이 과정을 교사와 학생의 예를 들어 설명해 보자. 학생들에게 공부를 열심히 하고 숙제를 잘해 오라고 심하게 압박하는 선생님이 있다. 그는 아마 무섭고 억압적이고 통제가 심할 것이다. 하지만 학교 밖은 교사의 힘이 미치지 못하는 영역이다. 학생들이 집에 가서 공부를 하고 말고는 선생님이 어찌할 수 없다. 어떤 학생은 공부를 하고 싶은데 부모가 허구한 날 그릇을 던지며 살벌하게 싸우는지도 모른다. 어쩌면 학생이 식탁 귀퉁이에서 숙제하는 동안 곁에서 어린 동생들이 부산스럽게 잡기 놀이를 하고 있을지 모른다. 선생님은 자신이 통제할 수 없는 학교 밖 생활은 접어 두고 그 시간에 수업을 더 경이롭고 재미있게 꾸려나갈 방안을 연구하는 편이 나을 것이다. 여러분의 생각을 정리할 겸 다음 표를 보고서 여러분의 습관을 바꿔 보기 바란다.

	내가 좌우할 수 있는 것	내가 좌우할 수 없는 것
	책임=힘	무력=좌절 혹은 죄의식
나쁜 옛 습관	수동적 상태 내 일을 내가 돌보지 않음. 자기에게 필요한 것, 자기 욕구를 챙기지 않음.	과잉통제 남을 돌보고 남의 일을 대신 해 줌. 남을 행동하게 하기 위해 압박을 가함.
바람직한 새 습관	적극적 상태 내가 할 수 있는 일을 하는 데 역량을 집중시킬 것. 나는 내가 챙긴다.	나와 상관없는 일 내가 어떻게 할 수 없는 일은 놓아 버릴 것. 남 일은 남이 알아서 하게 내버려 둔다.

행동력이 있을 때에는 행동하라. 당신의 책임 지대 안에 있으니까 행동을 해야 한다. 당신에게 아무 행동력이 없다면 놓아 버려라. 잘 모르겠거든 다음과 같은 불교의 가르침을 적용해 보자. "문제가 있고 해답이 있으면 그 해답대로 하라. 문제가 있는데 답은 없다면 그건 문제가 아니다."

하루는 내게 상담을 받는 사람 가운데 한 명이 이렇게 말했다. "전남편은 답이 없다는 걸 깨달았어요! 그래서 이제 그 사람은 문제로 치지 않기로 작정했어요!"

놓아 버리려면 자기가 무력 지대에 들어와 있을 때의 좌절감까지 받아들여야 한다. 우리가 무력함을 인정하기 싫을 때 죄의식을 요긴하게 발동하는 경우가 얼마나 많은지……. 하지만 자기 힘을 쓸 수 있는 영역(=책임 지대)과 그렇지 못한 영역(=무력 지대)의 경계를 구분하는 것이야말로 우리가 할 수 있는 가장 중요한 자기계발이다. 이 대가를 치르고서야 우리는 이런저런 책임들을 명쾌하고 공정하게 분배하고 그리하여 부당한 죄의식에서 빠져나올 수 있다.

함정을 해제하려면 먼저 세 개의 열쇠를 무력화해야 한다.

> 의심되면 분명하게 짚고 가라. 또렷이 볼수록 일은 쉬워진다.
> 보호책을 확실히 마련함으로써 두려움을 제거하라. 별것 아닌 놈들이 센 척한다고 겁먹지 마라.
> 책임을 객관적으로 분배하고 자신의 행동력을 되찾자.

〰〰〰〰〰〰〰〰〰〰

3막짜리 드라마

심리 지배는 유혹, 괴롭힘, 파국이라는 세 개의 막으로 구성된 희곡과 비슷하다고 할 수 있겠다. 그런 지배의 전형적인 전개 양상을 소개한다.

제1막: 유혹의 시기

앞에서 살펴보았듯 심리 조종자는 유혹 단계에서 여러분을 말 그대로 홀린다. 보아 뱀이 시선으로 최면을 걸어 어린 새를 꼼짝 못 하게 하는 것과 비슷하게 말이다. 당신의 경계심을 최대한 빨리 잠재우고 사고 능력을 마비시키는 것이 그의 목표다. 심리 조종자는 자신의 호감 가는 모습이 사람들과의 거리를 좁혀 준다는 것을 잘 안다. 그 사람은 가급적 빨리 당신에게서 어떤 약속이나 동참을 얻어 내야만 한다. 그래서 자신의 온갖 장점을 보여 주면서 환심을 구하고 모두 당신이 이득을 보는 거라고, 전부 당신 하기 나름이라고 믿게 만든다. 심리 조종자는 산전수전 다 겪은 장사치보다 능수능란하게, 절호의 기회를 놓칠지 모른다는 두려움을 자극하고 당신의 목표를 관리한다. 그는 늘 긴급함을 내세워 사람을 압박하고 조종한다. 사람이 서두르다 보면 생각을 찬찬히 할 수가 없다. 그러다가 가면이 벗겨진다.

내게 상담받는 이들은 상대 얼굴에서 가면이 떨어져 나간 순간을 매우 정확하게 기억한다. 보통은 시범 기간이 지나고 계약이 체결된 직후에 그 순간이 온다. 따로 살던 두 사람이 살림을 합친 날이라든가, 더 끔찍하게는 결혼식 날이나 임신을 확인한 날일 수도 있다. 그 순간 싸늘하고 무심하며 파렴치한 인물이 드러난다. 그리고 차츰 당신은 주로 그 인물을 상대하게 될 것이다. 피해자들은 예전 그 사람이 아닌 것처럼 달라져도 너무 달라졌다는 말을 자주 한다. 호감 가는 첫인상이 당신을 빨리 자기편으로 끌어들이려고 착용한 가면에 불과하다는 증거다. 심리 조종자가 자기가 맺게 한 여러 가지 약속이 당신 발목을 잡기에 충분하다고 생각할 즈음, 이 유혹의 시기는 끝난다.

제2막: 괴롭힘의 시간

심리 조종자는 슬금슬금 칭찬을 비난으로, 약속을 위협으로, 유쾌함을 찌뿌둥한 기분으로 대체할 것이다. 그다음에는 차츰 극단적으로 토라지거나 자기 기분대로 행동하고 점점 더 격렬한 싸움판을 벌일 것이다. 이미 앞에서 위협이라는 끄나풀을 설명하면서 말했듯이, 이건 더도 덜도 아닌 조련이다. 당신은 결국 의도고 뭐고 이해할 마음도 없이 무조건 그 사람이 시키는 대로 하게 될 것이다. 당신은 상대가 그래도 썩 괜찮은 사람이고 당신을 좋게 생각해 준다고 믿는다. 그건 출발선상의 전제였다. 어느덧 당신은 잠재의식을 통해 조련당한 결과, 그의 널뛰는 기분을 자신이 서툰 탓으로 여기고 그의 신랄한 지적과 비난을 건설적인 비판으로 포장하기에 이른다.

당신은 열심히 노력한다. 그 사람의 기대를 예측하고 그에 부응하려 애쓰다가 진이 빠질 것이다. 상대의 심술과 모순이 무색하게, 당신은 근사한 가면을 되찾겠다는 희망으로 그가 바라는 바를 들어주려 할 것이다. 그래 봐야 소용없다. 깨달음은 너무 늦게야 온다. 그러는 동안 심리 조종자는 어느새 당신에게 힘이 될 만한 연들을 몽땅 끊어서 고립무원으로 만들었다. 당신의 지인, 지역사회, 운동이나 문화 활동, 당신의 특별한 관심사, 당신의 일……. 기억하자. 그 사람은 초등학교 운동장에서 놀던 시절부터 그랬다. 친구가 별로 없던 당신은 여럿이 함께하는 놀이에 끼지 못했다. 자기에게 간식을 바치면 혹은 다른 요구조건을 걸고 놀이에 끼워 주겠다는 아이가 있었다. 당시에도 당신에게는 눈물, 그리고 아침부터 학교 끝날 때까지 떨칠 수 없던 막연하고 먹먹한 불안만이 남았다. 그리고 지금 이 관계에서도 당신은 목구멍에 뭐가 걸린 듯 답답하기만 하다.

제3막: 파멸의 순간

상대 비위를 맞추느라 내 한계를 훌쩍 넘어 버렸을 때, 나답지 않게 살다 보니 이제 내가 어떤 사람인지도 모를 때, 너무 지쳐서 무슨 일이 일어났는지 이해하고 싶지도 않을 때, 드디어 파국 단계가 시작된다. 당신은 비정상적인 상태로 살고 있다. 고함치는 소리가 빗발치는, 부조리한 세상에서 살아간다. 상대가 일부러 당신 잠을 방해하기 때문에 피난처는 없다. 허구한 날 험악한 장면을 겪다 보니 당신은 늘 해쓱하고 혼이 빠진 사람 같다. 심리 조종자는 전능 환상에 취해서 자신의 못된 짓에 중독되다시피 한다. 그 사람이 못 끊는 약, 그게 바로 당신이다. 중독자들이 으레 그렇듯 심리 조종자도 점점 더 센 약을 원한다. 사태는 갈수록 악화된다. 괴롭힘이 저절로 중단되는 경우는 극히 드물다. 중증 중독자가 외부 도움 없이 스스로 마약을 끊었다는 얘기 들어 봤는가?

모든 피해자는 상담이 진행되는 동안 으레 한 번씩은 이 말을 한다. "난 정말 뼈도 못 추릴 뻔했어요." 내가 20년 넘게 이 일을 하면서 만난 모든 피해자가 말이다. 당신이 기운을 내서 끝을 내지 않으면 진짜 목숨이 위태로운 지경까지 갈 수도 있다. 해마다 프랑스에서는 평균 1만 1000여 건의 자살이 일어난다. 청소년 자살은 그나마 대부분 학교폭력이나 따돌림의 직접적인 결과로 인정받고 있지만 우리 사회는 아직도 성인들 사이의 괴롭힘이 얼마나 심각한 문제인지 잘 모른다. 프랑스텔레콤사에서 불과 2년 사이에 직원 35명이 자살했다. 나중에야 한 간부가 직원들에게 극심한 스트레스를 주었다는 사실이 밝혀졌다. 나는 연간 1만 1000여 건의 자살 가운데 상당수는 괴롭힘의 결과일 거라고 여긴다. 심지어 일부 자살이나 사고사는 위장된 살인, 나아가 고의적 암살일 거라고 생각한다. 만약 로랑스가 고속도로에서 사고로 죽었다면 누가 남편이 고의로 타이어 바람을 뺐을 거라고 상상이나 하겠는가?

피해자들이 암이나 그 밖의 중증 질환을 얻게 되는 경우도 많이 봤다. 그들은 자기네가 극심한 스트레스를 겪으면서 살다 보니 몹쓸 병에 걸린 것 같다고 말하곤 했다. 더욱이 스트레스 연구의 권위자 앙리 라보리Henri Laborit 교수도 스트레스를 많이 받고 무력해진 쥐에게서 암이 발생하는 현상을 확인해 보였다. 한마디로 '파국' 또는 '파멸'이라는 말은 과장이 아니다. 심리 조종자를 상대하는 일에는 목숨을 잃을 수도 있는 위험이 있다는 게 객관적인 사실이다. 그래서 나는 스트레스를 피하는 게 상책이라는 라보리 교수의 말에 전적으로 동의한다.

도망쳐라!

3장
심리 조종자,
그들은 누구인가

내가 알기로, 이 주제로 꾸준히 책을 낸 저자는 나뿐이다. 그럼에도 내 주장에 확신이 있다. 겸손하게 말해도, 분명히 그렇다! 적어도 심리 조종에 관한 한, 지동설을 주장한 코페르니쿠스와도 같지 않을까. 코페르니쿠스가 태양을 우주의 중심으로 설정하자 행성들의 궤도 계산이 훨씬 간단해지고 일관성을 띠게 되었다. 내가 역사에 이름을 남길 리는 없고 솔직히 그처럼 격렬한 논쟁에 시달리고 싶은 마음도 없지만, 나의 독자적인 이론이 심리 조종자들의 행동 방식을 일관되게 파악하는 데 큰 역할을 했으므로 내가 문제의 핵심을 제대로 찔렀다고 확신한다. 그 전까지는 이해도 안 가고 논리도 없고 괴상하게만 보였던 일이 이 이론 덕분에 해석 가능해졌다.

코흘리개,
몹쓸 녀석, 악동?

나는 심리 조종자가 어른의 외모, 성인으로서의 책임, 어른의 삶, 어엿한 성인 면허를 지녔지만 (안타깝게도) 정신 발달 단계에서 아직 다 자라지 못한 어느 시점에 고착되었고 영영 그 상태로 굳어진 인간이라고 본다. 여러분은 겉모습에 현혹되어 어른을 상대한다고 생각하지만 속에는 (한두 살 정도의 차이는 있겠지만) 일고여덟 살짜리 어린애, 그것도 어리석고 못되고 고집 세고 버릇없는 아이가 들어앉았다. 나는 심리 조종자가 유년기에 어린아이로서는 감당하기 어려운 상황을 겪고서 자기 생존을 위해 생각을 차단했을 거라고 짐작한다.

아이는 너무 고통스러운 나머지 아예 감정을 느끼지 않기로 했을 것이다. 죄의식도, 슬픔도 더는 느끼지 않도록. 하지만 그 때문에 감정이입은 불가능하고, 삶의 기쁨도 느끼지 못한다. 아이는 쓰라린 경험을 통해 심술은 힘이 세다는 뜻이고 친절은 약해 빠진 거라고 배웠다. 그래서 학교 운동장에서나 통하는 적자생존의 법칙만을 신봉하게 되었다. 밟느냐 밟히느냐 둘 중 하나다. 심리 조종자는 미움도 많고 겁도 많은 아이, 온 세상을 상대로 싸우는 아이다. 유치한 전능 환상에 고착된 아이는 자기 환경에서 가정된 부모의 전능과 맞서 싸운다. 다시 말해, 심리 조종자는 자기 부모와 청산하지 못한 문제들을 전부 당신과 해결 보려 한다.

여러분도 보다시피, 나는 지능이 높은 사람이 악랄하고 계산적이라는 주장과 완전히 입장을 달리한다! 아, 물론 심리 조종자는 나르시시즘, 피해망상, 증오심, 음흉한 속셈, 악의가 상당하다. 하지만 이 사람에게는 어린애의 지능, 어린애 같은 단순함이 있다. 나는 심리학계에서 심리 조종자가 똑똑한 사람이 아니라고 보는 소수 가운데 하나다. 심리 조종자는 오히려 어리석은 편이다. 피해자들도 일단 심리 조종자를 통제할 수 있게 된 후에는 내 견해에 동의하곤 한다. 우리가 그냥 잘 몰라서 내버려 두니까 그 사람이 그렇게 설치고 다닐 수 있는 거다. 심리 조종에 대해 전반적인 현실 부정, 무관심, 비겁한 방관은 때때로 암묵적인 동조에 가까워 보일 정도다. 심리 조종자를 따끔하게 다스린다면, 특히 (담임선생님이 개입하듯) 법의 제재를 받게 한다면 그렇게 해를 끼칠 여지가 별로 없을 것이다.

내 생각에, 과거의 부족 사회나 촌락 사회에서는 심리 조종자가 좀 더 조신하게 굴었을 것 같다. 당시에는 동류 집단의 보는 눈이 많았거니와 품행이 매우 관습화되어 있었기 때문이다. 예의범절에서 어긋난 행동은 계제에 맞지 않았다. 그러나 교육이 힘을 잃으면서 심리 조종자들의 파괴력은 증폭되었다. 현재 사회 전반의 예의 없음을 질타하는 사람들은 많지만 정작 아이들에게 "안녕하세요" "고맙습니다" "실례합니다"라는 말을 가르치지는 않는다. 그냥 남의 무례를 참아 주고, 자기도 뻔뻔하게 무례를 범하는 분위기다. 이처럼 예의 없음이 일반화되다 보니 심리 조종자들의 몰상식한 행동은 잘 표가 나지 않는다. 게다가 심리 조종자는 남들에게 들켰다 싶으면 도망간다. 어울리는 모임, 거주 지역을 바꾸거나 때로는 아예 외국으로 튄다. 내가 지금까지 살펴본 바로는, 진정으로 건강한 인간 집단은 심리 조종자가 날뛸 여지를 주지 않는다. 그런 집단에서는 구성원이 좋든 싫든 계제에 맞게 행동할 수밖에 없고, 이걸 못 하는 사람은 잽싸게 내뺄 수밖에 없다.

그래서 나는 심리 조종자를 코흘리개 어린애라고 생각한다. 초등학교 이래로 정신적으로는 조금도 자라지 못한 아이. 이 전제를 일단 받아들이면 그 사람이 하는 행동이 다 말이 되고 이해된다.

> "진짜 아니거든?!"

심리 조종자는 거짓말을 하고, 자가당착에 빠지고, 기만을 일삼는다. 어린아이 특유의 마법적 사고를 잘 모르는 사람에게는 이런 소행이 어이가 없다. 하지만 심리 조종자는 자기가 우기기만 하면 그게 진실이 될 것처럼 생각하기 때문에 그러는 것이다.

> "네가 날 걸고 넘어져? 그대로 돌려준다, 반사!"

심리 조종자의 투사 기제 역시 그리 교묘하고 세련되었다고
는 할 수 없다. 최선의 방어는 공격이다. 자기가 받을 비난을
그대로 남에게 덮어씌우면 선수를 칠 수 있다. 알아주는 망
나니들은 모두 유치원 때부터 이 수법을 알았다.

> "너 나중에 운동장으로 나와!"

이게 바로 그의 협박과 보복의 알맹이다. 심리 조종자가 폭
력을 쓸 때에는 이유가 있다. 그는 아직도 학교 운동장 같은
곳, 다시 말해 아이들이 좀 치고받고 해도 어른들이 당연하
게 여기는 곳에서 문제를 해결하려 든다.

여러분은 심리 조종자의 미숙하고 무책임한 모습을 자주
목격했으면서도 그 사람의 진정한 본성을 깨닫지 못했다. 하지
만 그래서 심리 조종자가 위험한 거다. 감시도 없고 규제도 없
다면 깡패가 무슨 짓을 할까. 아내가 운전하는 차의 타이어 바
람을 뺄 정도면 어지간할까! 나는 24년간 그들이 얼마나 비열
하고 위험천만한 보복을 감행할 수 있는지 귀에 못이 박히도록
들었다. 가끔은 등골이 오싹할 정도다. 좀비 트랩을 만들기 좋
아하는 수동적 공격성 심리 조종자는 당신을 위험에 빠뜨리기
위해서라면 창의력 천재도 될 수 있다.

심리 조종자의 미성숙한 태도는 금전, 안전의식, 위생, 예의, 준법과 규칙에 대한 존중 등 모든 영역에서 표가 난다. 그는 사업을 모노폴리 게임처럼 생각한다. 나머지도 마찬가지다. 그는 자기가 게임을 못하기 때문에, 혹은 사기를 치려고 자꾸만 게임 규칙을 바꾼다. 여러분이 내버려 두면 그 사람은 한계를 모른다. 심리 조종자는 성적으로도 매우 미숙하다. 파트너들은 입을 모아 말한다. 상대가 일탈적인 성행위만 좋아한다고, 때로는 그런 성관계가 트라우마로 남을 지경이라고. 그 사람의 제안이 잠깐은 짜릿하고 흥분될 수도 있지만 결국은 불편한 감정이 남는다. 게다가 섹스에서 애정, 온기, 공감을 느낄 수 없고 그냥 성기를 만지작거리면서 노는 것 같은 기분마저 든다.

피해자들에게 이 미성숙한 인격 이론을 제안하면 곧바로 이런 반응이 나온다. "아, 그래요! 나도 왜 저렇게 어린애처럼 유치하게 반응할까라는 생각을 얼마나 많이 했는지 몰라요! 여덟 살짜리 우리 아들도 그 사람보다 어른스러워요! 당신이 초등학생이냐고, 내가 한두 번 말한 게 아니에요!" 그 순간, 모든 것이 분명해진다! 젠장, 하지만 이게 맞아! 그러나 대개 깨달음은 그리 오래 지속되지 않는다. 어엿한 어른의 겉모습에 현혹된 피해자들은 또 그 정체를 잊고 이 상황을 이해시켜 보겠다고 헛되이 애를 쓴다. 이미 상황을 잘 알면서 나 몰라라 하는 거다. 나는 수시로 피해자들에게 상대는 어린애라고 일깨워 주어야 한다. 그러면 그들은 잠시 정신이 번쩍 들었다가 자기들이 '이성적인' 어른을 상대한다는 착각으로 곧 복귀한다. 이 겉늙은 아이들이 붙잡히지도 않고 어른들 세상을 얼마나 잘 휘젓고 다니는지!

심리 조종자의 미성숙함을 완전히 이해하고 체득한 사람들은 심리 조종의 함정에 두 번 다시 빠지지 않는다. 그들은 이렇게 말한다. "심리 조종자들은 완전 어린애예요! 지금은 그런 사람들이 수상한 짓을 꾸미면서 다가오는 모습이 십 리 밖에서부터 보인답니다! 이제 나는 하나도 겁나지 않아요. 그들이 나를 겁낸다면 또 모를까!"

∿∿∿∿∿∿∿∿∿∿∿

세 문장으로
요약되는 생각

이제 심리 조종자가 얼마나 덜 자란 사람인지 알았으니 그의 모든 언행을 세 개의 서류철로 분류할 수 있다. 이 서류철들에는 각각 '또 잔소리구나!' '어디 당해 봐라!' '다시 잠이나 자!'라는 제목이 붙어 있다. 심리 조종자의 속내는 실제로 이 세 가지로 요약될 수 있다.

'또 잔소리구나!'

심리 조종 피해자들은 논의하고, 설명하고, 정당화하고, 분석하고, 질문하느라 허다한 시간을 보내지만…… 소득이 없다. 내 책《심리 조종자와 이혼하기》를 읽은 독자들이 특히 무릎을 치며 공감한 표현이 있다. "자신을 이해시키겠다는 희망 하나로 헛되이 떠들면서 튀긴 침만 해도 수백 리터는 될 것이다." 나는 피해자들에게 생산적이지 않은 말로 흘려보낸 시간들을 헤아려 보라고 권한다.

"그이에게 백 번은 말했을 거예요……. 하지만 쇠귀에 경 읽기예요. 이해를 못 해요……." 하지만 그 사람은 귀머거리도 아니고 백치도 아니다. 그럼, 어떤 설명이 맞을까? 그는 알아듣고서도 무시하는 거다. 당신이 듣기 좋게 말해도 심리 조종자는 '어휴, 어쩌구저쩌구……. 그래, 너는 떠들어라' 생각하고는 한 귀로 흘린다. 진심으로 뉘우치는 표정으로 당신 말을 듣는 척하지만 속으로는 '또 잔소리구나!' 생각하고 결국은 제멋대로 할 것이다.

아프리카에 이런 속담이 있다. "말을 해도 안 들으면 입을 다물어라!" 그러면 적어도 당신의 시간과 기력은 아낄 수 있다.

'어디 당해 봐라!'

당신의 심리 조종자가 귀머거리도 아니고 백치도 아니라는 증거는 또 있다. 그 사람은 당신이 한 말을 완벽하게 역이용해서 당신의 분노를 부채질할 수 있다. 여러분도 알아챘다고 인정해야만 한다. 희한하게도, 당신이 남편에게 집에 좀 일찍 들어왔으면 좋겠다고 말하면, 그 사람은 점점 더 집에 늦게 들어온다. 한 피상담자가 이런 얘기를 했다.

"우리 남편은 정신을 어디 두고 사는지 모르겠어요. '개 산책시키고 올게. 나 열쇠 안 가지고 가'라고 분명히 말했는데요."

듣지 않아도 그다음 말은 알 것 같았다.

"집에 돌아왔더니 남편이 현관문을 열쇠로 잠그고 나갔군요. 휴대전화도 안 들고."

"어떻게 아셨어요?" 피상담자의 눈이 휘둥그레졌다.

"남편분이 일부러 그랬을 테니까요!"

"저도 그런 생각이 스치듯 들긴 했어요……."

자, 어디 보자. 남편은 아내가 하는 말을 못 들은 게 아니라 오히려 분명히 들었기 때문에 문을 잠그고 나가서 아내를 골탕 먹일 수 있었다. 심리 조종자는 당신이 평정심을 잃고 길길이 뛰기를 바라는 불량배다. '위협'이라는 끄나풀에 대한 내용을 다시 한 번 읽어 보자. 이 못된 심보를 미성숙함과 연결하면 내가 앞에서 쓴 내용이 확실하게 이해될 것이다. 그는 부수고, 망가뜨리고, 잃어버린다……. 부수고, 더럽히고, 망가뜨리기를 좋아하는 인간이니까. 특히 당신을 도발하는 일은 그가 가장 즐기는 활동이다. 당신은 그의 뜻을 거역했다는 이유로 보복을 당할 수도 있다. 순전히 복수일 수도 있고 조련일 수도 있다. 심리 조종자는 언제나 당신에게 벌을 주어 마땅하다고 생각한다.

그뿐만 아니라, 그 코흘리개는 편안한 마음이나 삶의 기쁨을 눈꼴시게 싫어하기 때문에 당신이 아무 걱정 없이 기분 좋게 지내는 꼴을 못 본다. 너의 그 맹한 웃음을 짓밟아 주고 말 거야라는 듯이! 시험을 해 보라. 그 사람 앞에서 기분 좋은 얼굴을 하고 콧노래를 흥얼거려 보라. 지체 없이 보복이 날아올 것이다. 학교 운동장에서 그랬던 것처럼 심리 조종자는 그냥 자기가 심심해서 당신을 괴롭힐 수도 있다. 그 옛날 학교 수위 아저씨의 고양이를 공연히 못살게 굴던 그 하릴없는 꼬맹이처럼 말이다.

'다시 잠이나 자!'

심리 조종자는 자기가 정말로 선을 넘었을 때, 자기 생각에도 이러다 큰일 나겠다 싶을 때, 진짜 모습을 들킬 것 같을 때, 특히 당신이 관계를 완전히 정리하려 할 때 갑자기 잘해 주기 시작한다. 여기에 속으면 안 된다. 상대는 단지 "타임아웃! 나 잠깐 쉰다!"라고 말하고 있을 뿐이다. 당신이 충분히 거리를 두고 이 상황을 바라본다면 당신의 간곡한 호소를 상대가 다 들었다는 사실을 깨달을 것이다. 몇 달, 몇 년을 부탁했어도 못 들은 체하던 사람이 이제는 당신이 바라는 대로 따라 준다. 당신은 이제야 저 사람이 내 뜻을 알아주는구나, 드디어 개과천선하는구나라고 생각하고 싶다. 하지만 그 변화는 오래 지속되지 않는다. 당신의 경계심이 다시 잠들기가 무섭게 그는 '또 잔소리구나!' 모드로 돌아갈 것이다.

'다시 잠이나 자!' 단계는 여러분에게 특히 위험하다. 그 사람이 살갑게 구는 이 시기에 당신이 솔직하게 털어놓는 속내 이야기가 나중에 부메랑이 되어 당신을 칠 테니까. 여러분에게 더 알려 주고 말고 할 것도 없다. 다들 매번 신물 나게 경험했을 터이니. 게다가 심리 조종자는 당신을 마비시키는 동안 이런저런 약속을 서둘러 받아 낸다. 다시 말해 오래갈 덫을 놓는 것이다. 분명히 짚고 넘어가자. 당신에게만 덫이고, 당신만 지켜야 하는 약속이다. 그 사람은 자기가 뭘 지켜야 한다는 생각이 없다. 그래서 말이 앞선다. 올해 여름휴가 계획을 당장 잡아야 한다, 예약금을 바로 걸어야 한다, 차를 급히 바꿔야 하니 대출을 받아야 한다, 당장 둘이 살 집을 사야 한다……. 그는 필요하다면 빨리 결혼해 아이를 낳아야 한다고 당신을 닦달할지도 모른다. 그는 당신이 두 손 들 때까지 애걸복걸하고 귀찮게 졸라 델 것이다.

내가 살펴본 바로는 '다시 잠이나 자!' 단계가 보름 이상 가는 경우는 드물다. 그렇기 때문에 피해자들이 보름 이상 꿋꿋이

버티기만 하면 심리 조종의 최면에 좀체 다시 빠지지 않는다. 그들은 심리 조종의 기만성을 완전히 꿰뚫어 보게 된 것이다. 그렇지만 코칭이라는 틀 밖에 있는 피해자들은 갈등을 싫어하고 상대의 선의를 믿고 싶어 하기 때문에 차라리 거짓 화합 속에 다시 잠들기를 원한다. 그러나 이 소강상태는 오래갈 리 없다. 당신이 다시 함정 속으로 충분히 깊이 들어오자마자 심리 조종자는 가면을 벗어서 내팽개칠 것이다. 그는 당신을 잃을까 봐 진땀을 한번 흘렸기 때문에 더욱 복종을 요구할 것이요, 당신은 '반항'의 대가를 치러야 할 것이다.

그 사람의 소유욕에는 애정이 없다. 고양이가 쥐를 좋아하듯이, 매장을 찾은 고객이 무료 보관함을 좋아하듯이 당신을 좋아할 뿐이다. '다시 잠이나 자!' 단계에서 어느 정도 시간이 흐르면 심리 조종자는 싹싹하게 굴지도 않는다. 그는 말썽 부리지 않고 몇 가지 막연한 약속을 던지는 데서 그친다. 이제 아무도 그 사람이 변할 거라는 약속을 진심으로 믿지는 않겠지만 말이다.

단언컨대, 심리 조종자의 모든 언행은 이 세 가지 가운데 하나에 해당한다. 직접 시험해 보자. 그 사람을 만난 후에 어떤 일들이 있었는지 찬찬히 돌아보라. 여러분은 그 일들을 전부 세 개의 서류철에 나눠 담을 수 있고 네 번째 서류철은 필요하지도 않을 것이다!

정신연령이
모든 것을 좌우한다

심리 조종자, 파괴적 심리 조종자, 나르시시스트 변태, 소시오패스, 사이코패스까지 비슷한 현상을 지칭하는 다양한 명칭을 어디선가 읽거나 들어 보았을 것이다. 이 명칭들을 어떻게 구분할까? 나는 미성숙이라는 개념을 중심에 두는 내 이론에 충실하게, 모든 것은 심리 조종자의 정신연령에 달렸다고 본다. 그 사람의 정신적 성장은 몇 살 즈음에서 멈춰 버렸나? 웬만큼 나이를 먹고 성장이 멈췄다면 그래도 같이 살 만은 하다. 반면, 정신연령이 아주 낮다면 그 사람은 매우 위험하다.

내가 보기에, 심리 조종자는 정신연령이 높아 봤자 열두 살이 최대치다. 어린아이는 만 12세가 지나면 결정적 고비를 넘기고 성장을 완수할 수 있는 것 같다. 정신연령이 열두 살인 심리 조종자들은 양심과 책임의식의 기초가 갖춰져 있고 말도 좀 통하기 때문에 상대할 때 덜 괴롭다. 피해자들은 그들을 몸만 자란 사춘기 청소년처럼 생각하곤 한다. 하지만 그들은 나이가 없다! 자기 멋대로 하겠다고 떼쓰는 버릇없는 아이는 사춘기라서 그렇다는 말을 듣기 십상이다.

대개 내가 상담하는 피해자들은 정신연령이 일고여덟 살밖에 안 되는 코흘리개 혹은 못된 계집아이에게 꽉 잡혀 산다. 이 정신연령대의 심리 조종자들만 해도 정말 같이 지내기가 힘들다. 가정에서든 회사에서든 이들에게 당하고 사는 사람들의 증언이라면 믿어도 좋다. 당신이 잠깐 화장실 간 사이에 상사가 당신 안경을 훔쳐 간다면 어떨 것 같은가? 남편이 다리미 바닥에다가 뻘건 잉크를 묻혀 놓았다면? 이런 찌질한 보복은 그들의 정신연령을 고스란히 드러낸다. 심리 조종자 부모는 자기 자식에게도 질투하고 경쟁을 하려 든다. 이런 부모는 아이 때문에 자기가 뒷전으로 밀려나는 상황을 못 참는다.

"감히 날 추월해? 내가 먼저야, 내가!"

자녀가(보통은 형제 가운데 첫째나 막내가) 심리 조종자인 부모의 정신연령과 비슷한 나이가 되면 집안 꼴은 더 험악해진다. 부모가 아이에게 허구한 날 고함치고, 때리고, 기분 나쁜 말을 하기 때문이다. 그래서 배우자는 보통 이 시기에 이혼을 생각하거나 실제로 절차를 밟는다. 이혼 시기는 내가 심리 조종자의 정신연령을 파악할 때 써먹는 지표이기도 하다. 예를 들어, 심리 조종 피해를 입은 배우자가 이혼 절차에 들어갔을 때 첫아이가 여덟 살이었다고 치자. 그 심리 조종자는 정신연령이 기껏해야 일곱 살 정도일 것이다.

가장 심각한 경우는 정신연령이 너무 일찍(4~5세 수준에서) 멈춰 버린 심리 조종자다. 그들은 '똥, 방귀' 나이에 고착되어 있다. 리비도가 항문 성감대를 중심으로 삼는 때를 '항문 가학증' 단계라고 한다. 가학피학 성애sadomasochisme가 닻을 내리는 지점이 바로 여기다. 그들은 똥, 방귀 농담이라면 웃다가 뒤로 넘어갈 정도로 좋아한다. 항문과 항문이 하는 모든 일에 특히 관심이 많다. 또한 위생관념이나 청결의식이 희박하다. 더러움을 당연하게 여기고 재미로 뭔가를 더럽히기도 한다.

어떤 피해자들은 몹시 망설이다가 자기와 같이 사는 그 사람이 아무 데나 똥칠을 한다고 털어놓곤 한다. 화장실에 놓아두는 안경, 침대 시트, 욕실 수건 따위에 똥오줌 찌꺼기가 묻어 있을 때가 한두 번이 아니라나. 샤워하기도 싫어하고, 양치질도 귀찮다고 하고……. 남자들만 그럴까? 단언컨대, 오해다. 아내가 항문 성애만 좋아한다든가, 생리 기간에 온 집 안에 생리혈을 묻히고 다닌다고 힘겹게 고백하는 남편들도 있다.

이 연령대 아이들은 어린 동생에게 먹여선 안 될 것을 먹이기도 한다. 가령 마르셀 파뇰의 자전적 소설 《마르셀의 여름 La Gloire de mon père》에는 토끼 똥이 나온다. 그래서 독을 먹인다든가 하는 악취미가 자리 잡기 시작하는 단계이기도 하다. 나는 경우에 따라서는 상담받는 사람에게 심리 조종자가 보는 앞에서 음식이나 음료에 무엇이 들어갔는지 검사하라고 권유한다. 이 단계에 고착된 심리 조종자라면 가학 성향에서 비롯된 잔인함에

네 살 아이의 무분별과 무책임이 더해져 극도로 위험한 짓까지 저지를 수 있다. 나는 심리 조종자의 정신연령이 정말로 낮다고 판단되면 일단 피해자가 걱정된다. 심한 경우, 피해자가 목숨을 잃을 수도 있어서다.

그래서 사이코패스인가, 아닌가? 심리 조종자들은 정신연령을 막론하고 사이코패스에게서 흔히 찾아볼 수 있는 몇 가지 특성을 공유한다.

> 냉정한 무관심
> 무책임
> 타인과의 관계를 지속시키지 못하는 어려움
> 좌절을 감내하지 못함
> 죄의식이 없음
> 남을 탓하는 경향
> 짜증을 잘 내고 그걸 못 참아서 폭력을 휘두르거나 충동적으로 행동할 때가 많음

내가 봤을 때 차이가 있다면 정신연령이 '낮을수록' 그 점을 잘 숨기지 못한다는 것뿐이다. 나머지는 모두 피해자가 이 현실을 정면으로 직시할 수 있느냐에 달렸다.

심리적 화석화가
이루어진 이유

심리학에서는 대개 사이코패스 성향은 구조적으로 타고나지만 변태 성향은 어린 시절에 후천적으로 습득된다고 본다. 이 문제에 관한 정확하고 객관적인 설명을 찾기란 힘들다. 심리 조종자들은 거짓말을 하고, 자기 마음에 들지 않는 부분은 누락하고 자기가 억울한 피해자인 척 얘기를 다시 쓰기 때문이다. 피해자들이 한두 번 확인시켜 준 게 아니다. 어떤 심리 조종자들은 정말로 어릴 때 정신적 외상이 남을 만한 비극을 겪고 그 단계에 고착되어 버린 듯 보인다. 그러나 모든 심리 조종자가 이런 것은 아니다.

어떤 저자들은 나르시시스트적 변태성의 원인으로 근친상간적 관계를 지적하기도 한다. 내 생각에 이 주장은 매우 일리가 있다. 하지만 대부분 근친상간 하면 본능적으로 더 이상 생각조차 하려 하지 않는다. 이 반사적인 거부는 설명하기가 어렵지 않다.

> 실제로 근친상간이나 성 학대를 경험한 사람 앞에서 근친상 간 얘기를 꺼내면 그 사람이 아직 직시할 준비가 되어 있지 않은 기억을 들쑤실 위험이 있다. 이 경우에는 방어기제와 현실 부정이 작동한다.

〉 성 학대를 전혀 경험하지 않은 사람에게 근친상간이란 상상
조차 할 수 없는 개념이다. 상상만 해도 소름 끼치고 무섭기
때문에 혐오감을 피하기 위한 방어기제가 작동할 것이다. 어
쩌면 바로 이런 이유로 아동 성추행이 사회의 가장 중요한
금기 가운데 하나가 되었는지도 모른다. 실제 경험 여부를
떠나서, 그렇게 추악한 일을 직시할 수 있는 사람은 드물다.

일찍이 프로이트도 이 혐오스러운 현상을 정면으로 바라보지
않으려고 오이디푸스 콤플렉스라는 이론을 만들지는 않았을까.◆

소아성애 범죄조직을 소탕했다는 뉴스가 가끔 들린다. 경
찰에 100명이 소환되었고, 동영상 6000편이 압수당했고, 아동
50명이 풀려났단다……. 이 숫자들만 봐도 현기증이 난다. '일
망타진'이라니, 표현 한번 거창하다. 누가 그랬는데? 어디서? 어
떤 환경에서? 알 길이 없다. 모두들 신경 쓰지 않는다는 듯, 이
런 뉴스는 금세 잠잠해진다. 지금도 가톨릭교회에 만연한 소아
성애 행각이 수면으로 부상하는 중이다. 이 추잡한 일에 연루된
야비한 사제들도 문제지만 교회 당국이 이 문제를 대하는 태도
도 모호하기만 하다. 교회는 알고 있었다. 그런데도 조용히 넘
어가기를 원했고 관련자들을 눈감아 주었다. 이제야 대중은 이

◆ Eva Thomas, *Le Viol du silence : à toutes celles qui ont connu la prison de l'inceste*, J'ai
Lu, 2000.

사실을 알고 경악을 금치 못한다. 하지만 가톨릭 주교들의 태도는 성 학대를 당하는 아동의 가족들이 취하는 태도와 완전히 똑같다. '근친상간'이 일어나는 가정에서도 식구들은 문제를 덮으려고만 하고 죄인을 감추기에 급급하다.

성 학대가 가족 내에서 일어나는 경우, 사태를 정면으로 직시하기가 몇 곱절은 더 힘들다. 근친상간이라니, 무슨 말씀. 그런 게 어디 있다고! 2003년 제네바 인권위원회는 프랑스를 콕 집어서 근친상간 피해 아동들에 대한 법조계의 현실 부정이 심각하다고 지적했다. 후안 미겔 프티Juan Miguel Petit는 유엔보고서에서 프랑스에서 아동인권을 보호할 책임이 있는 사람들, 특히 법조계가 이 현상의 존재와 심각성을 계속 부정하고 있다고 꼬집었다. 하지만 그 후 달라진 게 없다.

나는 심리 조종자의 어린 시절에는 항상 변태적이고 근친상간 가능성이 있는 어른이 존재한다고 지적했다. 대개 그 어른은 심리 조종자와 성별이 다른 부모다. 내게 상담받는 사람들은 이 가설에 곧잘 동의한다. 심리 조종자 남편과 시어머니, 혹은 심리 조종자 아내와 장인이 근친상간을 연상시키는 기묘하고 기분 나쁜 커플, 못된 짓에 손발이 착착 맞는 이인조를 이루는 경우가 얼마나 많은지 모른다. 일부 심리 조종자들은 어릴 적에 성추행이나 성 학대를 당했다고 배우자에게 고백까지 했다가 나중에 그런 적 없다고 펄쩍 뛰기도 한다. 근친상간적인 커플은 드물지만 모녀 혹은 부자 관계에도 있을 수 있고, 형제자매 간에도 있을 수 있다. 더 드물게는 이모나 삼촌, 조부모가 아이와 부적절한 한 쌍을 이루기도 한다.

이런 관계에는 허공으로 몸을 던지고 싶은 충동과도 같은 힘이 있다. 시어머니는 폭군이지만 내실이 없고 무심하기만 하다. 심리 조종자인 남편은 언뜻 보기에 고분고분하고 다정해 보이지만 실은 수동적 공격형 인간이다. 근친상간적인 측면은 아이가 태어나는 그 순간부터 드러난다. 시어머니 혹은 장인은 임신 소식을 달갑잖게 여겼으면서도 아이가 마치 자기 소유물인 양 굴었을 것이다. 피해자들은 묘한 직감으로 자기가 그들의 도구가 된 기분이 든다고 고백한다. 요컨대 상대가 자기 어머니나 아버지에게 아기를 안겨 주기 위해서 결혼을 한 것 같다는 것이다. 어떤 남편은 자기 여동생과 하루도 떨어져 지내지 못하는데 아내의 출산을 앞두고 이혼을 했다. 그 남편은 면접 때마다 꼬박꼬박 나타나서 자기가 양육권을 가지고 아기는 여동생에게 맡기고 싶다며 졸랐다…….

전체 가정의 10퍼센트가 근친상간과 직접 또는 간접적으로 관련이 있다고 한다. 심리 조종자들은 전체 인구의 2~4퍼센트 수준이다. 이 말인즉슨, 성 학대가 이 문제에 중요하게 개입하는 요소이긴 해도 그 조건 하나로 사람이 나르시시스트 변태가 되지는 않는다는 뜻이다. 나는 심리 조종자가 어린 시절에 특별한 위상을 차지했다는 점에 주목했다.

심리 조종자는 변태적인 부모에게 일종의 후계자 지명을 받고 자란다. 다른 형제자매들은 그냥 멸시당하다가 단순한 조종 대상이 되어 버린다. 변태적인 부모는 자기가 선택한 한 아이만 특별하게 대우하면서도 그 아이를 물건 취급한다. 그는 그 아이를 자기 수족 삼아 남들을 괴롭힌다. 해서는 안 될 일을 애정을 빙자해 아이에게 허용하고, 자신의 썩어 빠진 노하우와 적자생존 법칙에 따른 가치관을 전수한다. 아이는 부모의 일탈과 잔인한 짓거리의 공모자라는 특별한 위상을 차지하면서 점점 인간다움을 잃는다.

다른 아이들은 부러워할지 모르지만 실은 부러워할 게 못 되는 위상이다. 변태와 손발 맞는 공모자가 되어서 뭐가 좋다고. 아이는 자신을 감정적으로 보호해야만 한다. 아무것도 느끼지 않아야 일을 저지르고 악의를 유지할 수 있으니까. 그래서 어느 시점에 인간다움의 퓨즈가 끊어진다. 그때부터 심리 조종자는 아무에게도 감정이입을 하지 않는다. 다른 사람들의 감정 표현은 그의 경멸과 증오를 부채질할 뿐이다. 당신은 울어 봐야 어리석고 약해 빠졌다는 소리만 듣는다. 꼴좋게 됐다며 조롱당할 것이다.

그렇게 자라서 심리 조종자가 된 아이는 세 가지 감정밖에 알지 못한다. 가장 센 사람이 됐을 때의 사악한 승리감, 자기가 졌을 때의 분노, 벌을 받지 않으려고 과장하는 자기 연민. 그리고 이 감정들의 바탕에는 심각한 피해망상과 불안이 깔려 있다. 심리 조종자는 순진하게 살기에는 세상이 너무 위험하다고 진심으로 믿는다.

심리 조종자들이 왜 그 모양인지를 설명하는 부분인데, 나는 이 대목을 쓸까 말까 다소 망설였다. 그 이유는 피해자들이 나쁜 버릇을 버려야 한다고 생각하기 때문이다. 심리 조종자를 불쌍히 여기고 자기가 아니라 그 사람이 피해자라고 생각해 주는 몹쓸 버릇 말이다. 그 사람의 어린 시절을 측은히 여길 수는 있다만, 어른이 된 지금은 얘기가 다르다! 게다가 현 상태에서 동정하면 그들의 일탈을 눈감아 주고 전능 환상을 부추기는 것밖에 되지 않는다.

당신이 정말로 심리 조종자를 돕고 싶고 당신 애정의 증거를 보여 주고 싶다면 오히려 그 사람을 확실히 단속하라. 그 사람은 제재가 있어야 차분해진다. 그런데 심리 조종자를 단속하기란 잠시 숨 돌릴 겨를도 없는 풀타임 업무다!

∧∧∧∧∧∧∧∧∧∧∧∧∧

그들도
개과천선할 수 있을까

강연 때마다 꼭 나오는 질문이 있다. "심리 조종자들도 달라질
수 있을까요?" 내가 딱 잘라 "아니오"라고 대답하면 어떤 이들
은 환호하고 어떤 이들은 분개한다. 그렇지만 내 견해는 순전히
사실에 입각한 것이다. 심리 조종자는 변하지 않는다. 여기에는
몇 가지 객관적인 이유가 있다.

첫째, 사람이 변하려면 기본적으로 본인이 변화에 대한 욕
구를 느껴야 한다.

그런데 심리 조종자는 변화를 촉구하는 쪽이 아니다. 그는
사정상 불쌍한 척을 하고 있을지언정 자기에게 무척 만족해하
고 자기를 마음에 들어 한다. 그 사람이 허접스러운 제 꾀를 자
랑할 때 귀를 기울여 들어 보자. 심리 조종자는 자기가 엄청 세
고 머리가 잘 돌아가는 줄 안다. 그는 자신의 복수와 계략을 의
기양양하게 떠벌린다. 그러면서 본인의 개똥철학을 피력한다.
세상 사람은 다 어리석고 약해 빠졌다. 자기만 잘났다. 자기는
인생을 알기 때문에 눈 가리고 아웅 해도 넘어가지 않는다나! 다
른 사람들은 떡 줄 일 없으니 다 짓밟아야 한다나. '다시 잠이나
자!' 단계에서는 심리 조종자도 다 알아들었다고, 이제 자기가
달라질 거라고 맹세한다. 하지만 피해자들은 저 사람이 변화할

것처럼 굴면서 잠시 시간을 버는구나라고 능히 짐작할 수 있으리라. 그 변화는 보름이 못 가 말짱 도루묵이 될 것이다.

둘째, 심리 조종자의 사고체계는 자기비판을 봉쇄한다.

자신을 조금도 문제 삼지 않는 사람을 데리고 자기계발을 이끌지는 못하는 법이다. 그 사람 말을 잘 들어 보면 이런 특징도 쉬 알 수 있다. 심리 조종자는 절대로 자기 탓을 하지 않는다. 항상 남들이 먼저 시작했지, 자기는 순수하고 아무 죄가 없다. 남들이 이러저러하게 행동해서 자기는 거기에 반응했을 뿐이라나. 한번은 벨기에 프랑스어권 공영방송인 RTBF의 〈비바 시테Vivacité〉라는 라디오 프로그램에서 스튜디오에 직접 나온 심리 조종자 남편을 만났다. 그는 자기를 떠난 아내에게 벌을 주려면 아이들에게 못되게 '굴어야만 했다'고 설명했다. 모든 게 아내 탓이었다. 그는 자기 뜻을 조금도 굽히지 않았다. 아내는 이혼을 택함으로써 자식들에게 얼마나 큰 잘못을 저질렀는지 뼈저리게 깨달아야 한다나.

셋째, 여러분은 심리 조종자에게 이미 이런 말을 귀에 못이 박히도록 듣지 않았는가? 심리치료는 제정신 아닌 사람들이나 받는 거라고, 게다가 심리치료를 합네 하는 사람들이 치료 받으러 오는 사람들보다 더 정신이 나갔다고.

자, 그 사람이 심리치료를 어떻게 생각하는지 알 만하다. 그는 강제로 떠밀지 않는 한(가령 법원에서 심리치료 이수를 명령했다든가

하는 상황이 아니면), 혹은 당신을 다시 잠재우려는 속셈이 아니면, 절대 자기 발로 심리치료사를 찾지 않는다. 솔직히 법원의 치료 프로그램 이수 명령에 대해서 회의적이다. 과연 효과가 있는지 의심스럽다.

심리 조종밖에 모르는 그 사람은 자기가 으레 쓰는 끄나풀들로 심리치료사까지 조종하려 든다. "선생님에 대해 좋은 얘기를 많이 들었습니다"라면서 아부로 운을 뗄 것이다. 그다음에는 피해자 행세를 하면서 "너무 못된 사람들을 만나" 마음고생이 심하다고 주장할 것이다. 그러고는 "이제 지칠 대로 지쳤다", 그냥 확 죽어 버릴 수도 있을 것 같다라는 말로 심리치료사를 걱정시키면서 속으로 재미있어한다. 막판에 가서는 심리치료사가 자기 일을 똑바로 못 한다고 비난할 것이다. 심리치료사도 조종 당할 만한 사람이면(분명히 말하는데, 치료사 중에도 그런 사람 많다!) 그는 고양이가 쥐 갖고 놀 듯 심리치료사를 갖고 놀면서 속으로 자기가 한 수 위라고 희희낙락할 것이다. 심리치료사가 그렇게 물렁하지 않다면(대다수는 아닐지라도 이 경우도 많다) 심리 조종자는 궁지에 몰린 기분이 든다. 자기 가면 뒤의 맨 얼굴을 아무도 보아서는 안 되니까. 그는 난처한 질문을 받으면 심리치료사에게 큼지막한 토끼를 이별 선물로 놓아두고 바로 치료를 중단한다.

나는 좀 다른 경우다. 일단, 나는 심리치료를 하는 게 아니라 코칭 상담을 한다. 그리고 심리 조종자들은 내가 누구인지, 어떤 책들을 썼는지 알고 있다. 내가 자기네 정체를 안다는 것을 그들도 안다. 그들이 나를 찾아올 때에는 크게 두 가지 목적이 있다.

첫째, 자기도 과거에 심리 조종 피해자였음을 강조하고 옛 배우자의 발목을 잡을(특히 이혼소송과 관련하여) 증명서나 추천서를 내게서 받아 내려 한다. 이런 사람들은 대개 빈손으로 돌아가지만 늘 그런 것은 아니다. 나도 한 번 만나고는 상대의 정체를 잘 모를 때가 있다. 그리고 심증은 가지만 자기 돈을 지불하고 상담을 청한 사람이 조언을 해 달라는데 거절할 수 없을 때도 있다. 그렇지만 나도 더 조심하게 되었다. 지금은 한두 번밖에 만나 보지 않은 사람에게 증명서 따위를 일절 써 주지 않는다. 대개 세 번까지 만나 보면 판단이 확실하게 서기 때문이다.

둘째, '애들 엄마'를 다시 잠재우려고 온 경우다. 쉽게 말해, 아내의 성화를 못 이겨 찾아온 경우다. 아내는 내 책을 읽고서 한 줄 한 줄이 다 자기 남편 얘기라고 확신했다. 그래서 사람 하나 만들어 보겠다고 이 사람에게 코칭을 받지 않으면 정말로 이혼하겠다고 강하게 나간다. 이런 남편은 뉘우치는 얼굴로 상담실에 들어와 내가 하는 말이 전부 옳다고 인정하고 순순히 자기 얘기를 한다. 표정은 부끄러워하고 민망해하지만 뻔뻔하게 번득이는 눈빛까지 감출 수는 없다. 그는 드디어 자기를 다 알고 꿰뚫어 보는 사람을 만났다. 자기가 자랑스러워하면서도 평소 감추고 사는 비열한 짓거리를 전문적 식견으로 평가하는 사람을 만난 것이다.

그는 내가 자기를 판단하지 않는다는 것을 알고 있다. 내 소임은 그들을 판단하는 게 아니니까. 상대는 상담실에서 가면을 벗어던지고 편안해하는 것 같기도 하다. 자기다운 본모습을 보일 기회가 그리 많지는 않을 테니까. 안타깝게도 '애들 엄마'는 내 책을 읽고서 나라면 자기 남편을 바꿀 수 있을 거라 생각했다. 하지만 그 남편은 외려 나를 도구 삼을 작정이다. 첫 상담을 마치고 그는 자기가 아내에게 큰 잘못을 했고 그게 다 자신의 불행한 어린 시절에서 비롯됐음을 깨달았다면서 눈물을 흘리며 돌아간다. 그러고서 며칠은 잠잠하다. '애들 엄마'는 다행이다, 프티콜랭 선생님은 확실히 다르구나라고 생각한다! 두 번째 상담부터는 분위기가 바뀐다. 남편은 또 여길 와야 한다는 사실에 짜증이 난다. 그는 크게 힘들이지 않고 아내를 속일 방법이 없을지 대놓고 묻는다. 대사를 그대로 옮겨 보겠다.

"어떻게 해야 내가 변했다고 아내가 믿을까요?"

나를 원망하는 기색은 역력하다. 내가 그 빌어먹을 책을 쓰는 바람에 애들 엄마를 조종하기가 영 껄끄러워졌다. 애들 엄마는 아직 다시 잠들지 않았다. 그래서 그는 복수를 꾀한다. 집에 돌아가서 거짓말을 한다. 프티콜랭 선생은 아내가 상황을 과장하는 것 같다고, 또 아내가 남편에게 바라는 게 너무 많다고 말했다고. 이번에는 아내가 내게 앙심을 품는다. 그녀는 이제 프티콜랭 씨의 능력이 과대평가됐다고 생각한다! 세 번째 상담은 취소되든가, 약속만 잡아 놓고 나타나지 않든가, 비용을 지불하지 않는다. 자, 너도 좀 당해 봐라! 그 후로는 소식을 들을 수 없다. 상담은 최대 두 번, 그다음은 바이바이. 이게 심리 조종자 특유의 서명이다. 여러분도 눈치챘겠지만 이 예에서만큼은 내가 심리 조종자의 성별을 남성으로 못박아 놓았다. 여성 심리 조종자들은 배우자에게 떠밀려 상담을 받는 시늉을 할 필요가 없기 때문이다. 그들이 남자를 조종하는 방식은 훨씬 단순하다. '애들 아빠'를 다시 잠재우고 싶다면 섹스로 충분하다.

자, 심리 조종자들은 변할 수 없다는 내 견해가 어떤 객관적인 사실들에 바탕을 두는지 모두 설명했다. 이래도 정말 내가 쓸데없이 저 가엾은 심리 조종자들에게 '돌이킬 수 없는 선고'를 내린다고 생각하는가? 나는 인구의 2~4퍼센트는 구제불능이라고 생각한다. 100퍼센트가 노력하면 달라질 수 있다는 생각보다는 내 생각이 현실적이라고 본다. 그리고 나는 내 에너지를 나머지 96퍼센트에게 쏟고 싶다. 어쨌든 다른 이들이 심리 조종자를 갱생시키겠다고 노력하는 것은 그들 자유다!

내가 이 문제에 대해서 반론의 여지를 남기지 않고 다소 도발적으로 말하는 데에는 다른 이유가 있다. 그 이유를 기꺼이 밝혀 둔다. 앞으로는 달라질 거라는 희망을 인질 삼아 심리 지배를 유지하는 경우가 있다. 조금만 더 기다리면 달라질 거라는데, 그 시기는 항상 뒤로 미뤄진다. 피해자는 기적이 일어날 거라는 기대를 포기해야만 지배에서 벗어날 수 있다.

나는 강연을 이렇게 마무리하곤 한다. "그러니까 여러분을 심리적으로 조종하는 그 사람을 저한테 보내지 좀 마세요! 제발요! 그 사람들 때문에 제 코칭 성공률이 떨어지고 홍보에도 역효과가 난단 말이에요. 심리 조종자 한 사람이 저한테 상담받았다고 자랑스럽게 떠들고 다닐 때마다 제 평판에 얼마나 흠집이 나는지 여러분은 모르실 거예요!"

마지막으로, 결코 사소하지 않은 점을 하나 지적한다. 강연 때마다 어김없이 이렇게 수군대는 소리가 들린다. 실제로 심리 조종자들이 이렇게 쑥덕거리는 것인지도 모른다. "쳇, 그렇지 않은 사람이 어디 있어, 누구나 약간은 심리 조종자인 거잖아!" 그러면 나는 이렇게 대꾸한다. "당신이 타산적이고 심술 맞고 미성숙한 사람이라면, 당신이 자기 이익을 위해 남들을 이용하고 남들이 괴로워하는 모습을 보면서 좋아한다면 심리 조종자가 맞습니다. 제가 확실하게 말씀드릴 수 있어요." '누구나 약간은 그렇지' 식의 발언은 문제가 있음을 부정하는 삐뚤어진 방식이다. 그런 사고방식대로라면, 자폐증이 있는 사람들에게 이런 말을 해도 되겠다.

"아, 그래요, 우리 모두 약간은 자폐증이 있지요. 그렇죠?"

~~~~~~~~~~~~~~~~

심리 조종자를 알아보는 방법들

여기까지 읽었다면 심리 조종자를 멀리서도 알아볼 수 있을 만큼 자료를 충분히 확보했을 것이다. 그렇지만 의심을 완전히 걷어 내기 위해서 여러분이 누군가와 관계를 맺기 전에 꼭 확인해야 할 사안들을 정리해 본다.

우물에서 숭늉 찾기

심리 조종자는 먹잇감을 함정에 빠뜨리기에 급급하므로 자기가 낙점한 상대의 삶에 전광석화처럼 침투하고 상대를 옭아맬 수 있는 약속들을 가급적 빨리 받아 낸다. 여러분이 진도가 너무 빠르다고 생각한다면 실제로 너무 빠른 거다! 만난 지 10분밖에 안 된 사람이 벌써부터 당신 보호자가 된 것처럼 허물없이 반말을 한다. 보름 전에 첫 데이트를 하고 이제 막 서로 알아가는 커플인데 상대는 바로 살림을 합치자고 한다. 상대는 자꾸만 밀고 들어오는데 예의 없이 막 대하지 않고서는 그 사람을 제자리로 돌려보내기가 힘들다. 하지만 이 말은, 그 사람이 먼저 예의 없이 자기 자리에서 벗어났다는 뜻이기도 하다. 그러므로 당신이 그 사람을 따끔하게 단속하더라도 딱히 더 예의 없다고 볼 수는 없다. 심리 조종자는 포식자다. 그는 자신의 호감형 가면이 오래 버틸 수 없다는 것을, 당신을 잡으려면 자기 본색이 드러나기 전에 신속히 해치워야 한다는 것을 잘 안다.

드물지만 가끔은 좀 다른 스토리가 펼쳐지기도 한다. 아주 오래전부터 아는 사이였지만 진면목을 알 만큼 가깝지는 않던 심리 조종자가 당신 삶에 비집고 들어오는 경우다. 어느 날 그 사람이 기회를 보고 다가온다. 주로 당신이 뭔가 큰일을 겪고 힘들어하고 있을 시기다. 그 사람은 당신의 빈틈을 파고들어 와 누군가가 함께해 주고 위로해 주기를 바라는 당신의 욕구 속에 똬리를 튼다.

친근함과 인간적인 정을 혼동하지 마라

심리 조종자를 알아보는 두 번째 방법은 '유혹'이라는 끄나풀을 다루면서 이미 언급했다. 친근함과 인간적인 정을 혼동하지 말자. 심리 조종자의 매력은 피상적으로 꾸며 내고 부풀린 것이기도 하지만 특히 제멋대로 밀고 들어와 정신을 홀린다는 문제가 있다. 마법사나 마녀가 사악한 주술을 거는 것과 비슷한 그 매력을 분별할 수 있어야 한다. 심리 조종자는 너무 친근하게 군다. 그는 당신의 생활공간에 함부로 들어온다. 난처할 정도로 뜨거운 시선을 보낸다든가, 지나치게 바짝 몸에 붙는다든가, 당신의 몸을 만진다. 정신 차려라. 신체적 접촉은 애착과 애정의 호르몬인 옥시토신을 분비시키기 때문에 우리는 몸이 닿았던 사람을 더 쉽게 신뢰하는 경향이 있다. 아직 그럴 단계가 아닌데 손부터 내미는 사람, '애무'를 즐기는 사람을 조심하라. 당신을 잘 알지도 못하는 사람이 당신 몸을 만지게 두지 마라. 자칫하면 신뢰받을 자격이 없는 사람을 덜컥 신뢰하게 될지도 모른다.

자신만만해 보이는 사람에게 현혹되지 마라

"현자는 만 권이 넘는 책을 읽고도 늘 의심한다. 극단적인 교조주의자는 단 한 권을 읽고도 진리를 얻었노라 믿어 의심치 않는다." 인터넷에 떠도는 이 짧은 글귀가 사태를 잘 요약한다. 어리석은 자들은 확신으로 가득하고 늘 자신만만하다. 똑똑한 사람들은 늘 의심에 시달리기 때문에 되레 자신감이 덜하다. 그런데 우리는 모두 자신감이 넘치는 사람을 더 신뢰하는 경향이 있다고 한 연구가 밝혀 주었다. 그러니까 역설적이게도 어리석은 사람이 더 신뢰받을 수도 있다는 얘기다. 의심은 지성의 꽃이다.

겸손도 마찬가지다. 자기 자신을 돌아보고 문제시할 수 있다는 것이야말로 지성의 증거이기 때문이다.

하지만 생각이 너무 많은 사람들은 사는 게 불편할 정도로 의심이 많다 보니 시원시원하게 딱 잘라 말하는 사람에게 탄복하고 그런 사람을 부러워한다. 자기가 우유부단하니까 누군가가 자기 대신 확실하게 말해 주면 마음이 편하다. 타인의 확신에 묻어가려는 심리가 얼마나 위험한지 이제 이해했는가? 심리 조종자의 호언장담과 남들을 깔보는 경향은 쉽게 표가 난다. 그는 허세가 대단하다. 또한 자랑할 기회를 절대 놓치지 않는다. 인생에 통달했고, 모르는 게 없고, 안 가 본 곳이 없고, 못하는 게 없고, 당연히 자기가 최고다. 그는 다른 사람들을 깔본다. 남들은 다 바보에 형편없고, 맹하고, 약해 빠졌고, 무능하다. 그래서 그는 남들을 자주 조롱하는데 당신도 예외는 아니다.

아마 당신을 조롱하고서는 농담이라고 할 것이다. 그 꼴까지 봤다면 더는 의심할 필요가 없다. 도망쳐라!

그 삶에 일관성이 있는지 살펴보라

어른이라면 마땅히 사람을 믿기 전에 먼저 그 사람의 신용과 일관성을 살펴보아야 한다. 관계의 백지수표는 함부로 끊어 주는 게 아니다. 심리 조종자들은 말과 행동이 완전히 따로 놀지만 그 점을 알아차리려면 시간이 좀 필요하다. 그 사람들이 앞세우는 말도 액면은 조리 있고 이성적이며 짜임새가 있기 때문이다. 당연하다. 그들은 알맹이 없는 말의 귀재니까. 여러분은 그런 말을 듣고 구체적인 사례들을 떠올리거나 여러분이 찾고 싶은 의미를 부여한다! 그래서 그들이 하는 말이 그럴싸하게 들리는 거다. 이런 이유 때문에라도 인간관계의 진도를 너무 빨리 나가는 것은 금물이다.

> 말과 행동이 일치하는지를 반드시 살펴보라.
  이제 토끼처럼 귀부터 잡히는 사람이 되지 말자. 객관적인 사실과 행동에 비추어 사람을 판단하라. 상대가 하는 말과 실제 행동이 따로 놀지는 않는지 주시하라. 나는 가끔 상담 도중에 말과 객관적 사실을 연결하는 훈련을 시킨다. "그이는 정말 훌륭한 남편이에요." 그래, 좋다. 그 점이 구체적인 사실과 행동으로 어떻게 드러나는가? 자크 살로메는 말한다. "당신의 행동은 목소리가 아주 커서 당신이 하는 말이 들리지 않을 정도다."

> 이 말과 저 말 사이에 일관성이 있는지도 살펴보라.
  심리 조종자들은 병적인 거짓말쟁이다. 그들의 위선, 기만, 자기모순을 알아볼 수 있어야 한다.

심리 조종자들은 남에게 기생하기를 좋아한다. 그들은 병적으로 탐욕스럽고 추잡스러울 만큼 인색하다. 아주 드물게, 뭔가 부적절하고 계제에 맞지 않게, 그들이 다른 사람을 위해 돈을 펑펑 쓸 때도 있다. 그렇지만 그들은 거의 항상 당신에게 빌붙기를 좋아하며 당신 모르게 제 돈을 챙긴다. 누구에게 빌붙으면 그만큼 자기 돈을 아낄 수 있는 법이다. 어떤 부인은 전남편이 아이들에게 컴퓨터와 최신형 스마트폰, 값비싼 옷을 사 준다고 내게 불평을 했다. "아이들이 사 달라는 대로 다 사 주면 금전감각을 길러 줄 수 없잖아요!" 분통을 터뜨리면서도 그게 결국 자기한테서 나간 돈이라는 사실을 깨닫지 못하고 있었다. 사실 그녀는 이혼하면서 법적으로 받아 낼 수 있는 양육비를 포기했다.

생각이 너무 많은 사람들은 곧잘 금전 문제로 골머리를 앓는다. 그들은 자기 이익에 연연하는 삶을 정말로 원치 않거니와, 자기들은 돈에 관심이 없다고 자기 입으로 말하곤 한다. 그들은 십 원 한 장까지 따지는 태도가 그리 고상하지 않다고 생각한다. 상대가 좀 인색하다는 생각이 들어도 자기가 모범을 보여야 한다는 생각에 선뜻 자기 지갑을 연다. 자기밖에 모르는 모리배가 너그러운 인심을 악용할 수 있으므로 이런 태도는 정말로 문제가 된다. 바보같이 주머니를 탈탈 털리는 게 뭐가 고상한가.

내 말이 신경에 거슬리겠지만 나는 여러분을 도발해서라도 정신을 차리게 하고 싶다. 여러분이 표방하는 무사무욕은 여러분이 늘 느끼는 불안과 무방비 사태에 상당 부분 일조한다. 게다가 심리 조종자들의 조직적인 노략질에도 일조한다. 날 벗겨 드시오, 하는데 그들이 사양할 것 같은가!

천문학적인 액수를 털리기 전에 빨리 그 사람의 타산적인 면을 알아차리는 게 상책이다. '천문학적인'이라는 표현은 결코 과장이 아니다. 피해자들은 내키지 않아 하지만 나는 심리 조종자를 위해서 쓴 돈, 심리 조종자 때문에 쓴 돈을 합산해 보라고 한다. 그러면 이들은 마음이 무척 불편해진다. 도저히 어깨 한번 으쓱하고 넘어갈 수 없는 액수가 나오기 때문이다. 피해자들은 걸핏 하면 "별것 아니에요"라면서 넘어가지만 액수를 보고 나면 그 말이 안 나온다.

순진하게 넘어가지 마라. 심리 조종자가 자신이 어떤 은행에서도 빌릴 수 없는 금액을 당신에게 요구한다면 분명히 그래도 된다고 생각한 이유가 있는 거다! 상환 능력이 없고 상환 의지는 더더욱 없는 사람에게 은행 역할을 해서는 안 된다. 나는 24년간 이 일을 했는데, 여러분이 의심스러운 거래로 날려 먹은 돈을 합산할 때 보면 황당해서 어안이 벙벙하다. 담보도 없이, 차용증도 쓰지 않고 돈을 막 빌려준다. 그래 놓고서 내게 이렇게 말한다.

"난처하게 됐어요. 빌려준 돈을 돌려받기 전에는 그 사람과
헤어지기가 곤란해요!"

"얼마나 빌려줬는데요?"

"○○요."

"얼마라고요?"

"1만 유로요."

"아, 정말이지! 차용증이나 뭐 그런 건 받았지요? 돈을 빌려
줬다고 입증할 자료가 있나요?"

"어, 음…… 아뇨."

"그럼 그 1만 유로는 빌려준 게 아니라 그냥 준 거예요. 잘
됐네요, 돈을 돌려받을 때까지 기다렸다가 갈라설 필요 없어졌
어요!"

그러면 여러분은 어깨를 으쓱해 보인다.

"뭐, 그 사람이 그 돈에 깔려 죽든 말든 신경 안 써요!"

아니, 그렇지 않다. 나는 확 까놓고 말한다.

"아, 그래요? 아까 형편이 어려워서 아들 수학여행비도 못
냈다고 하소연했잖아요? 지금 그 돈이 하나도 아쉽지 않은 것
처럼 말하는데 어떻게 보면 당신은 집세, 아이들에게 써야 할 돈,
당신 자신에게 써야 할 돈을 그 사람이 훔쳐 가도록 내버려 둔
거예요."

여러분은 자기가 무슨 물질적 문제를 초월한 사람인 양 생각하지만 실은 《서민귀족 Le Bourgeois gentilhomme》의 주르댕 씨와 다르지 않다! 도랑트가 주르댕에게 돈을 빌리면서 뭐라고 하는지 다시 한 번 읽어 보라. "내가 얼마를 줘야 합니까? 1만 5800리브르군요. 여기에 당신이 내게 빌려줄 200피스톨*까지 합치면 딱 1만 8000리브르가 되겠군요. 첫날에 전부 지불해 드리지요."

성인은 경제적으로 자립해야만 한다. 어엿한 성인임에도 경제적으로 자립하지 못한 사람을 만났다면 머릿속으로 깜빡이를 켜라. 뭔가 문제가 있는 사람에게 엉터리 핑계를 만들어 주지 마라. "그 사람은 기회가 없었어……." "그 사람은 직장에서 쫓겨났어……." "전처가 그 사람 주머니를 다 털어 갔어……." 그 심리 조종자가 가는 곳마다 엄청난 빚더미를 안겨 주고 떠났다는 사실을 언젠가 알게 될 것이다. 돈에 관한 한, 반드시 현실 감각과 용기를 가지고 여러분의 문제를 직시해야만 한다. 계산을 정확히 하고 자기 돈을 털리지 않게 잘 단속하는 것은 천박하거나 이기적인 행동이 아니다. 행운이 여러분을 보살펴 주기를 바라선 안 된다. 어른답게 자기 힘으로 번 돈을 소중히 여기고 스스로 잘 관리한다면 생활과 관련한 여러분의 불안도 많이 해소될 것이다.

◆ 200피스톨은 약 2000리브르에 해당한다. 도랑트는 주르댕에게 이미 많은 돈을 빌려 놓고서 2000리브르를 더 빌려 달라는 요청을 이런 식으로 교묘하게 한 것이다. - 옮긴이

비인간적인 감정을 찾아서

심리 조종자들은 보통 사람들과 다르게 죄의식이나 연민을 느끼지 않는다. 그들은 질병, 죽음, 사고 등 인생무상을 느끼게 되는 상황이나 새 생명의 탄생, 흥겨운 잔치 등 인간적으로 긍정적인 감정을 느끼게 되는 상황에서도 냉정한 모습을 보이곤 한다. 심지어 인간적인 온기에 알레르기를 일으키기 때문에 온갖 경사스러운 자리를 일부러 망친다. 그래서 오히려 이런 때에 정말로 정 없는 사람들이 있구나라고 깨닫게 되기도 한다. 예를 하나들어 볼까. 들 수 있는 예는 아주 많다.

첫 번째 예를 보자. 프랑스텔레콤에서 직원이 30여 명이나 자살하던 시절 이야기다. 그 썩어 빠진 회사 때문에 30여 명이 소중한 생명을 스스로 끝냈다! 그 회사 최고경영자였던 디디에 롱바르는 기자들이 플래시를 터뜨리고 마이크를 들이밀자 자못 언짢은 표정으로 말을 뱉었다. "이런 식의 자살 유행은 끝내야 합니다!" 프랑스텔레콤에서는 자살도 유행 따라 하는가! 상상조차 힘든 이 비인간적인 발언에 기자들은 최고경영자가 너무 충격을 받아서 '아무 말'이 튀어나왔겠거니 생각했다.

다른 예를 들겠다. 2005년, 미국 사상 최악의 허리케인 카트리나는 1800여 명의 목숨을 앗아갔다. 피해는 뉴올리언스에 집중되었다. 부시 정부의 대응은 비인간적이기 짝이 없었다. 마이클 브라운 연방재난관리청장은 이런 논평을 했다. "주민들도 이번 사태에 책임이 있습니다. 시에서는 분명 다른 지역으로 대피하라고 명령을 내렸습니다." 주민의 30퍼센트가 미처 대피하지 못한 이유는 그들이 자기 소유의 차가 없는 빈곤층이었기 때문이다. 당시에는 어떤 대중교통도 이용할 수 없었다. 군대가 뒤늦게 투입되었지만 대피하지 못한 이 30만 인구를 구제하지는 못했다. 대통령의 모친 바버라 부시는 한술 더 떠서 (월요일 오후부터 사방에서 물이 새고 난리가 난) 체육관에 대피한 이재민들이 자기네 집에서 지낼 때보다 "안락하게" 지낸다는 망언을 했다.

심리 조종자들은 장례식에서도 터무니없는 처신으로 여러분에게 한 방을 먹인다! 내게 상담을 받던 사람이 부친상을 당했다. 그는 깊은 슬픔에 빠졌다. 관을 따라 행렬을 하던 중에, 아내가 정나미 떨어지게 말했다. "미리 말해 두는데, 우리 아버지 아니고 당신 아버지니까 난 장례 비용 안 낼 거야." 섬세하고 사려 깊기도 하지, 정말 끝내주지 않은가! 한편, 어떤 기혼 여성은 모친상을 당했는데 남편이 묘지에서 나오기 무섭게 휘파람을 불면서 차에 올라탔다. 아내는 슬픔을 가누지 못해 눈물을 흘리고 있었는데 남편이 자기를 빤히 바라보면서 물었단다. "당신 표정이 왜 그래?"

하지만 기쁘고 흥겨운 상황, 가령 귀여운 아기가 태어난 때에도 심리 조종자들의 반응은 완전히 비인간적이다. 출산을 코

앞에 둔 피상담자가 있었다. 진통이 시작됐을 때 남편은 회사 일로 출장 중이었다. 그녀는 어떤 산모라도 이런 상황에서라면 그렇듯 친정엄마에게 전화를 했다. 엄마는 냉담하게 대꾸했다. "얘, 내가 오늘은 미용실에 예약이 되어 있단다. 네가 택시를 불러서 가렴." 엄마가 이런 식으로 나올 수가 있을까. 딸은 엄마 대신 변명했다. "엄마는 감정적으로 주체가 안 되어서 그랬을 거예요." 엄마는 사흘이 지나서야 손자를 보러 왔다. 하지만 와서는 딸에게 귓속말부터 했다. "네 남편이나 시댁 식구들한테는 애 낳을 때 내가 같이 있었다고 말해다오." 실은 몇 달 전부터 내가 들은 얘기가 있었다. 딸은 행복하고 들뜬 마음으로 임신 소식을 엄마에게 전했는데 엄마는 냉담하게 "전에 얘기하지 않았니?"라고 묻더란다. 딸은 그전에 임신의 '임' 자도 꺼낸 적 없었다. 또 어떤 여성은 엄마에게 임신 소식을 전했다가 이런 소리를 들었다. "아, 그래? 난 네가 이혼한다고 말할 줄 알았는데!"

여러분에게 들려줄 예는 얼마든지 있다! 나는 오랜 세월에 걸쳐 별의별 얘기를 다 들었기 때문에 모르려야 모를 수가 없다. 심리 조종자들은 100퍼센트 비인간적이다. 여러분이 따뜻하고 물러 터진 마음으로 그들에게 내주려는 인간다움이 그들이 지닐 수 있는 유일한 인간다움이다. 여러분은 도처에서 돌봐 주어야 할 새끼 고양이들을 발견한다. 파충류 같은 인간들의 존재를 인정하고 싶어 하지 않는다. 그들의 비인간성이 아무리 충격적일지라도 받아들여야 한다. 그 대가를 치러야만 여러분이 진정 자유로워질 터이니.

함정에 빠진 기분이 드는가?

심리 조종자는 여러분이 자기 의사로는 하지 않을 일을 시키면서 반대로 여러분의 개인 활동은 못 하게 만든다. 처음에는 그 사람 "비위를 맞춰 주려고", 혹은 그 사람이 닦달하기 때문에, 혹은 여러분이 거절을 잘 못하는 성격이기 때문에 양보를 한다. 조금 더 지나서는 싸움을 피하기 위해 양보를 한다.

포기와 단념이 쌓이고 쌓여, 어느새 여러분은 자기 관심사에서 멀어졌고 마음에서 우러나는 의욕이나 자발성을 잃을 것이다. 점점 더 많은 주제에 대해서 자신감이 떨어지고 주눅이 든다. 요컨대, 그 사람 반응이 겁나서 감히 나다운 모습으로 살지도 못하고 내 생각을 자유롭게 말하지도 못할 것이다. 자, 어떤가? 당신은 그 사람과의 관계 속에서 온전히 당신 자신으로 살 수 있다고 확신하는가?

～～～～～～～～～～～

비밀인데
말해 주는 거야

이 책의 1부를 읽고도 확신이 없다면, 심리 조종자의 정신 상태를 파악하고 이해하고 싶다면 장 쉴테이Jean Schultheis의 노래 〈비밀인데 말해 주는 거야Confidence pour confidence〉를 연속으로 몇 번이고 들어 보기 바란다. 이 곡은 흥겨운 멜로디와 춤추기 좋은 리듬 때문에 가사가 얼마나 소름 끼치게 현실에 들어맞는지 잊기 십상이다. 하지만 가사야말로 심리 조종자의 사고방식을 완벽하게 보여 준다.

> 난 신경 안 써, 당신한테도. 당신은 날 사랑하지.
> 하지만 난 아냐. 당신을 원하긴 했지만.
> 비밀인데 말해 주는 거야.
> 난 당신을 통해 날 사랑해.
> 애무를 원한다면 내 곁에 머물지 마.
> 난 아니니까. 내 사랑엔 감정이 없어.
> 비밀인데 말해 주는 거야.
> 난 당신을 통해 날 사랑해.
> 그래도 무릎 꿇고 날 사랑해 줘. 난 그런 거 환장하니까.
> 하지만 당신하고 나 사이니까 고백하는 건데,

난 당신 없이도 살 수 있어.

무릎 꿇고 날 사랑해 줘. 난 그런 거 환장하니까.

혹시 겁이 난다면 이렇게 생각해.

나 없으면 당신은 아무것도 아니라고,

전부 다, 당신에겐 아무것도 아니라고.

당신은 날 사랑하지, 난 게임을 해.

난 다 잊어버리지.

비밀인데 말해 주는 거야.

난 늘 당신을 통해 나만 사랑해.

당신은 울면서 반항하지, 조용히 해.

당신은 날 사랑하지, 난 아니야.

날 위해 당신을 원할 뿐, 당신을 위해서가 아니야.

당신, 난 신경 안 써. 안됐지만 할 수 없어.

무릎 꿇고 날 사랑해 줘. 난 그런 거 환장하니까.

절대로 잊지 마, 난 게임하는 거야.

당신을 상대로, 당신을 이용해서.

당신이 원했던 거야, 안됐지만 할 수 없어.

나를 사랑해 줘.

비밀인데 말해 주는 거야.

난 당신을 통해 날 사랑해.

난 신경 안 써, 당신한테도. 당신은 날 사랑하지.

하지만 난 아냐. 당신을 원하긴 했지만.

비밀인데 말해 주는 거야.

난 당신을 통해 날 사랑해.

애무를 원한다면 내 곁에 머물지 마.

난 아니니까. 내 사랑엔 감정이 없어.

비밀인데 말해 주는 거야.

난 당신을 통해 날 사랑해.

난 신경 안 써, 당신한테도. 당신은 날 사랑하지.

하지만 난 아니라고…….

2부

'생각이
많은 사람'은
왜 목표물이 될까

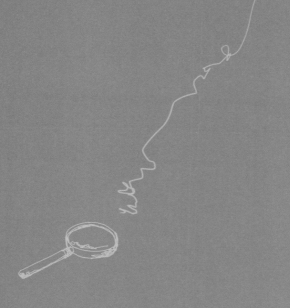

지금까지 여러분은 심리 조종자가 어떤 사람들이고 심리 조종이 어떻게 작동하는지 잘 알게 되었을 것이다. 이제부터는 생각이 너무 많은 두뇌가 어떤 면에서 심리 조종자들이 눈독 들이는 횡재가 되는지 설명할까 한다. 우리는 앞서 일반적인 심리 조종 기법들이 똑똑하고 인간미 넘치는 사람들, 하지만 지나치게 개방적이고 타인을 너무 잘 믿는 사람들에게 더 잘 먹힌다는 점을 살펴보았다. 그 밖에도 다른 신경학적, 정서적, 심리학적 이유들 때문에 사고가 복잡한 사람은 심리 지배에 더 취약하다.

전작에서 나는 정신적 과잉 활동인을 장황하고 상세하게 묘사했다. 심리 조종자의 프로필도 그랬지만 정신적 과잉 활동인의 몽타주 작성에도 내가 직접 만나서 들은 이야기들이 가장 중요한 자료로 쓰였다. 《나는 생각이 너무 많아》를 출간한 이후로 독자 메일이 쇄도하면서 관찰은 더 예리해졌고 더 보완되었으며 상당 부분 검증되었다. 여기서는 전작의 내용을 반복하지 않기 위해서 내가 '정신적 과잉 활동'이라고 명명한 이 현상이 '복잡성 사유' 개념과 합쳐질 수 있다는 것만 짚고 넘어가겠다.

나뭇가지처럼 갈래를 뻗어 가는 복잡다단하고 풍성한 사유는 생각이 너무 많은 사람들의 가장 중요한 특징이다. 이러한 사유는 유비를 통해 새로운 연결을 끊임없이 만들어 나간다. 이 사유에 수반되는 특수한 신경학이 있고, 그래서 특수한 심리학도 있으며, 그로 인해 특수한 정신 상태가 빚어진다. 여러분도 잘 알지 않는가. 자신의 특수한 정신세계 때문에 한숨 쉬면서 이렇게 생각하는 걸.

'난 아무래도 다른 별에서 왔나 봐!'

심리 조종자들은 본능적으로 이 복잡성 사유의 특징들을 자기한테 유리하게 이용할 줄 안다. 이제 나는 그 특징들을 하나하나 짚고 심리 조종자가 구체적으로 어떻게 여러분의 머릿속에 자신의 그물을 짜는지 설명하려고 한다. 나의 목표는 여러분이 거리를 두고 물러나게 하는 것, 여러분 자신을 더 잘 알게 하는 것, 나아가 여러분의 두뇌를 보호함으로써 심리 지배의 책략을 무력화하는 것이다.

4장
타고난 신경학적
특징 때문에

정신적 과잉 활동인의 가장 두드러진 신경학적 특징은 감각 과민증과 갈래를 뻗으며 진행되는 복잡성 사유다. 그 밖의 신경학적 특수성은 대개 이 두 가지에서 파생된 것들이다.

감각 과민증

정신 활동이 과도한 사람의 첫째가는 신경학적 특징은 감각 과민증이다. 보통 사람들에 비해서 감각 체계가 더 섬세하고 예민하게 발달했다는 뜻이다. 여러분도 자신이 세부사항을 유독 빨리 포착한다는 것을 이미 눈치채고 있었을 것이다. 남들보다 음이나 소리, 냄새에 민감하다든가, 남들이 잘 입는 스웨터를 따가워서 못 입겠다든가⋯⋯. 이건 신경학적 특징이기 때문에 자기가 미리 생각해서 대비하는 수밖에 없다.

주위 환경이 감각 체계를 힘들게 한다면 여러분이 알아서 선글라스나 귀마개를 챙기고, 스카프로 코를 감싸고, 창문을 열든가 히터를 켜야 한다. '연약한' 척, '특별한' 척한다는 소리 들을까 봐 걱정하지 말고 당당하게 감각 과민증을 드러내라. 이와 대비되는 신경전형인 친구들이 뭐라고 생각하든 간에, 당신은 일부러 옆자리 손님들의 대화에 귀를 기울인 게 아니다. 그저 감각 과민증이 '잠재적 억제 결여'를 수반하기 때문이다.

잠재적 억제latent inhibition란 쉽게 말해 정보를 분류하는 자동 선택기라고 이해하면 된다. 여기서 자동 선택이 이루어져야 모든 쓸모없는 감각 지각을 '억제할' 수가 있다. 신경전형인의 뇌에서는 이 분류가 저절로 이루어진다. 예를 들어, 보통 사람의 뇌는 식당 안의 소음을 없는 셈 치고 자기 테이블의 대화에만 집중할 수 있다. 일부러 들으려고 하지 않는 한, 옆자리에서 무슨 말이 오가는지 모른다. 이 때문에 당신은 옆자리에서 하는 말을 일부러 들었다는 오해를 받는 것이다! 억울한 노릇이다. 정신적 과잉 활동인의 감각 과민한 뇌는 곁다리 정보를 걸러 내지 못하고 모든 감각 정보를 쉴 새 없이 동시에 처리한다. 이것만 해도 얼마나 피곤하고 스트레스받는 일인가.

당신의 공간을 장악하는 그들

그런데 우연일까? 심리 조종자들은 감각을 함부로 침범하는 사람들이다. 그들은 부수고, 망가뜨리고, 더럽힌다. 자기 물건을 사방에 늘어놓는다. 보란 듯이 남의 시야를 가로막는다. 게다가 하늘을 쳐다보거나, 어깨를 으쓱하거나, 눈살을 찌푸리는 등 눈에 띄는 몸짓을 많이도 한다. 세세한 것도 놓치지 않는 당신은 양탄자의 지울 수 없는 얼룩, 가장 아끼는 가구에 난 흠집, 실내장식과 전혀 어울리지 않는 못생긴 물건을 도저히 못 본 체할 수가 없다. 잠재적 억제가 안 되니까 그런 것들을 무시하고 싶어도 안 된다. 그들의 꾸며 낸 태도가 무슨 의미인지 이해하려고 당신이 쏟아부은 에너지를 어찌 다 헤아릴까?

심리 조종자들은 요란하다. 그들은 다른 사람에 대한 배려 없이 라디오나 텔레비전을 켠다. 음질이나 화질이 신경에 거슬려도 개의치 않고, 일부러 그러기라도 하는 듯 꼭 아침 기상 시각이나 당신이 겨우 눈 좀 붙이려 할 때 불쑥 전자제품을 켠다. 당신이 뭐라고 해도 못 들은 체하고('또 잔소리구나') 되레 음량을 더 키운다('어디 당해 봐라'). 심리 조종자들은 깜짝 놀랄 만큼 크게 휘파람 소리를 내고, 의자 삐걱거리는 소리를 내고, 요란하게 한숨을 쉬고, 별안간 주먹으로 탁자를 내려치고, 사람 간 떨어지게 냅다 큰 소리로 욕을 한다……. 당신의 귀는 잠시도 쉴 틈이 없다!

심리 조종자들은 냄새를 풍긴다. 그들은 뭘 잘 태워 먹는다. 집 안에 탄내가 한참 동안 가시지 않는다. 그들은 대단히 청결한 편이 못 되므로 불쾌한 체취를 풍기든가 머리 아플 정도로 진한 향수를 쓴다. 그들은 '부주의하게' 똥 묻은 발로 온 집 안을 돌아다닌다……. 당신 코도 휴식과는 거리가 멀 것이다. 심리 조종자들은 돈을 아껴야 한다는 이유로 난방을 못 하게 하거나 환기한답시고 추운 겨울에도 창문을 열어 놓고 당신을 벌벌 떨게 한다. 혹은 반대로 실내 공기가 탁한데도 얼어 죽겠다고 고함을 질러 창문을 못 열게 한다(옷을 따뜻하게 챙겨 입으면 될 텐데, 그 생각은 절대로 하지 않는다). 당신이 침대에 떨어진 부스러기를 질색하면 아마도 밤마다 침대에서 야식을 먹을 것이다.

간단히 말해, 그들은 당신의 감각 공간을 장악해 버린다. 이것도 최면의 한 방식이다. 주의력을 확 끌어당기거나, 반대로 주의력을 흐트러뜨리는 방식일 수도 있다. 심리 조종자와 한 방에 있으면 집중을 하거나 차분히 생각을 하기가 힘들다. 그가 쓸데없는 정보로 당신의 감각 체계를 포화시키기 때문이다. 안됐지만 여러분은 잠재적 억제 기능이 미비하기 때문에 이 정보의 홍수를 피하지 못한다.

어떤 저자들은 심리 조종자들이 이렇게 감각 정보를 함부로 퍼뜨리는 이유를 과잉 자극에서만 자신의 존재감을 느끼기 때문이라고 분석한다. 내실이 없는 사람들이기 때문에 그만큼 외부 자극을 더 필요로 한다고 할까. 심리 조종자들에게 알맹이가 없다는 지적에는 나도 동의한다! 하지만 그들이 정말로 과잉 자극 욕구가 있는지는 잘 모르겠다. 심리 조종자도 저 혼자 있을 때는 한결 차분해지기 때문에 하는 말이다. 희한하게도 그 사람은 당신이 같이 있을 때에만 큰 소리로 휘파람을 분다. 그러니까 공허함을 느끼고 자기 존재를 확인하기 위해서라기보다는 당신을 겨냥해서 짤랑짤랑, 달그락달그락, 쿵쿵 소리를 내는 거다.

업계 동료 베르나르 라캥Bernard Raquin이 "때로는 어린아이가 모기보다 더 성가시다"라는 말을 한 적 있다. 아이가 부모 관심을 독차지하려고 떼를 쓰거나 곤혹스럽게 구는 순간을 한 번쯤 보지 않았던가. 심리 조종자는 그런 아이와 똑같이 행동한다. 그 사람이 당신을 졸졸 따라다니면서 관심을 독차지하려고 기를 쓴다고 생각하면 틀림없다.

이제 여러분은 내가 왜 '상호 보완성' 운운했는지 이해할 것이다. 한쪽은 과민하고 연약하고 무방비 상태의 감각 체계를 지넜는데 다른 한쪽은 작정하고 둔감하면서도 막무가내인 소행으로 그 감각 체계를 시험에 들게 한다. 정신적 과잉 활동인은 감각 과민을 드러낼 때마다 별것 아닌 일로 유난 떤다는 비난을 듣는 데 익숙하다. 이 사람은 자기에게 문제가 있다는 생각에 익숙하고, 그렇기 때문에 심리 조종자에게 조용히 해 달라는 말을 못 한다. 뭐, 말해 봐야 심리 조종자가 조용히 할 리는 만무하지만 말이다.

성가신 모기로부터 도망쳐라

과민한 감각을 타고난 사람은 예민할 수밖에 없다. 분위기, 어조, 발음, 조롱, 냉소, 암시 등에 민감하다. 그게 매일같이 당신이 감당해야 할 몫이다. 심리 조종자는 피해자의 지나친 감수성을 가지고 논다. 당신을 동요시키기란 너무나 쉽다. 당신이 어쩔 줄 몰라 하는 모습이 재미있어 죽겠다! 투우장에 있는 황소처럼, 당신은 심리 조종자가 흔드는 빨간 천에 감정적으로 돌진한다!

물론, 그는 자기가 당신에게 끼친 괴로움을 결코 인정하지 않을 것이다. 내가 언제 그랬다는 거야? 당신이 잘못 알았겠지. 생사람 잡지 마. 당신은 너무 예민해. 나 참, 농담도 못하겠네. 유머 감각이라고는 조금도 없구먼!

해결책은 하나뿐이다. 도망쳐라!

게다가 여러분의 또 다른 신경학적 특징, 즉 편도체가 유난히 민감하다는 점도 위험 요소로 작용할 수 있다. 위키백과에서는 편도체를 이렇게 설명한다. "편도 또는 편도체는 대뇌변연계에 자리 잡은 아몬드 모양의 부위로서 해마, 솔기핵, 시상하부와 연결되어 있다." 여기서는 편도체가 감각 자극의 '정서값'을 좌우한다는 점만 확실히 이해하고 넘어가자. 감각이 과민한 사람은 당연히 자극의 정서값도 크다. 그렇다, 여러분은 실제로 매사에 너무 큰 의미를 부여한다. 이런 말을 어려서부터 귀에 못이 박히도록 들었을 것이다.

그런데 심리 조종자는 여러분의 편도체를 과열시켜 불난 데 기름을 끼얹는다. 이렇게 되면 여러분의 신체 건강은 직접적인 위협을 당할 수도 있다. 실제로 편도체는 변연계의 일부로서 경보 체계와도 같은 역할을 한다. 여러분은 위험을 감지하는 감각이 발달했기 때문에 공포와 불안에 과하게 반응한다. 여러분의 심리 조종자는 절대로 숨 돌릴 겨를을 주지 않을 것이다. 그는 불안과 스트레스와 위협을 가하기 좋아한다. 심장이 쿵 내려앉을 만한 충격 효과를 주기 좋아한다. 여러분이 뒤로 나자빠지면 아마 좋아 죽을 거다!

내가 만난 피해자들은 모두 스트레스 포화 상태에서 내 상담실을 찾아왔다. 스트레스는 우리 몸에 독이다. 앙리 라보리 교수의 불쌍한 실험용 쥐들은 스트레스에 시달린 나머지 악성 종양이 생겼다. 실제로 내게 상담받는 사람들 중에서도 암 선고를 받은 사람이 많이 있었다. 나는 일부 자가면역 질환, 가령 정체불명의 섬유근육통 같은 증상은 스트레스 중독의 결과일 거라 내심 확신한다. 명상이나 이완 훈련을 수시로 실시한다면 심신을 안정시키고 적당한 거리를 취하는 첫걸음을 뗀 것이다. 하지만 그 정도로는 심리 조종자를 오래 상대하기에 역부족이다.

심리 조종자는 당신이 명상으로 평정심을 찾는 것을 두고 못 본다. 당신의 차분한 안정감을 자신이 두려워하는 부모의 전능과 동일시하기 때문이다. 당신이 감정적이 되어야만 그는 자신의 통제력에 안심한다. 그래서 당신을 점점 더 자주, 더 강도 높게 도발한다. 필요하다면 공격을 해서라도 당신이 이성을 잃게 만든다. 심히 민감하고 과잉 반응하기 쉬운 불쌍한 뇌에 이 의도적이고 지속적인 도발이 얼마나 큰 시련인지는 말하지 않아도 알 것이다.

정신적 과잉 활동인이 지닌 그 밖의 신경학적 특징들도 심리 조종자에게는 거저 굴러 들어온 떡이나 다름없다. 가지를 마구 뻗는 생각 나무, 인지적 종결 욕구, 고차원적 실행 기능 이상……. 무슨 말인지 잘 모르겠다고 걱정할 필요 없다. 모두 설명을 들으면 이해하기에 어렵지 않은 개념이니까.

갈래를 뻗어 나가는
생각 나무

신경전형인의 사유는 직선적이고 순차적이다. 이런 사유는 어떤 생각을 하고 난 다음에 논리적인 진행에 따라서 다른 생각을 머릿속으로 끌고 들어온다. 마치 객차들이 한 줄로 쭉 이어져 있는 열차나 매듭을 지어 놓은 등반용 로프 같아서 건너뛰는 단계 없이 순차적으로 진행한다. 복잡성 사유는 (나무 모양으로) 갈래를 뻗어 나간다. 생각이 별처럼 사방으로 뻗어 나간다. 하나의 생각에서 새로운 열 가지 생각이 솟아 나오고 그렇게 끝없이 퍼져 나간다.

여러분이 생각이 '너무' 많은 이유, '생각이 도무지 멈추지 않는' 이유가 바로 이것이다. 여러분은 끊임없이 떠오르는 관념들을 연결하고 그것들을 일관성 있게 묶어 내려 애를 쓴다. 바로 이때 나타나는 자신만의 창의성과 독창성, 그게 정신적 과잉 활동인의 매력이다. 복잡다단한 지성의 묘미 또한 여기에 있다. 여러분은 새로운 생각에도 호기심을 품고 선뜻 달려든다. 새로운 생각도 복잡한 구조 속에서 제자리를 찾아 주려고 노력하기 때문에 여러분의 사유는 이 새로운 기여들로 항상 더 풍부해져 간다.

그런 사유 방식으로 살아가는 것도 꽤 재미있고 만족스럽다⋯⋯. 심리 조종자를 만나기 전까지는.

심리 조종자는 여러분의 정신세계를 뒤죽박죽 휘젓는 것을 재미로 여기기 때문에 여러분의 뇌를 불분명하거나 모순적인 거짓 정보로 가득 채운다. 혼란에 빠진 당신을 보는 것이 큰 즐거움이다. 뻔뻔하게 거짓말을 하고, 거리낌 없이 자기모순을 범하며, 엄청난 짓을 저지르고도 유유히 빠져나간다. 자기는 그런 말 한 적 없으며 당신이 꿈을 꾼 거라고 딱 잡아떼면 미치고 팔짝 뛸 노릇이다.

신경전형인은 논리적인 매듭을 따라가는 사고를 하기 때문에 자기 생각의 거미줄을 여행하는 정신적 과잉 활동인에 비해 이 연막 속에서 길을 잃을 위험이 적다. 심리 조종자가 여러분에게 제공하는 정보는 논리적이지도 않고 일관성이 없다(아니, 여러분을 못살게 군다는 일관성이 있긴 하다!).

여러분 자신에게 주의를 기울이기 바란다. 여러분을 미치게 만드는 온갖 어리석은 행각에 의미를 부여하려고 애쓰지 마라. 여러분의 정신 구조에 그런 것들이 비집고 들어올 틈을 주지 마라. 때로는 이해할 생각을 단념하는 게 낫다. 어차피 다 거짓말과 사기라고 생각하면 쉽게 단념될 것이다.

기다림을 못 참는
인지적 종결 욕구

인지적 종결 욕구의 목표는 아주 간단히 설명할 수 있다. 복잡성 사유를 하는 뇌는 미완 상태나 대기 상태를 참지 못한다. 이 뇌는 한 사안을 유예시켜 놓고 다른 사안으로 넘어가기를 힘들어한다. 상시적이지 않은 일, 뭔가를 하나 끝냈다고 생각했는데 처음부터 다시 해야 하는 상황을 극도로 혐오한다. 앞에서 살펴보았듯이 어떤 사안을 정리하고 보존할 때에는 모든 정보를 규합해서 다른 정보들과 일관된 구조로 통합시켜야만 직성이 풀린다.

한마디로, 여러분의 뇌는 사유의 회로가 완결되기를 원한다. 이것을 '인지적 종결 욕구'라고 한다. 정리와 보존 작업은 만족스러운 이해 수준에 도달하지 않는 한 불가능하다. 심리 조종자가 제공하는 정보들은 적절한 해석의 틀이 주어지지 않았기 때문에 이 정신 구조에 통합될 수 없다. 이해해 보고 싶어서 오랫동안 고민해 봤자 소용이 없다. 그이가 나한테 왜 그런 말을 했지? 그 사람이 왜 그런 짓을 했을까? 심리 조종자는 왜 그렇게 행동하는 걸까?

"그런 사람이라서"라는 답변밖에 해 줄 수 없다. 심리 조종자의 행동 동기란 어차피 삐뚤어진 것이어서 여러분은 쉬 이해하지 못할 것이다.

게다가 여기서도 의도적인 지배 전략을 알아볼 수 있다. 심리 조종자는 여러분의 정신을 무방비 상태로 열어 놓기 좋아한다. 그는 자주 말끝을 흐린다. 당신이 어떻게 해석해야 좋을지 모를 애매한 말을 뱉곤 한다. 당신의 거절을 일시적인 것으로 간주한다. 그래서 당신은 분명히 거절했는데도 아직 얘기가 안 끝났다는 듯 다시 공략해 온다. 그는 당신이 해결됐다고 생각하는 문제를 다시 들먹이면서 가학적인 기쁨을 느낀다. 당신이 관계를 끊으려고 하면 '또 잔소리구나!'와 '다시 잠이나 자!' 원칙에 충실하게 당신의 관점을 무시하고 화가 가라앉을 때까지 기다렸다가 마치 아무 일 없었다는 듯이 다시 얼굴을 내밀 것이다.

마지막으로, 심리 조종자는 당신이 기다림을 질색하는 줄 알면서 늘 기다리게 만든다. "금방 가!"라고 말해 놓고는 전화를 해도 안 받는다. 그 사람이 어떤 일을 마쳐 줘야만 당신이 바통을 이어받아 작업을 할 수 있는 상황인데도 일부러 미적거리면서 좋아할 것이다. 이런 상황에서 냉정을 잃지 않으려면 여러분 고유의 인지적 종결 전략을 취할 필요가 있다.

심리 조종자가 여러분을 도와줄 거라고는 절대 기대하지 마라.

고차원적인
실행 기능의 이상

'고차원적인 실행 기능의 이상'이란 무슨 뜻일까. 알듯 말듯 보이지만 실은 이 거창한 용어는 거칠게 말해 자신의 자율성에서 벗어나기가 힘들고 예측에서 벗어난 일이나 충격을 잘 관리하지 못한다는 의미로 이해할 수 있다. 복잡성 사유를 하는 사람들은 흔히 이렇다. 고차원적인 실행 기능의 이상은 사람을 불안하게 하고 거의 항상 앞일을 예측하게 만든다.

여러분은 미래에 대한 투사가 심하다. 앞으로 일어날 수도 있는 일을 전부 예측하고 싶어 하고 가능한 경우의 수를 최대한 검토하기 원한다. 대책 없이 절박한 상황에 처하는 것보다는 앞일을 계속 예측하고 불안해하는 게 낫다고 생각한다. 극심한 스트레스 상황에서 정신적 과잉 활동인은 전전두엽이 아예 활동을 멈춰 버리기 때문이다. 머릿속이 새하얗게 되고 아무 생각도 할 수 없게 되는 일은 이미 꽤 겪어 보았을 것이다.

그래서 여러분은 스트레스 상황에서 아주 바보 같은 행동을 할 수도 있다. 심리 조종자는 여러분이 예측 불가를 싫어한다는 것을 본능적으로 안다. 그리고 그 점을 역이용한다. 깜짝 놀라게 하고, 스트레스를 주고, 허를 찌르고, 일을 저질러 놓고 나서 통보하고, 안면을 싹 바꾸고……. 이런 식으로 여러분의 신경학적 특성에서 비롯된 조건을 악용한다. 여기에 스트레스를 잘 받고 감정적으로 잘 휘둘리는 여러분의 성향이 교묘하게 결합한다. 자, 보다시피 이 얘기만큼은 더할 필요도 없다.

이 같은 신경학적 특징에서 심리학적 특징이 도출된다. 심리 조종자는 이 특징들도 구미에 맞게 이용할 줄 안다. 그는 여러분의 체계에 존재하는 모든 빈틈을 활용할 줄 안다. 그 사람에게 여지를 주었다가는 여러분이 미쳐 버릴 것이다.

5장
너무나
감정적인 사람들

감각이 과민하고, 감수성이 예민하며, 민감하게 발달한 편도체를 지닌 사람은 바로 그러한 이유에서 매우 감정적일 수밖에 없다. 기억을 떠올려 보자. 여러분은 어렸을 때부터 너무 감정적이라는 말을 많이 들었을 것이다. 주위 사람들은 여러분의 감정 반응이 과장되고, 비정상적이고, 부적절하다고 면박을 주곤 했을 것이다. 그래서 여러분은 자신의 내면에 귀를 기울이고 이해하려 애쓰는 것보다는 자기 감정에 죄책감을 느끼는 데 더 익숙하다.

하지만 여러분이 느끼는 감정은 자연스러운 것이며, 없애야 할 무엇이 아니다. 일단 감정에 대해 알아보자.

감정의 용도를
이해하는 방법

감정에도 기능이 있다. 감정은 내 주위에서 일어나는 일에 대해 위험을 경고하고 해결책의 실마리를 던져 준다. 다음의 몇 가지 설명은 감정의 용도를 이해하는 데 도움을 준다. 이 주제를 좀 더 파 보고 싶은 독자들, 감정을 건강하고 건설적으로 관리하기 원하는 독자들에게는 내 책《나는 감정적인 사람입니다》◆를 추천한다.

인간에게는 기본적으로 기쁨, 분노, 슬픔, 좌절, 공포라는 감정이 있고 후천적으로 수치와 죄의식이라는 감정도 습득한다. 모든 인간이 느낄 수 있는 선천적이고 보편적인 감정부터 살펴보자.

분노

분노는 우리가 생각하는 한계의 침범이나 우리 가치관에 대한 모독이 일어났음을 알려 준다. 분노는 이 상황에 종지부를 찍고 우리의 정신적 또는 신체적 영역에 대한 존중을 구하게 해 준다. 뭔가 신경에 거슬리는 것이 있을 때부터 자기 자신의 목소리에

◆ 크리스텔 프티콜랭, 번역공동체 계절 옮김,《나는 감정적인 사람입니다》, 북투더바이블, 2016.

귀를 기울인다면 분노를 잘 관리할 수 있다. 차분한 자기주장으로 효과를 보기가 가장 수월한 단계이기도 하다. 분노를 느낄 때에는 힘도 느낀다. 우리는 분노를 느낌으로써 행동력을 다시 끌어내기도 한다.

슬픔

슬픔은 페이지를 넘기고 다음 단계로 넘어가야 할 때의 애도 과정이다. 우리는 슬플 때 이런 질문을 떠올리게 된다. '삶의 어떤 부분이 끝을 맞이했는가?' 주의할 것! 슬픔과 우울을 혼동하지 말자. 슬픔은 단순히 삶의 기쁨을 상실한 상태가 아니라 문서화, 보존화의 기제다.

좌절

앞에서 말했듯이 좌절은 우리가 무력 지대에 도달했음을, 이제 놓아 버릴 때가 되었음을 알려 준다. 우리가 어찌할 수 없는 일에 대해 계속 뭔가를 하려 하면 좌절은 화가 되고, 화는 다시 폭력으로 불거진다. 폭력이야말로 무력의 극치다. 분노와 화를 잘 구분하자. 분노는 책임 지대 안에 있으므로 힘을 느끼게 하는 반면에, 화는 되레 무력감을 느끼게 한다. 분노에는 놀라운 위력이 있지만 화는 어떤 문제도 해결해 주지 않는다. 그렇지만 통찰력과 겸손을 갖춘 사람만이 놓아 버릴 수 있다. 일반적으로 우리는 죄의식으로 도피하기를 더 좋아한다. 죄의식을 느끼는 동안은 우리가 아직도 행동할 수 있다는 환상을 유지할 수 있으므로.

공포

건강하고 자연스러운 공포는 위험이나 새로움에 주의를 환기시키는 역할을 한다. 공포는 우리의 안전을 보증한다. 위험이 있으면 스스로를 보호해야 한다. 새로운 것이 불안하게 느껴진다면 정보를 더 많이 확보해야 한다. 새로운 것을 자기 것으로 길들이려면 잘 알아보고 공부하는 수밖에 없다. 그 밖의 공포는 모두 어린 시절에 학습되었거나 불쾌한 경험에서 습득한 비합리적인 공포다. 버림받고, 거절당하고, 모욕당할지 모른다는 공포. 비위를 거스르고, 상처를 입히고, 사랑받지 못할지 모른다는 공포. 언젠가는 이런 비합리적 공포에서 자유로워질 방법을 강구해야 한다.

기쁨

생의 기쁨은 본래 인간의 원동력이다. 이 기쁨이 우리의 건강을 지켜 준다. 이 사실은 과학적으로도 입증되었다. 명랑하고 활기찬 사람들은 병에 걸려도 회복 경과가 좋고 실제로도 더 오래 산다. 기쁨은 우리가 가야 할 길을 보여 준다. 원칙대로라면 우리는 기쁘고 기운 나는 길로만 가야 할 것이다. 그렇지만 현실 세계에는 복잡하고 구속적인 사정들이 많기 때문에 피할 수 없는 제약(가령 납세의 의무)과 피할 수 있는 제약(상대하기 싫은 사람과의 만남)을 구분하기가 쉽지만은 않다. 우리가 좀 더 기쁜 것을 우리 길잡이로 삼는다면 세상 일이 한결 편안하게, 마법처럼 가볍게 흘러갈지도 모른다. 혹시 아는가? '마법la magie'은 '영혼이 움직이는l'âme agit' 순간이다.* 하지만 우리는 되레 반대 방향으로, 우리에게 좋지 않은 방향으로 발길을 옮길 때가 많다. 일이 복잡하게 꼬이고 나쁘게 흘러갈 때, 또는 장애물들이 늘어날 때에는 자신이 삶의 길을 제대로 가고 있는지 생각해 봐야 할 것이다. 뒤로 돌아설 때다. '놓아 버리기'를 되찾으면 감당하기 어려울 정도의 좌절을 피할 수 있다.

아이는 이 자연스러운 다섯 감정 외에도 이른바 사회화에 따라 두 감정을 습득한다. 바로 수치와 죄의식이다.

수치와 죄의식

사회화에 따른 이 두 감정 덕분에 인간들은 그럭저럭 공존하면서 살아갈 수 있다고 한다. 공동생활을 위험에 빠뜨리는 짓을

---

* 발음의 동일성을 이용한 말장난이다. - 옮긴이

하거나 법을 위반한 사람들만이 수치와 죄의식을 느껴야 할 테지만 여러분도 알다시피 사정이 달라졌다! 세상이 정말 거꾸로 돌아가는 모양이다. 수치와 죄의식을 느껴야 할 사람들은 뻔뻔하고 당당하다. 양심이 살아 있는 선량한 사람들만이 수치와 죄의식을 느낀다. 이 두 감정은 사실에 비추어 일시적으로 받아들이고 궁극적으로는 잘못된 행동을 바로잡게끔 건설적인 자극이 되어야 한다. 행동 말고 다른 경우에 이 두 감정은 쓸모가 없고 파괴적으로 변하기 십상이다.

감정 과잉은 이해하고 받아들이고 효과적으로 관리하기만 하면 조금도 문제가 되지 않는다. 이때 비로소 우리는 진정한 '감정지능'을 말할 수 있다. EQ라는 이 유명한 지수가 기업계에도 수줍게 얼굴을 내밀기 시작했다. 여러분은 감수성이 남달리 발달했기 때문에 감정의 메시지를 보통 사람들보다 더 많이, 더 강렬하게 받아들인다. 이 메시지에 귀를 기울이고 해독할 수만 있다면 이건 더없이 귀한 선물이다. 하지만 지금까지 감정은 여러분에게 다스릴 수 없는 내면의 폭풍 같은 것, 따라서 무척 난감하고 거추장스러운 것이었으리라.

심리 조종자는 그 혼란스러운 감정 과잉을 금세 알아차릴 수 있었고, 여러분의 감정을 가지고 놀면서 좋아했다. 다시 한 번 말하지만 심리 조종자에게는 두 가지 진짜 감정과 한 가지 거짓 감정이 있을 뿐이다. 자신의 전능 환상이 충족될 때의, 취기와 흡사한 사악한 기쁨은 진짜다. 현실의 벽에 부딪힐 때 폭발하는 화도 진짜다. 그러나 덜미를 붙잡혔을 때 드러내는 (과장된) 자기 연민은 가짜 감정이다.

~~~~~~~~~~~~~~~

감정의 격랑을
다스릴 수 있을 때

"난 네 눈을 보고, 너는 내 눈을 보는 거야. 둘 중에서 먼저 웃는 사람이 지는 거다!"

여러분도 이 비슷한 놀이를 알고 있을 것이다. 심리 조종자가 당신 감정을 가지고 하는 놀이가 딱 이거다. 그 사람의 평정심은 당신의 감정 과잉에 달렸다. 당신이 동요할수록 그는 냉정해진다. 당신이 침착한 태도로 일관하면 그 사람은 '자기통제력'을 잃고 날뛴다. 나는 피해자가 심리 조종자인 배우자와 이혼할 때 이 과정이 개입하는 경우를 아주 많이 보았다. 심리 조종자는 피해자가 경찰, 사회기관, 법원이 지켜보는 앞에서 이성을 잃게끔 유도한다. 피해자는 정신 나간 사람, 히스테리 환자로 몰릴 테고 반대로 심리 조종자는 침착하고 차분하며 이성적인 태도로 신뢰를 얻을 것이다.

하지만 피해자가 사실에 입각한 태도로 냉정을 유지하면 심리 조종자는 수세에 몰린다. 그는 초조해지고 공격성을 드러낼 것이다. 가면이 떨어져 나간다. 하지만 이런 상황은 피해자가 충분히 거리를 두고 심리 조종자의 공격에 일차원적인 반응을 하지 않아야만 도래할 수 있다. 당신은 자기가 과민하게 반응한다고 생각하지만 실은 그 사람이 당신을 시험하고 벼랑 끝으로 계속 몰아가는 거다. 심리 조종자가 어떻게 당신의 감정을 가지고 노는지 보라.

분노

정신적 과잉 활동인은 대부분 분노를 크게 느끼지 않는다. 다른 사람을 함부로 판단하면 안 된다고 생각하는데다가 자기 한계도 잘 모른다. 정확히 말하자면, 자신이 별로 분노하지 않는 것처럼 생각한다. 하지만 그들의 분노는 엄연한 현실이다. 단지 분노를 자기를 침해하거나 능욕한 이에게 돌리지 않고 철저하게 자기 자신에게로 돌릴 뿐이다. 이들은 사람을 함부로 판단하지 않는다고 생각하지만 아주 매정하고 가혹하게, 지독하리만치 박하게 판단하는 대상이 한 명 있으니 바로 자기 자신이다. 자기에게로 향한 분노는 심리 조종자가 재미로 한계를 위반하고 모든 가치를 유린하게끔 여지를 준다. 정신적 과잉 활동인은 심하게 동요할 뿐 존중을 요구하거나 끌어내지 못한다. 이 사람은 부당한 것을 병적으로 못 참고 가치관도 투철하지만 그 가치관을 옹호할 줄을 모른다.

심리 조종자는 당신처럼 선을 정해 두고 지키는 사람이 아니므로 함부로 한계를 넘고 자기과시에 취하며 당신에게 피해를 주면서 자신의 전능 환상을 살찌운다. 내가 이런 설명을 했더니 상담받던 사람이 분개한 적 있다. "나도 그냥 손 놓고 당하는 거 아니에요! 매번 꼬박꼬박 반대 의사를 표시한단 말이에요!" 하지만 항변으로는 역부족이며 효과도 없다. 어차피 그 사람은 당신의 항변을 귀담아 듣지 않으니까.

주장의 근거가 있느냐고? 그는 당신에게 아무 말도 못 들은 사람처럼 똑같은 짓을 반복할 것이다. 그런데도 당신이 내버려 둔다면 결국 그에게 이런 메시지를 전하는 셈이다. '그래, 비록 내가 불평을 하긴 했지만 당신 뜻대로 하는 데 동의해.' 존중은 요구만 해서는 안 되고 강제로 받아 내야 하는 것이다. 당신이 해야 할 일이다. 그렇게 하려면 본인의 분노와 정면으로 만날 필요가 있다.

슬픔

심리 조종자는 피해자 주위를 텅 비게 만든다. 피해자를 고립시키고, 과거의 삶에서 떨어뜨리고, 인간관계를 단절시키기 때문이다. 그는 당신이 직장을 잃고 가까운 사람들과 척지고 예전에 즐겨 하던 활동을 못 하게 하려고 할 수 있는 모든 일을 할 것이다. 당신이 그와 함께 사는 한, 슬프고 고독한 삶을 면할 길은 없다. 그는 당신을 수많은 체념과 포기로 이끈다! 얼마나 많은 것을 떠나보내야 할지.

상담을 하면서 나는 아주 가까웠던 이와 어느새 연락이 끊어진 가족들을 자주 만난다. 가족들은 그 사람이 점점 폐쇄적으로 변하고 연락이 뜸해지다가 부모, 형제자매, 절친에 이르기까지 모든 인간관계를 끊는 모습을 보았다. 그들은 그 사람을 몹시 걱정하고 슬퍼한다. 한때는 가족이었거나 가족보다 더 가까웠는데 어느새 바뀐 전화번호도 모르는 사이가 되었다. 심하게는 그 사람이 어디서 일하는지 어디서 사는지조차 모른다.

나는 어떻게 피해자가 언제나 불만 많고 가증스러운 사람에게 자기 인생을 그토록 쉽게 갖다 바칠 수 있는지, 소중했던 모든 것을 포기하고 좋아했던 이들을 상처 입힐 수 있는지 의아하다. 당신의 슬픔은 어떤 공감도 얻지 못할 것이다. 심리 조종자는 당신에게 소중했던 모든 것을 떠나보내게 만든 장본인이지만 당신의 눈물에 냉담하고 무감각하다. 그 사람은 우는 당신을 역겹다는 표정으로 바라볼 것이다.

공포

공포는 우리가 한 번 살펴본 적이 있다. 심리 조종자 앞에서 공포를 느끼는 것은 아주 당연하다. 그는 객관적으로도 위험한 사람이고, 당신을 그 사람에게서 보호하는 것은 긴급 사안이기 때문이다. 그런데 정신적 과잉 활동인의 특징 가운데 하나가 바로 무방비 상태다. 이들은 분노를 표현할 줄 모르고 이들의 공감은 늘 다른 사람들을 향해 있다. 이들은 악의와 심술이 자기 눈앞에 펼쳐지는데도 인정하기를 힘들어한다. 생각해 보면 어린 시절, 학교 운동장에서도 어떻게 처신해야 하는지가 분명치 않았다. 자기를 보호하면 비겁자, 선생님께 일러바치면 배신자, 변명을 하면 오히려 상대를 자극했다. 유일한 선택지는 소리 내지 않고 꾹 참는 것이었다.

가정 내 학대에서도 동일한 상황을 볼 수 있다. 학대받는 아이는 아무 말 않고, 자기 보호를 체념하고 그냥 당해야 한다. 아이가 따귀를 맞지 않으려고 팔을 들었다면 부모는 화가 나서 더 심한 폭력을 행사할 것이다. 혹시 아이가 부모를 고발하면 가족의 배신자가 된다. 아이는 나중에는 싸움을 하려 해도 때려 눕히고 싶은 상대가 자기 손으로 안경을 벗어 줄 때까지 기다리게 된다.

당신과 그 사람의 관계도 똑같은 정신 상태가 지배할 것이다. 당신은 대책 없이 늘 참아야 하고 다 받아들여야 한다. 늘 위협, 협박, 보복, 위험 속에 살면서 빠져나갈 구멍을 엿보지 않아야 한다. 심리 조종자는 교묘하게 우선순위들을 뒤바꿀 것이다. 그 사람은 자기가 없으면 당신이 산꼭대기까지 쇠공을 밀어 올리면서 올라가야 할 것처럼 말한다. 그는 당신이 스스로를 자유롭게 풀어 주는 것마저 의심하게 만든다. 그는 연극배우처럼 과장된 몸짓으로 문을 활짝 열고 허세를 부린다. "내가 붙잡을 것 같아? 자, 마음대로 가 봐!" 그런데도 피해자는 문지방을 넘어가지 못하니 이 얼마나 기막힌 노릇인가!

상상력이 풍부한 사람에게 공포를 불어넣기는 쉽다. 하지만 인도주의적인 양심을 지닌 사람, 열린 정신과 이해심을 보여 주고 싶어 하는 사람을 겁주는 것도 쉽다.

당신은 상처 주거나, 부당한 일을 하거나, 폐쇄적인 태도를 취하거나, 실수하거나, 다른 사람에게 편견을 가질까 봐 두려워한다. 참 역설적인 일이다. 이미 지나치게 인간적이건만, 진짜 인간미라고는 없는 사람을 상대로 인간답게 처신하지 못할까 봐 두려워한다.

심리 조종자는 자기 힘을 행사하기 위해서 당신의 두려움을 가지고 논다. 이미 보지 않았는가. 위협은 그의 끄나풀이고, 공포는 심리 조종이라는 함정을 걸어 잠그는 열쇠 가운데 하나다. 심리 조종자의 주요한 힘은 그가 당신에게 불어넣은 공포다. 당신은 그를 더 이상 두려워하지 않을 때 비로소 자유로울 것이다. 그러므로 주먹 불끈 쥐고 용기 있게 상황을 직시하는 것이 중요하고 긴급하다.

고양이를 비롯한 여러 동물은 잡아먹히지 않도록 자기가 고통스러워하는 모습을 드러내지 않는다고 한다. 나는 이런 논리에서 피해자들에게 다음과 같은 태도를 취하라고 권한다. "겁내지도 말아요! 그러면 나쁜 일도 없을 겁니다!" 이 말이 실제로 들어맞고 말고는 별로 중요하지 않다. 심리 조종자가 그렇게 믿는다는 게 핵심이다.

자기 수작이 통하는지 그렇지 못한지 확인할 방법이 없으면 심리 조종자는 평정심을 잃고 흔들린다. 그 사람이 더 이상 겁을 주지 못할 때, 당신은 그 무시무시한 고문관이 겁에 질려 찌질하게 구는 모습을 보게 된다. 그가 오히려 더 갈등을 두려워할 것이고, 중심을 확실히 잡고 자기주장을 펴는 사람 앞에서 그는 자신감을 잃을 것이다.

좌절

심리 조종자는 유아적인 전능 환상에 고착되어 있기 때문에 늘 불만에 찌들어 있으면서도 좌절을 도무지 참아 내지 못한다. 현실이 이 전능 환상과 어긋나 버리면 심리 조종자는 혼자 보기 아까운 분노발작을 일으킨다. 괴성을 지르고 제 가슴을 주먹으로 치면서 적을 위협하는 침팬지처럼 당신을 겁주려고 코미디 같은 짓도 할 것이다. 그 모습을 떠올려 보라! 아니면 제 변덕을 못 이겨 떼를 쓰고 어른을 무서운 눈으로 째려보는 어린애라고 생각해 보거나. 그 모습이 진실에 가까울 것이다.

피해자가 점차 자기주장을 펴는 법을 배우면, 그래서 피해자가 전능 환상을 더 이상 만족시켜 주지 않으면 심리 조종자는 점점 더 자주 분노발작을 일으킨다. 아주 좋은 신호다! 그러니 그의 분노발작을 당신의 자기주장이 발전했다는 증거로 간주하라. 떼를 써도 굽히지 않는 어른이 있으면 아이는 결국 순순히 어른 말을 듣게 되는 법이다.

기쁨

나는 정신적 과잉 활동인에게 삶의 기쁨이나 유난히 뭔가에 열광하는 면이 있다는 것을 잘 안다. 적어도 심리 조종자를 모르고 살 때는 그렇다! 여러분은 심리 조종자가 불쌍하다고 생각한다. 여러분이 틀렸다. 그는 그냥 못됐고, 삶의 기쁨이나 인간적 온기에 알레르기를 일으킬 뿐이다. 여러분은 진즉에 알아차릴 수도 있었다. 그만큼 단서들이 널려 있었으니까. 그 사람은 분위기가 좋아진다 싶으면 찬물을 끼얹고, 흥겨운 자리에서 어김없이 산통을 깨고, 모든 휴가를 망치고, 맹한 미소를 여러분 얼굴에서 철저하게 지워 버릴 것이다.

여러분이 즐거워할 때마다 그 사람은 어떻게 해서든 웃고 싶은 기분을 싹 가시게 하지 않던가? 한번 시험해 보자. 그 사람 앞에서 흥얼흥얼 콧노래를 부르고서 그 사람이 어떻게 나오는지 주시하라. 그는 무슨 수를 써서라도 당신 심기를 건드리고 기분을 더럽게 만들 것이다. 왜냐고? 그는 당신이 지나치게 기분 좋게 인생에 만족한다고 느꼈을 것이다. 당신을 좌절시키고 화나게 만드는 것이 그에게는 가장 큰 기쁨이다. 열광하는 당신을 향한 그 질시 어린 무서운 눈초리를 보았는가. 그가 아는 기쁨은 전능 환상이 충족될 때의 의기양양한 도취뿐이다.

그는 당신이 즐거워하면 당신이 자기보다 영리하다고 생각하기 때문에 그러는 거라고 생각한다. 그리하여 당신에게 기쁨을 주는 것이라면 무엇이든 철저하게 파괴하려 한다. 스스로 안심하기 위해서, 그리고 당신의 좌절을 바라보는 쾌감을 위해서.

가장 가학적인 부류에 속하는 심리 조종자는 피해자를 잔뜩 기대하게 만들었다가 좌절시키는 놀이를 즐긴다. 그들은 피해자를 희망과 낙심을 오가는 롤러코스터에 태워 놓고서 좋아한다. 이럼으로써 그들이 타인에게 얼마나 가공할 힘을 행사하는지! 심리 조종자는 아이들의 해맑은 기쁨조차 봐 주지 못한다. 어느 심리 조종자 아버지는 딸에게 "말을 잘 들으면" 토끼를 사 주겠다고 약속했다. 딸아이를 동물농장에 데려가 귀여운 토끼를 키우게 될 그날을 꿈꾸게 했다. 그래 놓고서 아이가 조그만 실수를 저지르자마자 호통쳤다. "네가 이렇게 아빠 말을 안 들으니까 토끼는 없어!" 아이는 세상이 무너진 듯 절망했다.

아빠와 이미 이혼한 엄마는 내 상담실에서 분통을 터뜨렸다. 엄마는 아이 아빠가 어린 딸의 감정을 가지고 놀고 있다고 했다. 나는 그 사실을 확인해 주었다. "어머니도 알고 계셨지요? 그 사람은 애초에 토끼를 사 줄 생각이 없었던 거예요." 그 얼굴이 창백해졌다. 아니, 그녀는 오랫동안 한 이불 덮고 살기까지 했는데도 그 정도까지 나쁜 놈일 거라고는 상상하지 못했다. 현실은 명백했다. 전남편이 게을러서 절대로 반려동물을 집에 들일 사람이 아니라고도 인정했다.

보다시피, 이상주의에 눈이 멀어 이런 상황들이 닥친 현실을 보려 하지 않는다면 피해자는 보호책을 강구할 수도 상황에 정면으로 대처할 수도 없다. 엄마는 아이에게 토끼를 사 준다는 약속을 믿지 말라고 구체적으로 설명했어야 했다. 그러면 아이는 기대를 놓았을 테고 아빠의 사기는 통하지 않았을 것이다. 토끼라는 예에 결혼반지, 직장에서의 승진, 그 밖에도 여러분이 거짓 약속임을 깨닫지 못한 채 매달리고 있는 심리 조종자의 미끼를 겹쳐 볼 수 있다.

당신은 오랫동안 가엾은 심리 조종자가 사랑, 삶의 기쁨, 인간적 온기에 굶주린 채 살아왔다고, 이제 당신이 그런 부분을 채워 줄 거라고 생각했다! 그러나 인간미는 전염되는 것도 아니요, 옮겨 줄 수 있는 것도 아니다. 당신이 내주는 모든 삶의 기쁨, 인간적 온기, 애정은 밑 빠진 독에 물 붓기다. 당신이 최후의 한 방울까지 다 빨려도 그는 조금도 더 따뜻해지지 않을 것이다. 당신이 결코 마르지 않는 샘이라 해도 절대 그 사람을 채울수 없다. 그 사람을 채워 주기 전에 당신이 먼저 뼈도 못 추릴 공산이 크다. 그러는 동안 정작 당신을 있는 그대로 알아주는 사람들에게는 당신의 빛이 미치지 않을 것이다.

수치와 죄의식은 심리 조종자의 든든한 동맹군이다. 그가이 두 감정을 자극해서 얼마나 대단한 것들을 얻어 내는지. 게다가 그 과정은 또 얼마나 손쉬운지. 그 이유는 생각이 너무 많은사람들은 수치와 죄의식이 매우 심하고 이미 탄탄한 구조를 이뤘기 때문이다. 이런 감정들은 꽤 오래전부터 이들에게 파괴를수행해 왔다.

수치

정신적 과잉 활동인은 '과하다'는 이유로 놀림당하고, 창피당하고, 거절당했다. 이들은 '괴상한' 생각을 하고, 사회의 암묵적 규약을 잘 파악하지 못한 탓에 '부적절하게' 행동하기 일쑤다. 그래서 남몰래 자기를 부끄러워하기에 이르렀고 그 점에 관해서는뭔가 달라지리라는 희망도 품지 않는다. 미운 오리 새끼 이야기와 조금도 다를 바가 없다. 애초에 백조로 태어났다면 근사한 오리로 성장할 가망은 없잖은가. 심리 조종자는 여러분에게 듣기 싫은 별명을 붙인다든가, 사람들이 있는 자리에서 여러분을 놀린다든가, 하여간 비열하게 수치심을 자극할 것이다. 정말이지, 초등학교 이후로 달라진 게 하나도 없다!

그러므로 심리 조종자들이 꼬이기를 원치 않는다면 여러분은 단연코 불합리한 수치심에서 벗어나야 한다. 그들은 수치를 괴롭힘의 막강한 쇠지레로 삼는다. 이제 여러분은 자신이 미운 오리 새끼가 아니라 근사한 백조임을 깨달을 때가 되었다!

최근에 나는 수치의 새로운 정의를 발견하고서 치유의 또 다른 지평들을 보게 되었다. 수치는 자신에게 와닿는 포식자의 시선을 느끼는 것이다. 내 머릿속에서 '게임 끝' 표시가 떴다. 젠장. 하지만 이게 맞다! 강간 피해자, 구타당한 아이, 놀림당한 사람은 수치심을 느낀다. 비인간적인 인간의 인간적 존중 없는 시선과 행동에 노출된 것이다. 수치는 인간으로서의 권리를 얻지 못했다는 데서 오는 감정이다. 인간은 물건이나 동물 취급을 당할 때 이 감정을 느낀다. 수치는 여러분의 것이 아니다. 가해자야말로 이 감정을 느껴야 마땅하다. 피해자가 이 감정의 주인이 되어서는 안 된다.

자신을 인간적인 눈으로 바라보기만 해도 수치를 털어 버리기에는 족하다. 여러분 내면 속의 아이를 안심시켜라. 그 아이가 간절히 원할 때 주지 못했던 위로와 호의를 베풀어라. 여러분 같으면 강간 피해자, 구타당한 아이, 모욕당한 사람을 어떤 시선으로 바라보겠는가? 연민 가득한 시선이 아닐까? 당신이 어릴 적 학교에서 당했던 괴롭힘을 똑같이 경험하는 아이가 있다면 어떻게 하겠는가? 지금 당신이 겪는 마음고생을 똑같이 경험하는 사람이 있다면? 그 사람을 흉보거나 조롱하고 싶을까? 당신 자신을 그 아이, 그 사람 대하듯 따뜻하게 위로하고 공감해 주어야 한다. 부처님은 말씀하셨다.

"너 자신을 포용하지 않은 자비는 불완전하다."

이 원칙을 폭넓게 적용할 때가 되었다. 당신을 비웃는 자를 처리할 방법도 있다. 다음번에 그가 당신에게 창피를 주려고 하거든 차분하게 말없이 한번 바라봐 주자. 경멸 반 연민 반, 말하자면 '에라, 이 화상아, 그 수준밖에 안 되냐!'라는 눈빛을 던지면 그걸로 충분하다. 그 사람은 물벼락이라도 맞은 듯 흠칫하고 그 선에서 물러날 것이다. 희한하게도 당신이 짊어지지 않은 수치는 마치 부메랑처럼 그 사람에게 돌아간다.

죄의식

우리는 죄의식 조장이 심리 조종의 끄나풀 가운데 하나이고 죄의식은 그 함정의 열쇠라는 점을 살펴보았다. 그런데 정신적 과잉 활동인은 이미 죄의식으로는 세계챔피언 급이다. 심리 조종자는 거의 아무것도 안 해도 될 정도다!

하루는 정신적 과잉 활동인 가족이 상담을 받으러 왔다. 그 집 딸아이는 학교공포증으로 고생하는 한편, 자기 문제로 부모님을 걱정시킨다는 죄책감에 시달리고 있었다. 나는 그 딸에게 '죄의식 금메달'을 선언했다. 그러고 나서 그 어머니가 하는 말을 몇 마디 듣고 나서는 "어머님은 은메달 정도 되겠네요"라고 했다. 그러자 아버지가 어색한 미소를 지으면서 거들었다. "음, 제가 동메달인 것 같습니다!" 기본적으로, 정신적 과잉 활동인은 진지한 자기계발을 통해서만 이 위험하고도 거추장스러운 죄의식에서 벗어난다. 이미 보았듯이 죄의식은 행동력 여부를 따지지 않은 책임 떠넘기기다.

그러므로 죄의식은 사람을 소외시키고 실패를 선고한다. 죄의식에 빠지면 무력감을 정면으로 응시할 필요가 없어진다. 그렇게 자신의 건강한 분노를 못 보게 하고, 그 분노에서 솟아나는 행동력도 놓치게 한다. 죄의식의 대가는 여러분 생각보다 훨씬 크다. '죄의식을 느끼는' 것은 말 그대로 '자기가 죄인이라고 느끼는' 것, 다시 말해 자기가 잘못을 했다고 판단하는 것이다. 죄의식은 무의식 수준에서 반드시 처벌의 시나리오를 끌고 들어온다. 심리 조종자는 여러분이 그 시나리오대로 움직일 때마다 좋아할 것이다.

내가 상담실에서 만난 어떤 사람은 거의 전쟁을 치르고 결별하긴 했지만 상대가 심리 조종자였다고는 생각하지 않았다. 아, 그렇지, 사람을 함부로 판단하면 안 되는 거다. 나 말고 다른 사람은 완벽하니까(그래, 게다가 처음에는 근사한 가면까지 쓰고 있었을 테고!). 하지만 상담이 거듭되면서 자신을 심층 탐색하고 본인의 마조히즘 성향까지 생각해 보고 나니 역시나! 그 사람은 눈 뜨고 보기 안쓰러울 만큼 힘들어하면서도 자신의 기존 입장을 꺾지 않았다. 그게 문제였다. 그 사람이 하는 말은 요약하자면 이러했다. "내가 개밥의 도토리 같은 사람이라 그래요. 난 당해도 싸요!"

어쩌면 여러분도 마찬가지 이유로 심리 조종자의 지배하에 머물러 있지는 않은가? 여러분이 어릴 때부터 쌓아 온 막대한 죄의식의 빚을 그 사람이 갚게 해 주는가? 피해자가 이제 갚을 만큼 갚았다고 판단했을 때 무의식적으로 심리 지배의 출구가 딸깍하고 열릴까? 아니, 허튼소리다. 사람을 죽이거나, 도둑질하거나, 자국의 법을 위반한 게 아니라면 심리 조종자와의 인간관계라는 이 감옥에서 못 나갈 이유가 없다. 설령 살인이나 절도, 위법의 죄를 저질렀다 할지라도 그건 어디까지나 공식적으로 자격을 인정받은 법정이 심판할 일이다. 그리고 판결 전에는 무죄추정의 원칙이 적용된다. 그러니 제 발로 피고인석에 걸어 들어가 혼자 덩그러니 앉아 있지 마라!

부당함을 느낌

이 느낌 자체를 하나의 감정이라고 말하기는 뭣하지만 정신적 과잉 활동인은 이 느낌을 자주 받기 때문에 간략하게 짚고 갈 가치가 있다고 본다. 여러분은 인도주의적 가치관이 투철하고, 정의가 어떤 맥락에서든 반드시 실현되기를 바란다. 여러분은 모든 형태의 불의에 심란해한다. 심리 조종자는 그 점을 잘 간파하고 가학적으로 이 약점을 가지고 논다.

병적인 정의감은 정말로 약점 맞다. 나는 지금도 눈을 감으면 프랭크 패럴리의 호탕한 웃음소리가 들리는 것 같다. 그분이 호통치듯 딱 잘라 하는 말이 들린다. "아니, 어디서 세상이 공평한 걸 봤다고 그래?" 다정하면서도 영민한 눈빛으로 한 말이었지만 비행기를 타고 한바탕 거칠게 착륙한 듯, 아니 사고라도 당한 듯 정신이 번쩍 났다! 패럴리가 옳다. 현실 원칙이 가장 우선시되어야 한다. 그게 우리의 기본 출발선이다.

정신적 과잉 활동인은 불의를 못 견뎌 하지만 이 느낌이 관찰 가능한 현실에 기반을 두지 않을 때도 많다. 누군가가 '부당해!'라는 버튼을 누르자마자 상자에서 확 튀어나오는 인형처럼 반응하지 않으려면, 여러분은 놓아 버리는 연습이 좀 필요하다. 세상이 좀 더 공정한 곳이 되어 가도록 힘쓰는 것은 좋다. 그러나 세상에게 공정하지 못하다고 비난해 봐야 소용없다. 그게 그냥 세상의 현실이다. 그리고 공정함에서도 여러분은 자기 앞가

림부터 해야 할 것이다. 자기 자신을 부당하게 대우하고 있지는 않은가? 다른 사람은 공정하게 대하고 있는가?

심리 조종자가 어떤 식으로든 당신을 몰아세울 때마다 감정적으로 반응하면 지는 거다. 갈수록 그는 자기가 무슨 말, 어떤 행동을 하면 당신이 돌아 버리고, 소리 지르고, 눈물 흘리고, 헛된 희망을 품는지 잘 알게 될 테고…… 나중에는 당신을 자유자재로 조종할 것이다. 적절한 때, 장소, 목격자를 골라서 조종 스틱을 휘두르기만 하면 당신에게 미친 사람, 히스테리 환자 딱지를 붙일 수도 있다. 당신이 거리를 두지 않고 자기 감정의 감옥에 갇혀 있으면 폭발할 만해서 폭발했다고 생각하겠지만 그랬다가는 당신만 신뢰를 잃기 십상이다.

얼마 전에 이런 일을 보았다. 적막한 한밤중에 별안간 저렇게 소리를 지르면 성대가 남아날까 싶은 남자의 고함소리가 밤의 침묵을 갈랐다. "닥치라고! 당장 입 다물어!" 이웃집 사람들이 어떻게 생각할까? 우악스럽고 공격적인 정신병자가 불쌍한 아내를 들볶는다고 생각할까? 아니면, 남편이 사악하고 못된 아내에게 시달리다가 결국 터졌다고 생각할까? 혹은 그냥 저 남자가 제 성질을 주체 못 해서 저러나 보다 할까?

운전하는 동안은 언제 어느 때라도 자동차를 완벽하게 조작할 수 있어야 한다. 마찬가지로 사회는 우리가 언제 어느 때라도 자기 감정을 다스릴 수 있어야 한다고 생각한다. 감정이 지나친 사람에겐 매우 힘든 일이지만 예외는 없다. 그러니까 여러분은 당장 요가나 소프롤로지, 명상을 수련할 필요가 있다! 이런 수련은 여러분에게 더없이 이로운 효과를 미친다.

상담 도중 한 사람이 내게 이런 얘기를 해 주었다. 자신이 갈수록 신경이 날카로워지고 성질이 급해지는 것 같아서 최근에 마음 챙김 명상을 시작했다. 그런데 참선 습관이 생기자 생각지도 않게 매사에 거리를 둘 수 있게 되었다고 한다. 거리를 두고 보니까 비로소 남편이 일부러 자신의 신경을 건드리려고 하는 짓이 보였다. 이제 남편의 음흉한 수작이나 표 안 나는 공격을 일찌감치 파악할 수 있다. 남편이 자기 꾀가 먹히지 않을 때마다 약 올라 하면서 인상을 쓰고 다른 기회를 엿본다는 것도 알았다. 그녀는 이렇게 단언했다.

"사실 그 사람은 언제나 기회를 엿보는 중이에요. 나만 모르고 있었던 거지요. 저 사람 본업이 저건가 싶을 정도예요."

그녀는 이렇게 미성숙하고 심술 맞은 남자와 계속 부부로 살아도 되는 걸까 고민하는 중이다.

감정 관리는 여러분에게 이점만을 안겨 준다. 첫째, 감정으로 몸을 지치고 상하게 할 필요가 없다. 둘째, 한층 명철한 정신으로 적당히 거리를 두고 상황을 볼 수 있다. 잘 관리된 감정은 여러분의 참된 길잡이자 동맹군이 될 것이다. 감정을 억압하려는 헛된 노력은 집어치우고 자기 감정에 귀를 기울이는 법을 배우자.

～～～～～～～～～～

지나친 감정이입을
털어 내면

정신적 과잉 활동인은 감정이입이 지나치다. 타인의 감정을 완전히 자기 것처럼 포착하고, 느끼고, 경험한다. 단순한 공감이 아니라 타인의 감정이 자기를 침범하는 것처럼, 자기에게 기생하는 것처럼 느낄 정도다. 지나친 감정이입은 두뇌 활동이 지나치게 활발한 아이들이 왜 학교에서 주의력이 떨어지는가를 다소 설명해 준다. 이런 아이들은 산만한 아이가 근처에 한 명 있으면 자기도 집중력을 유지하지 못한다.

타인의 감정을 시종일관 포착하고 함께 느낀다는 것은 굉장히 피곤하고 심란한 일이다. 그래서 정신적 과잉 활동인 중에서는 광장공포증이 있는 사람들이 꽤 있다. 이들은 남들의 불안이나 조바심이 자기를 덮치는 듯한 느낌이 싫어서 일부러 대중교통수단이나 대형 마트를 피하고 혼자 지내기를 좋아한다.

그렇기 때문에 감정이입이 지나친 사람일수록 자기 감정을 잘 알고 관리하지 않으면 안 된다. 일단 자기에게 밀려드는 불편함의 정체부터 밝혀야 한다. 이 감정은 분노인가? 슬픔? 공포? 좌절? 아니면 수치나 죄의식? 감정의 정체를 깨달았다면 그것이 당신 고유의 감정인지 외부에서 온 것인지를 구분하라. 나는 누구를 향하여 이 슬픔을 느끼는가? 이런 질문들을 던지면 무슨 일이 일어나고 있는지 비로소 이해된다.

그 사람이 지금 슬퍼한다면 괜찮다. 추억을 기입하고 보존하는 과정을 밟고 있으니까. 그 사람이 분노한다면 한계를 정해 둔다든가 해야 할 것이다. 여러분은 분별력을 유지하면서 감정이입을 건설적인 공감으로 변화시킬 수 있을 것이다. 그 사람이 울고 있다고? 괜찮다. 그렇게 쏟아 내는 편이 낫다. 실컷 울고 나면 마음이 가벼워질 것이다. 그 사람은 당신이 차분한 모습으로 함께해 주기를 바란다.

내가 좋아하는 우스갯소리가 하나 있는데 소개해 볼까 한다.

"감정이입이 발달하면 썩어 빠진 인간에게까지 안됐다는 감정을 느끼게 되니 문제다!"

그렇다. 감정이입이 발달한 사람이 심리 조종자와 함께 살면 심리 조종자의 스트레스, 심술, 질투, 불같은 화까지 흡수하게 된다. 그 사람이 전파하는 모든 것을 당신은 스펀지처럼 쏙 빨아들인다. 하지만 이 모든 것을 당신의 개인적 기준으로 이해하려고 하기 때문에 당신이 포착한 것의 의미는 잘 알지 못한다. 다른 사람들에게는 당신 것과 '완전히 다른' 프로그램이 깔려 있다는 점을 잊으면 안 된다. 당신의 개인적인 신념 체계는 온 세상을 '감정으로는' 이해할 수 있다는 환상 속에 당신을 잡아 놓는다.

심리 조종자에 관한 한, 당신 생각이 틀렸다. 심리 조종자는 감정 따위 아랑곳하지 않는다. 당신은 그렇게 살면 끔찍이도 불행할 테지만, 그 사람은 아니다. 당신이 몰라서 그렇지만, 피클이 식초를 편안하게 느끼듯이 그는 온갖 부정적 감정에 찌들어 살아도 마음만 편하다. 그는 싸움, 갈등, 불화를 좋아한다. 추잡스러운 뉴스와 가십을 즐기고, 난장판이 벌어지면 흥분하며, 파업과 시위와 사회적 갈등을 좋아한다. 심지어 누군가 죽었다는 소식을 듣고도 자신은 죽음을 이긴 것마냥 미소 지을지 모른다. 유치한 전능 환상의 언어로 번역하자면 이런 식이다.

"잘됐네, 그렇게 담배를 피워 대더니! 어리석게도! 나는 죽음에 당하지 않을 거야!"

이런 언어는 당신의 사고 체계와 너무 동떨어져 있기 때문에 당신은 자기가 포착한 것을 제대로 해독 못 하는 것이다. 그래서 당신은 그 사람의 행동에 걸맞지도 않은 자기 가치관을 적용해서 그 사람이 이토록 끔찍한 세상에 산다고 안타까워하지만 천만의 말씀, 그는 그 세상에 만족해한다.

　마지막으로, 진정한 감정이입은 상대가 자기 가치관대로 살아갈 권리를 주는 것이다. 당신 눈에는 문제가 많은 가치관일지라도 당신이 거기에 얽매일 필요는 없으며 상대에게 가치관의 변화를 요구할 필요도 없다.

6장
미친 듯이 돌아가는
두뇌의 욕구

^^^^^^^^^^^^

연결을
필요로 하는 뇌

생각이 너무 많은 사람들이 보이는 인간관계의 특성들도 심리 조종자와 맺는 관계에서 중요한 의미가 있다. 복잡하고 통합적인 사고방식, 과도한 감수성, 지나친 감정이입 외에도 정신적 과잉 활동인에게는 연결과 화합을 필요로 한다는 특성이 있다. 심리 조종자는 싸늘하고 정이 없다. 정반대로 정신적 과잉 활동인은 따뜻하고 정이 많다. 대부분 정말로 친절하고 인간적이며 평화를 사랑한다. '친절'이라는 말에 코웃음 치는 사람들도 있을 것이다. 친절하다 못해 좀 맹한 사람이라는 평판, 가령 '호구' 소리는 모욕에 가깝다. 그렇지만 친절은 진정한 삶의 기술이며 관계에서 승리하기 위한 시나리오다. 단, 1장에서 밝혔듯이 인구의 2~4퍼센트에게는 이 기술, 이 시나리오가 먹히지 않는다.

그러니 당신이 안전하게 친절을 행사하고 싶다면 친절의 한계를 분명히 정해 두자. 어느 시점부터 친절이 바보짓이나 복종이 되어 버리는지(너무 착해, 너무 물러 빠졌어.), 언제 친절이 당신의 개인적 욕구마저 침해하는지, 더 끔찍하게는 언제 친절이 정면 돌파를 회피하려는 비겁으로 변질되는지······. 지구상의 모든 동물을 사랑할 수 있지만, 대놓고 조언하건대 아프리카에 사는 검은 맘바를 귀엽다고 쓰다듬지는 마라. 물론 이 독사도 생물다양성에는 공헌을 한다. 하지만 멀찍이서 관찰하고 감탄하기에나 적합하다. 심리 조종자도 마찬가지다. 모든 것에 애정을 듬뿍 주는 여러분의 성향이 거꾸로 독이 될 수도 있다.

인정하자. 여러분은 매사에 좀 지나치다. 가령 누구에게나 좋은 사람이 되려는 마음이 너무 커서 돈 주고 고용한 배관공이 일을 대충대충 날림으로 해도 불평을 못 한다. 쓸데없이 사람을 압박하지 않았고 커피 한 잔 대접했다면 예의는 충분히 지킨 거다. 사실, 좀 더 분별 있게 상호작용을 할 줄 알아야 한다. 일로 만나는 관계에서까지 연결에 대한 욕구가 그렇게 큰 자리를 차지해서는 안 된다.

나는《나는 생각이 너무 많아: 생존편》에서 우리가 맺는 인간관계들이 다양한 방식으로 작용할 수 있음을 설명했다.

인간관계는 미묘한 연결 짓기와 서열 정하기의 작용으로 이루어진다. 연결 짓기가 비교나 경쟁 없는 대등한 인간관계라면, 서열 정하기는 위계적 관계에서 볼 수 있는 것처럼 상하가 분명한 관계다. 얼핏 대등해 보이는 사람들끼리의 관계라도 그들이 서로를 비교하고 재기 시작하면 서열이 생기는 경우가 많다.

연결 짓기와 서열 정하기가 빚어 내는 균형에는 두 극단이 존재한다. 한쪽 끝에는 여러분 같은 접합자가 있다. 이들은 사람과 사람의 대등한 연결만을 중시한다. 한편, 반대쪽 끝에는 궁극적으로 서열밖에 보지 않는 심리 조종자가 있다. 그들은 모든 것을 알력 관계로 본다. 보통 사람들은 이 양극단 사이에서 연결 짓기와 서열 정하기가 균형을 이루는 자신들의 자리를 찾아내고 그 자리에서 다른 이들과 관계를 맺어 나간다.

우리는 대등한 입장에서 서로 접촉해 연결을 만들 수도 있고, 상위/하위라는 축에서 움직이며 서열을 만들 수도 있으며, 이 두 경우 사이의 타협을 모색하기도 한다. 보통 사람들은 소통을 하면서 연결과 서열을 능숙하게 조합할 줄 안다. 그들은 무척 가깝게 굴 수도 있지만 자기 자리가 어디인지 알고 그 자리를 지킬 줄도 안다. 정신적 과잉 활동인과 심리 조종자는 극과 극에 자리 잡고 있다.

생각이 너무 많은 사람들의 안중에는 연결만 있다. 위계 서열에 별로 신경을 쓰지 않는다. 그래서 가사도우미에게나 대통령에게나 똑같은 말투로 말을 건다. 중요한 것은 사람과 사람, 마음과 마음을 잇는 관계라고 생각하기 때문이다. 하지만 이들은 회사에서 위계 서열을 무시했다가 곤혹을 치르곤 한다. 상대는 자기가 그들보다 상위 혹은 하위에 있다고 생각하는데 그들은 그 자리에 가만히 머물지 않으니 당황스럽다. 이미 전작에서 이런 얘기를 상세하게 했다.

정신적 과잉 활동인의 대척점에는 심리 조종자가 있다. 그들은 언제나 극단적인 서열 감각 속에, 다시 말해 영원한 알력 관계 속에 있다. 그들의 모토는, 정도의 차이는 있겠으나 '내가 밟지 않으면 밟힌다'로 정리된다. 심리 조종자들도 제자리를 지키지 않는다는 점은 마찬가지지만 그들은 배짱이 좋고 거리낌이 없다. 악수를 하는 척하면서 팔씨름을 건다. 여러분은 서열의 논리를 따르지 않고 관계만 중시하기 때문에 자칫하다가는 이 압축 롤러에 깔리고 말 것이다. 이 '서열' 개념은 정신적 과잉 활동인을 무척 난처하게 한다. 그들에게 이 개념은 관계를 끊는다는 의미, 즉 사람을 판단에 부치고 '결단을 내려야만' 한다는 의미이기 때문이다. 실제로 서열 안으로 들어가려면 상대를 판단할 권리를 스스로에게 부여해야만 한다. 상대가 뭐가 낫고 뭐가 부족한지를 따져야만 한다. 정신적 과잉 활동인은 이런 태도에 상당히 반감을 느낀다. 이들은 남을 판단하기를 거부하고, 단죄는 더욱 거부한다. 물론 자신에 대해서만큼은 그렇지 않지만! 앞에서 이미 나온 얘기다. 그래서 서열 속에 자리 잡을 때 으레 낮은 자리를 자처하곤 한다.

정신적 과잉 활동인 중에도 경쟁을 좋아하는 사람들은 많다. 게임의 법칙이 명쾌하고 사실에 입각하기만 하다면, 실제로 모두에게 기회가 주어지기만 한다면 경쟁이 이들의 도전의식을 자극할 수도 있기 때문이다. 자기를 타인들과 견주는 행위는 자기를 극복했을 때에만 의미가 있다. 그러나 사회적 현실은 이상적이지 않다. 경쟁과 비교의 기준은 심하게 주관적이고 부조리하다. 공원의 수풀이나 덤불을 판단하고 줄 세우는 게 무슨 의미가 있을까?

그렇지만 심리 조종자를 상대할 때에는 자기 정원의 경계를 분명히 정해 두어야만 면전에서 정원 문을 쾅 닫아걸 수 있다. 다른 사람들과 마음으로 이어지는 건 좋다. 친절하게 사는 것도 좋다. 정을 주고받으며 사는 것 역시 참 좋다. 판단하지 않는 태도, 얼마나 좋은가. 그러나 값비싼 대가를 치르면서까지 그럴 필요는 없다! 타인의 기준을 생각지 않고 무슨 수를 써서라도 여러분의 기준대로 살려고만 하면 뼈아픈 대가를 치를지도 모른다. 게다가 타인의 판단을 거부하는 일은 중대한 윤리적 문제를 야기할 수도 있다. 일탈 행위를 단호하게 꾸짖고 규탄할 수 없는 건 결코 가볍게 여길 문제가 아니다.

〰〰〰〰〰〰〰〰〰

복잡함이
즐거운 뇌

오직 정신적 과잉 활동인만 이해하는 기쁨이 있다. 촌각을 다투면서 두뇌를 꽉꽉 쓸 때, 초조하면서도 얼마나 기분이 좋은지! 지배 관계에서 가장 여러분의 발목을 잡는 기쁨일 것이다. 여러분의 뇌는 복잡하고 까다로운 것을 필요로 한다. 이 뇌는 그래야만 시들해지지 않는다.

주도적으로 머리를 쓰는 기쁨

애석하게도 여러분의 뇌는 유치원 때부터 계속 지루해하면서 뭔가 짜릿한 수수께끼라도 떨어지지 않나 줄곧 기다렸다. 예를 들어, 정신적 과잉 활동 아동들은 산수 문제를 내주면 계산을 일부러 복잡하게 만들면서 해답이 나오는 순간을 지연시킨다. 두뇌 활동이 유독 활발한 초등학생들은 실제로 내게 이렇게 말했다. "학교가 너무 따분해서 막 고함을 지르고 싶어요!" 대학은 다소 재미난 놀이터가 될 수 있겠지만 그것도 전공을 잘 선택했을 때의 이야기다. 정신적 과잉 활동인은 학문 연구의 관습적이고 표준화된 측면, 창의적이지 못한 면에 곧잘 실망을 맛본다.

어른의 삶이라고 해서 딱히 그들의 두뇌를 더 흥분시키지는 않는다. 직장 일이 정신적 과잉 활동인의 잠재력을 온전히 끌어내는 경우는 아주 드무니까! 어른들끼리의 대화도 수준 미달이다. 새롭고 독창적인 생각이 흘러넘치는 열정적인 반대파를 만나기보다는 그냥 진부하기 짝이 없는 말의 전문가, 아예 대화가 안 되는 사람을 더 많이 만난다. 계속해서 배움을 얻을 가능성은 제한된다. 그래서 복잡성 사유를 하는 뇌는 권태에 빠진다. 정신적 과잉 활동인 어른의 뇌는 의기소침해진다. 얼마나 아까운 일인가! 얼마나 애석한 지력의 낭비인가!

정신적 과잉 활동인은 어휘, 언어, 수사법을 좋아한다. 사회 문제를 두고 토론할 때면 그들은 가히 대적할 상대가 없을 만큼 열띤 논증을 펼친다. 아, 혁신적인 생각을 표명하고, 토론하고, 가설을 세우고, 추론하고, 증명하고, 완전히 새로운 매력적인 생각을 받아들이고, 머릿속에서 세상을 다시 건설한다……. 평범한 얘기를 지루해하는 복잡다단한 뇌가 드디어 행복을 누리는 것이다. 하지만 이런 유의 토론을 좋아하는 사람은 많지 않다.

정신적 과잉 활동인은 논쟁에 돌입하려다가 냉대를 당하기도 한다.

내게 상담을 받는 한 여자는 동네 여자들이 함께 모여 커피를 마시는 자리에 자기는 딱 한 번밖에 초대받지 못했다고 불만을 토로했다. 그녀가 다시는 초대받지 못한 이유가 뭘까 싶어서 이렇게 물었다. "그때 나가서 무슨 얘기를 하셨나요?"

"사람들이 패션이니 화장이니 하는 얘기밖에 안 하더라고요. 너무 심심했어요. 그래서 인생말년에 대한 얘기를 꺼냈죠. 우리는 모두 언젠가는 죽잖아요? 그래서 적극적 안락사(의료 보조 자살), 존엄사, 완화치료에 대해 얘기를 좀 했어요! 그런 문제에 관심을 두는 사람이 많지 않으니 심각한 일이에요!"

나는 웃음을 터뜨리고 그녀에게 확실하게 말해 주었다. "확실하네요! 분위기 한번 끝내줬겠는데요? 이웃분들이 당분간은 부르지 않을 것 같네요!"

토론에 대한 갈증은 표가 난다. 심리 조종자는 이 갈증을 뻔뻔하게 제 마음대로 이용할 것이다. 정신적 과잉 활동인에게 그럴싸한 토론거리를 던져 주기만 해도 뭔가 철학적 신념이 있는 사람처럼 보일 수 있으니까 말이다. 정신적 과잉 활동인은 눈을 번쩍 빛내면서 흥분한 얼굴로 고개를 숙이고 함정에 들어올 것이다. 그는 심리 조종자가 자기를 이용해 재미를 본다고는 단 한 순간도 상상하지 못한다! '토론'이 전개되는 내내, 심리 조종자는 자신의 반대파를 똥개훈련 시키며 속으로 희희낙락한다. 그는 사방에서 끌고 온 무감각한 사람들을 이용하고, 가짜 철학적 격언들을 읊어대고, 이 주제에서 저 주제로 비약하고, 특수한 논증을 끌어다 쓰고, 도발하는 연기를 하고, 설상가상으로 상대가 깨닫지도 못할 만큼 천연덕스럽게 자기모순을 떠벌린다.

무익하고 비생산적이며 결과적으로 어리석기 짝이 없는 논쟁에 얼마나 많은 시간과 기력을 허비할지! 정신적 과잉 활동인은 한동안 심리 조종자의 생각을 뚜렷이 파악하지 못하기 때문에 그 생각이 자기 생각보다 독창적이고 복잡하다고 믿는다. 어렸을 때부터 지적 자극을 받지 못해 지루해 죽을 것 같던 뇌가 드디어 자기 기대에 걸맞은 도전과제를 찾았다. 놀랍도록 영리해 보이는 저 사람의 생각을 이해하겠다는 과제 말이다. 정신적 과잉 활동인이 심리 조종자들의 존재와 행동 방식을 알지 못한다면 그들을 이해할 만한 단서가 너무 부족하다……. 심리 조종자란 그가 이해할 수 없는 족속이니까.

그러나 의미도 없는 것에 의미를 부여하려 애쓰는 이 시간이야말로 복잡다단하게 돌아가는 뇌에게는 더없이 행복한 시기다. 정신적 과잉 활동인은 비로소 자기가 살아 있고, 깨어 있고, 짜릿한 자극을 받는 느낌이 든다……. 그래서 상대가 전혀 복잡할 것 없고 단지 조롱과 불화를 좋아하는 사람일 뿐이라고 밝혀지면 실망은 이루 말할 수가 없다.

대단한 도전 욕구에 도취되기

자극과 복잡한 것을 좋아하는 이 비대한 뇌는 도전, 과제, 드높은 목표를 찾아다닌다. 이미 느꼈을 텐데, 여러분의 뇌는 도전이라면 정신을 못 차린다.

안타깝게도 심리 조종자와의 만남은 이 욕구에도 부응한다. 그 사람은 여러분이 바라는 이상으로 이 욕구를 채워 줄 것이다. "해 볼 테면 해 봐!" 심리 조종자는 초등학교 운동장 때부터 그렇게 외쳤을 것이다. 이제는 아무것도 못하는 척, 쩔쩔매는 척, 뭐부터 시작해야 할지 몰라 당황한 척한다. 그러면 당신이 번개처럼 달려와…… 자기 일을 대신해 주니까. 당신은 도전 욕구, 쓸모 있는 존재가 되고 싶은 욕구, 자기 가치를 입증하고 싶은 욕구에 휘둘려 결국 그 사람의 엄마 또는 아빠처럼 모든 것을 떠맡을 것이다. 당신은 그 사람에게 부모 같은 존재가 되었구나 느끼겠지만 천만의 말씀, 심리 조종자는 당신을 고품격 무료 관리사무소 비슷하게 생각할 것이다!

점입가경으로, 만약 그가 인생이 망가진 사람(부모, 옛 배우자, 회사 사장 때문에 인생을 망쳤다는 레퍼토리)이라고 믿는다면, 당신의 모든 것으로 그를 회복시킬 수 있다고 생각한다면 이미 졌다. 정의감 욕구가 남다른 당신은 그런 구제 활동이 무슨 고결한 대의명분처럼 느껴질 것이다. 죄 없는 사람이 입은 피해를 보상한다는 명분이랄까. 그래야만 한다고 믿는 동안은, 특히 당신이 할 수 있다고 믿는 동안은 행복할 것이다. 성배를 찾아 나선 용맹한 기사처럼 그 사람을 위해 당신의 기력, 지성, 친절, 봉사를 아낌없이 바칠 것이다.

심리 지배는 이런 여정이 당신의 모든 욕구를 채워 줄 수 있으리라는 환상에 상당 부분 기반을 둔다. 까다로운 도전, 정의, 자기 존재의 쓸모에 대한 욕구, 그리고 무엇보다 자기 삶에 의미를 부여하고 싶은 욕구를.

의미를 찾아다니는 뇌

"나는 왜 살까? 나는 왜 죽을까? 나는 왜 웃고 우는 걸까? S. O. S. 이 절망에 빠진 지구인을 구해 줘."

코미디 뮤지컬 〈스타마니아Starmania〉에 나오는 이 노래 가사는 정신적 과잉 활동인의 불만을 잘 요약해 보여 준다.

여러분이 하는 말을 들으면 여러분에게 지상에서의 삶은 부조리하고 무의미하기 짝이 없는 것 같다. 이 삶은 여러분의 가치관, 기대, 이상주의와 잘 맞지 않는다. 역설적이게도, 인간의 부와 복잡다단한 정교함을 이루는 것들은 전부 비인간적으로 보인다!

여러분은 지상에 머무는 동안의 삶에도 의미를 부여하고 싶지만 환경은 그럴 여지를 거의 주지 않는다. 여러분이 거창하게 생각하는 인생의 사명은 현실 부정과 별다르지 않을 만큼 이상적이고 감히 엄두를 내기 어려운 수준이다. 쓸모 있는 사람이 되고 싶다는 열망이 여러분의 마음 깊은 곳에서 우러난다. 이 때문에 심리 조종자가 피해자 행세를 하면서 여러분에게 맡기는 구원자 역할은 거부하기 힘들 만큼 매력적이다.

이로써 파멸의 심리 게임으로 말려들기 위한 요소들이 모두 갖추어진다. '게임'이라는 표현이 일견 부적절해 보일지도 모르겠다. 인간관계가 게임처럼 유쾌하거나 재미있지는 않기 때문이다. 그렇지만 게임이라는 개념은 심리 지배라는 상호작용의 규약화된 불변적인 측면에 딱 맞는다. 교류분석은 이 유해한 인간관계를 오랫동안 연구해 왔다. 스티븐 카프먼Stephen Karpman은 그런 연구를 종합하여 '드라마 삼각형'이라는 개념으로 묶었다.

드라마 삼각형에는 피해자, 박해자, 구원자라는 세 역할밖에 없다. 이 삼각 구도 속에서 심리 조종자가 피해자 역할을 오랫동안 붙잡고 놓지 않는다면 당신은 구원자 아니면 박해자 가운데 하나를 선택해야만 한다. 마침 구원자 역할은 당신의 에고를 충족시키고 긍정적인 자기 이미지를 준다. 이 역할은 우리가 힘 있고, 쓸모 있고, 강력하고, 안정감 있고, 이타적이고, 너그럽다고 느끼게 하는 반면, 우리를 부적절한 도움의 악순환에 빠뜨린다. 상대의 자율을 돕는 대신 상대를 어린애 취급하는 도움, 문제를 해결하기는커녕 질질 끌면서 더욱 악화시키는 도움은 부적절하다.

드라마 삼각형 안에서 구원자 역할을 거부한다면 남는 것은 박해자 역할뿐이다. 객관적으로는 구원자도 이 배은망덕하고 구제불능인 피해자를 내쫓고 싶은 마음이 불쑥불쑥 치밀어 오른다. 그렇지만 자기가 나쁜 놈이 되어 버리는 스토리는 영 마음에 들지 않는다. 게다가 박해자 역할은 본인의 인도주의적 신념 체계에 완전히 위배된다. 그렇지만 함정에서 벗어날 때에는 어김없이 박해자의 모습을 띠게 마련이다.* 심리 조종자는 호되게 단속되어야만 얌전해진다. 구원자 역할은 자기가 보통 사람들보다 더 너그럽다는 자부심을 주지만 피해자를 스스로 문제를 해결할 능력이 없는 사람으로 멸시하는 입장이다.

그냥 돕는 게 아니라 현명하게 돕는 것이 중요하다. 다행히 건강한 도움 관계도 분명히 존재한다. 명심할 것이 있다. 아무리 상대에게 좋은 일이라 해도 대신해 주면 안 된다. 그에 더해 자율, 책임, 공정한 교환이라는 기준을 지키는 것으로 충분하다. 이 같은 해방의 기준이 심리 조종자에게는 전혀 달갑지 않을 것이다. 그리고 정신적 과잉 활동인은 정서적 의존증 경향이 있

◆ 크리스텔 프티콜랭, 이세진 옮김, 《나는 왜 네가 힘들까》, 부키, 2016.

기 때문에 때로는 그들에게도 달갑지 않을 것이다. 여러분도 이미 눈치를 챘겠지만 드라마 삼각형 게임은 정서적 의존의 메커니즘들을 상당 부분 드러낸다. 다른 사람이 자율적으로 살아갈 수 있게 내버려 두려면 그를 잃게 될 위험까지 무릅써야 한다.

~~~~~~~~~~~~~~~~

관계의 파국을
두려워하는 뇌

정서적 의존은 잘 알려지지 않은데다가 간과되기 쉬운 고통이다. 외부인의 시선으로 보면 정서적 의존 관계는 황당하기 그지없다. 우리가 보는 것은 너 죽고 나 죽자 식으로 싸우는 커플, 더 정확히는 상대에게 온갖 구박을 당하면서도 그 사람을 사랑한다면서 절박하게 매달리는 피해자뿐이다. 저 사람은 마조히스트인가 봐, 틀림없어! 그냥 그렇게 생각할 수도 있다. 그렇지만 상황은 보기만큼 단순하지 않다. 여러분도 몇 대 맞든가 절벽에서 뛰어내리든가에서 하나를 선택해야만 한다면 몇 대 맞는 쪽을 택할 것이다. 맞고 사는 걸 좋아해서가 아니라, 차선책이니까 말이다.

그런데 정서적 의존증이 있는 사람들에게 관계의 파국이란 신체적 죽음보다 더 두려운 사멸이다. 이별은 마음을 의탁할 새로운 관계가 시작됐을 때에만 가능하다. 불행히도 새로운 관계 역시 이전과 동일한 패턴으로 굳어질 공산이 크다. 원인이 같으니 결과도 같다. 정서적 의존증이 있는 사람은 무시무시한 내면의 공허로 추락하기 않기 위해 타잔이 이 덩굴에서 저 덩굴로 건너뛰듯[*] 고통스러운 연애를 전전한다.

정서적 의존증은 상호 보완적인 두 입장으로 기울어진다. 바닥 없는 우물이 되어 상대를 돌봄의 자동판매기 비슷하게 전락시키든가, 한없이 솟아나는 분수가 되어 마구 퍼 줄 때에만 자신이 존재하는 느낌을 받는다든가. 이런 사람들은 종종 첫눈에 반해 연인 혹은 동업자가 되어, 무의식적이기에 더욱더 악독한 계약을 체결하곤 한다. '넌 영원히 날 돌봐 줘야 해, 어떤 희생이 따르더라도!' 요구하는 측은 거대한 소용돌이가 되어 상대의 에너지를 몽땅 빨아들일 것이요, 돌봐 주는 측은 '내가 너그러이 이 임무를 완수하면 넌 내게 평생 고마워하겠지!'라고 순진하게 믿다가 머지않아 환상에서 깨어날 것이다.[**]

블랙홀은 결코 채워지지 않는다. 그는 점점 더 많은 것을

---

[*] Pascale Piquet, *Le Syndrome de Tarzan*, Béliveau, 2015.

[**] 나는 이 사악한 계약과 그 결과를 《나는 왜 그에게 휘둘리는가》와 《심리 조종자와 이혼하기 : 풀타임 업무》에서 상세히 기술했다. 두 책에서 '심리 조종자와 당신 사이의 계약'을 참조하라.

원한다. 점점 더 차갑고 무심하고 변덕스럽고 침울하고 가치를 깎아 먹는 사람이 될 것이다. 자기에게 비굴하리만치 잘하는 파트너를 보란 듯이 멸시하고 질색할 것이다. 마르지 않는 분수처럼 돌봄을 제공하는 이는 구원자 임무에 실패할 것 같으니 더욱 안달이 나서 배우자에게 맞추려고 노력한다. 이리하여, 한쪽이 가증스럽게 굴수록 다른 쪽은 안절부절못하고 비위를 맞춘다. 이런 학대는 쌍방이 유지하고 악화시키는 메커니즘으로 굴러간다. 피해자는 해야 할 일을 하지 않고 해서는 안 될 일을 골라 한다. 상대를 호되게 단속하고, 일탈 행동을 금지하고, 존중을 획득해야만 한다. 우리가 배워야 할 행동은 이 책의 3부에서 자세히 다룬다.

사랑과 애착을, 애정과 소유욕을 혼동해서는 안 된다. 그 누구도 배우자의 섬이 될 수는 없다. 정서적 의존증에서 벗어나려면 자기가 무엇 때문에 이렇게 관계에 매달리는지부터 깨달아야 한다. 그리운 것은 엄마의 품이다. 세상에 태어나서 얼마 동안은 엄마가 우리의 유일한 사랑이었다. 우리는 따뜻한 엄마 품에서 안전하게 영양을 취하고 듬뿍 사랑을 받았다. 성장하고 자율성을 얻으면서 다양한 사람과 관계를 맺고 싶은 욕구가 생긴다. 정서적 의존증을 달래려면 다음 사실을 분명히 소화해야 한다. 이제 누군가와 헤어진다고 해서 내가 죽지는 않는다. 자기 내면의 공허는 자기가 채워야 한다. 사랑은 마음고생하려고 하는 게 아니다.

정서적 의존증은 당신의 이상주의 그리고 현실과 괴리된 융합적 애정관에도 바탕을 둔다. 완벽한 사람, 완벽한 관계란 존재하지 않는다. 당신이 이 엄연한 사실을 받아들이지 않는 한, 상대를 당신 기대에 걸맞게 바꾸어 보겠다고, 그리고 당신 자신을 상대에 기대에 맞춰 보겠다고 터무니없이 기력을 소진할 것이다. 결국 건강한 관계란 당신을 꼭 필요로 하지 않고 당신에게 변화를 요구하지도 않는 사람과의 관계다. 당신이 쉴 새 없이 당신을 개선할 수 있고 그래야만 한다는 생각을 버려라. 당신이 이미 불완전한 그 모습 그대로 완벽하다.

정서적 의존증 전문가 안마리 뒤프라Anne-Marie Dupras는《부서진 마음의 동반자 Le Compagnon du coeur brisé》에서 이렇게 말한다.

> "당신이 최고일 때도 나쁜 사람에게는 충분히 괜찮은 사람이 못 된다. 그런데 정말로 좋은 사람은 당신이 최악의 모습이어도 여전히 괜찮은 사람으로 본다. 당신이 사랑받기 힘들 것 같다는 느낌을 주는 사람들을 멀리하라. 당신이 원하는 사람은 당신을 자랑스러워하고 당신과의 만남을 행운이라고 생각하는 사람이지 그 반대가 아니다!"

지금까지 살펴본 신경학적, 정서적, 심리학적 특성 때문에 여러분은 심리 조종자가 마음대로 다루기 쉬운 먹잇감이 되기 쉽다. 지나친 이해심, 지나치게 타인을 돕고자 하는 욕구, 자기 자신이 안중에 없을 정도로 다른 사람이 잘되기만을 바라는 마음……. 이런 태도는 반쯤 이타적이고 반쯤 이기적이지만 어쨌든 완전히 논리적이다. 감수성이 예민하고 감정이입이 심한 사람은 타인의 감정 상태를 모조리 포착하기 때문에 타인이 평안하고 잘 지내야만 자기도 평안하게 잘 지낼 수 있다. 자기를 보호하고 칸막이 치는 법을 배우지 않는 이상, 여러분은 자신의 안위보다 다른 사람의 안위를 우선시하면서 살아갈 수밖에 없다. 그러나 심리 지배 관계에서 그런 태도는 전혀 도움이 안 된다.

심리 조종자와의 관계는 한마디로 사기다. 그 사람은 자기도 당신처럼 평안하고 행복하게 살고 싶다고 말하지만 실은 화합을 싫어하고 불화, 다툼, 험악한 불꽃이 튀는 분위기를 더 좋아한다. 당신의 구원자 역할을 훼방 놓는 것은 부모의 전능을 훼방 놓는 것과 마찬가지다. 주사위가 조작되었으니 게임은 이미 결판이 났다.

여러분은 좀 더 안전하고 만족감을 주는 틀 안에서 관대한 모습을 내보여야 한다. "순리에 따른 자비는 자기 자신에게 베푸는 자비다"라는 말도 있듯이, 여러분은 자신의 특성을 감안해서 자기 자신의 욕구를 충족시킬 생각을 해야 한다. 여러분은 자기 뇌에 어떻게 자양분과 좋은 자극을 제공할지 궁리하고, 스스로 삶의 의미를 부여하며, 분별 있게 삶의 사명을 건설하고, 본인이 선택한 도전 과제에 착수해야 한다. 또한 건강하고 믿을 만한 파트너를 선택할 수 있도록 사람을 보는 기준을 달리할 필요가 있다. 새로운 기준들에 비춰 보면 심리 조종자에게는 당신 마음을 들뜨게 할 구석이 전혀 없을 것이다.

7장
정반대의 두 세계가
만날 때

〰〰〰〰〰〰

투사가 부르는
심각한 오해

전통적인 심리학에서는 '투사'가 무의식적인 방어기제로 간주
되었다. 사물을 자기 관점에서 바라보게 만드는 이 투사 기제에
대해서는 다들 어느 정도 얘기를 들어 보았을 것이다.

> "주체는 투사를 통하여 자아가 받아들이기 힘든 감정이
> 유발하는 불안과 마주할 수 있게 된다. 주체는 그러한 감
> 정, 자기가 느끼는 욕망을 무의식적으로 타자에게 부여하
> 는 수법을 쓴다. 이로써 주체는 자신의 적대적 감정을 감

당할 수 있다. 그런 감정을 자기가 타자에게 부여한 공격에 대한 당연한 반응으로 간주하기 때문이다."[◆]

이 이론은 내가 속으로 느끼는 바를 타자에게 투사한다고 가정한다. 따라서 나는 타자에게서 나 자신을 이루지만 내가 직접 접근하지는 못하는 요소들을 본다. 타자에게서 보는 특성이 실상은 자신의 특성인 셈이다. 예를 들어 내가 누군가를 구두쇠라고 욕했다면 차마 내 특성으로 인정할 수 없던 나 자신의 인색함을 그 사람에게서 본 것이다. 나는 무의식적으로 그 결점은 내 것이 아니라 저 사람의 것이라고 확신할 것이다.

이 예를 조금 더 밀고 나가 보자. 나는 코메디 광장[◆◆]의 카페테라스에서 따뜻한 햇볕을 쬐면서 잠시 고즈넉한 시간을 누리고 싶다. 하지만 나의 동행은 "카페에서 이 음료를 이 값에 파는 건 도둑질이나 다름없어"라면서 한잔하자는 나의 제안을 거절한다. 나는 가격을 알지만 신경 쓰지 않고 그냥 지금 이 순간을 즐기고 싶은데 말이다. 투사 이론을 적용해 보면 실은 내가 무의식적으로 인색한 데가 있어서 동행을 구두쇠라고 흉보는지도 모른다. 보다시피, 이 이론은 타인의 일탈 행동을 타인에게

◆ Ariane Calvo et Clémence Guinot, *La Psychologie pour les nuls en 50 notions clés*, First, 2017.

◆◆ 프랑스 남부 도시 몽펠리에의 유명한 광장. 일생에 한 번은 활기차고 햇볕이 잘 드는 이 광장의 카페테라스에서 한잔하는 경험을 꼭 누리기 바란다!

묻지 못하게 하는 게 껄끄럽다. "자기가 구리니까 나보고 구리다고 말하는 거지!"

우리는 학교 운동장의 그 코흘리개를 다시 한 번 만난다. 게다가 심리 조종자는 당신이 자기 잘못을 투사하는 거라고, 잘못된 행동을 들키고도 자기는 그런 의도가 아니었는데 당신이 그렇게 갖다 붙이는 거라고 비난할 것이다. 그러면 당신의 복잡다단한 두뇌는 한동안 정말 그런가 싶어 골몰할 것이다!

투사에 대한 또 다른 오해는 우리가 심리 투사를 늘 부정적인 관점으로만 본다는 데 있다. 이를테면 우리는 불안을 가라앉히기 위해서 우리 감정을 타자에게 투사한다는 식이다. 하지만 긍정적인 투사도 분명히 있다. 남들에게서 탄복하는 부분은 내가 의식하지 못해서 그렇지, 내 안에도 있다. 내가 어떤 이의 유머 감각, 친절, 지성에 감탄하는 이유는 내게도 그런 자질들이 무의식적으로 존재하기 때문이다. 하지만 이렇게 생각하면 상대에게 그 자질들이 실제로 있는지 갑자기 의심스러워진다. 실제로 나는 여러분이 심리 조종자에게서 발견하는 온갖 좋은 자질들이 순전히 여러분 자신의 것이라고 생각한다. 좀 더 세게 말할 수도 있다. 여러분이 심리 조종자에게서 발견하는 인간적 면모는 모두 투사 기제에서 비롯된 것이리라.

정신분석가 장샤를 부슈Jean-Charles Bouchoux는《악성 나르시시스트와 그 희생자들Les Pervers narcissiques》◆에서 다음과 같은 흥미로운 이론을 전개한다. 나르시시즘에 빠진 변태의 내면에는 정면으로 마주할 수 없는 어두운 면이 있다. 그래서 자기를 분열시켜서 부정적인 면은 모두 피해자에게 투사한다. 그는 완전히 지킬 박사가 되어서는 자신의 먹잇감을 하이드 씨로 규정하고 자기 영혼의 어둠을 모조리 덮어씌운다. 이런 태도는 심리 조종자의 파괴 공작을 아주 잘 설명한다. 이 때문에 상당수의 심리 조종 피해자는 자살을 택할 정도로 힘들어지거나 의도적인 살해 공작에 휘말린다. 내가 미워하는 내 안의 그 부분을 죽여야만 한다. 그런데 그 부분은 너에게 가 있으니 네가 죽어야 해. 네가 그 부분과 함께 죽어야 한다고.

심리 지배 관계에서는 이 같은 투사가 극단까지 치닫는다. 심리 조종자는 자기 허물을 다른 사람에게서 발견하고 비난한다. 자신의 온갖 비열하고 타산적이며 악의적인 의도를 남에게 덮어씌우고 자기는 항상 책임을 요리조리 피해 간다. 이 때문에 무슨 일이든 그 사람 잘못이 아니라 당신 잘못이 된다. 그래서 그는 당신이 자기를 파멸시키려 한다고, 소통을 원하지 않는다고 비난한다.

◆ Jean-Charles Bouchoux, *Les Pervers narcissiques*, Pocket, 2014.

투사를 이런 식으로 설명하기 때문에 혼란은 가중된다. 과연 무엇이 다른 이의 것이고 무엇이 내 것이란 말인가? 내가 다른 사람에게 투사한 감정은 오로지 내 안에만 존재하는 것인가? 아니면, 실은 내가 그 사람의 진정한 본성을 얼핏 엿본 걸까? 이 혼란은 왜 피해자들이 어쩌면 심리 조종자가 자기편인지도 모른다고 생각하는지 잘 설명해 준다. 피해자들은 심리 조종자에게는 아무 고약한 의도나 잘못이 없는데 자기네들이 마음씨를 곱게 쓰지 않아서 자꾸 허물이 보이는 거라고 생각한다.

나는 투사 기제가 심리 지배 기제를 실제로 설명해 주지는 않는다고 생각한다. 장샤를 부슈의 견해에 동의하지만 한 가지만은 달리 생각한다. 심리 조종자의 투사 기제는 그보다 훨씬 유치하고 의식적이다. 심리 조종자는 공격이 최선의 방어라는 사실을 아주 잘 안다. 방귀 뀐 놈이 성낸다고, 자기가 일을 저질러 놓고 그 일로 당신을 공격한 끝에 당신을 환장하게 만든다. 내가 상담실에서 가장 상투적이면서 생각보다 굉장히 자주 만나는 경우는 폭력 남편이 아내를 마구 때리고서 자기 뺨에 난 손톱자국 하나 가지고 가정폭력으로 먼저 고소를 하는 경우다. 이런 투사 기제가 무의식적이라고? 믿을 수 없다.

어쨌거나, 의식적이든 무의식적이든, 심리 조종자의 투사 기제는 기본 중의 기본으로, 99퍼센트 믿고 써도 좋은 수단이다.

아주 간단하다. 그 사람이 당신의 어떤 점을 비난하는지 정신 똑바로 차리고 살펴보라. 틀림없이 자기 허물을 당신에게 전가하고 있을 테니까! "당신은 돈을 물 쓰듯 하는 여자야!" 그가 그렇게 소리를 질렀다면 당분간 조심하고 경계하라. 당신이 터무니없는 모함을 당하고서 변명하려고 부들부들 떠는 동안, 그는 희희낙락할 것이다. 그러고 나서 아마 며칠간 돈을 물 쓰듯 하는 사람은 당신이 아니라 그 사람일 것이다.

~~~~~~~~~~~~~~~~~

두 세계,
두 영토, 두 지도

전통적인 투사 기제가 정신적 과잉 활동인의 맹목적 태도를 잘 설명해 줄까? 나는 좀 회의적이다. 내가 보기에는 신경언어프로그래밍NLP이 제안하는 지도와 영토 개념이 정신적 과잉 활동인이 어째서 심리 조종자의 의식구조를 이해하는 데 그토록 어려움을 겪는지 파악하는 데 더 요긴한 것 같다. NLP에서는 한쪽에 현실이 있고 다른 한쪽에 현실에 대한 표상이 있다고 본다. 우리 가운데 누구도 현실을 객관적으로 빠짐없이 바라볼 수는 없다. 정보가 너무 넘쳐 나기 때문에 우리는 필연적으로 선별을 하고 상당수 정보를 한쪽으로 제쳐 놓는다. 이 선별은 분명히 주관적이다. 각각의 사람은 자기가 흥미롭고 진실되고 쓸모 있다고 생각하는 것에 주의를 집중한다. 지도 작성 과정을 떠올려 보자. 지도에 넣기 위해 발췌된 정보들 가운데 타당성을 고려하여 선택된 몇 가지 지형학적 정보들이 남을 것이다. 산악 등반 지도와 도로교통 지도는 똑같은 장소를 두고도 동일한 정보를 담지 않는다. 어떤 지도는 지대의 높낮이를 표시할 필요가 없을 테니까.

나는 이미 신경전형인과 정신적 과잉 활동인은 머릿속으로 생각하는 대인관계가 상당히 다르다고 말했다. 그 얘기를 여기서 좀 더 자세히 다뤄 보자. 신경전형인의 사유는 합리적이고 분석적인 좌뇌에 바탕을 둔다. 복잡성 사유는 감정적이고 통합적인 우뇌를 중심으로 이루어진다. 간단히 말해, 보통 사람들은 내 집과 네 집을 분명하게 구획 짓는 쪽문을 그릴 줄 안다. 정신적 과잉 활동인은 사람들을 널찍한 공원의 수풀과 관목처럼 생각한다. 공원에서 '내 집' '네 집' 개념은 의미가 없다. 그래서 신경전형인은 누군가 자기 영토에서 뭔가를 훔쳐 갈 수도 있다고 생각하지만 우뇌형 인간에게는 공원에서 수풀을 훔쳐 간다든가 하는 생각이 아무 의미가 없다.

이런 이유로 신경전형인은 가뭄이 들면 저마다 자기 집 정원에 물을 주어야 한다고 생각한다. 물을 구해다 내 정원에 뿌리면 그걸로 그만이다. 내 정원이 푸르게 잘 관리된다면 남의 정원이 다 말라 죽어도 딱히 충격받을 일은 아니다. 아니, 오히려 내 정원이 자랑스럽고 기분도 좋을지 모른다. 그저 이웃이 나만큼 정원을 부지런히 돌보지 않는다고 생각할 것이다. 그 사람은 안됐다만 할 수 없다. 나는 내 정원을 돌봤다.

한편, 정신적 과잉 활동인은 공원이 다 말라 죽을 수밖에 없다면 어느 한 수풀에만 물을 주는 게 무슨 의미가 있을까 생각한다. 다소 과장이 섞였지만 각자 생각의 논리가 다르다는 점을 보여 주는 예다. 정신적 과잉 활동인은 보통 사람들의 개인주의에 충격을 받기 일쑤다. 그렇지만 개인주의 논리가 어리석다고는 할 수 없다. 모든 개인이 자기 몫을 잘 관리한다면 세상은 잘 돌아갈 것이다. 반대로, 많은 이가 이상주의로 여기는 생각도 일관성을 지닌 통합적 사유일 수 있다. 정신적 과잉 활동인에게는 이해가 되지 않는 것들이 너무 많다. 다른 사람들이 불행하다면 자기만 잘 지내는 게 무슨 의미가 있을까. 다른 사람들이 다 이 방향으로 노를 젓는다면 자기 혼자 반대 방향으로 노를 저어 봐야 무슨 소용이 있을까. 모두가 배에 타고 있는데 수문을 열어 배를 가라앉힌다면 더욱더 미친 짓이다.

통합적 사유에서는 모두가 합의를 보고 협업으로 이득을 보는 것이 바람직하다. 그렇기 때문에 심술과 태업은 아무 의미가 없다. 그렇지만 심술과 태업은 세상에 엄연히 존재한다. 이 사실을 알고 현실적인 태도로 대처해야 한다.

'지도'와 '영토'는 NLP에서 근본이 되는 개념이다. 이 개념들은 무엇보다 각 사람의 현실에 대한 지각이 주관적이고 유일무이하다는 점을 이해시켜 준다. 현실을 바라보는 나의 시각(내 지도)은 현실(영토)이 아니다. 이 사실을 깨닫지 못한 사람들은 이따금씩 꽉 막힌 사고방식과 매우 옹졸한 정신을 드러내곤 한다. 자기 지도에 표시되지 않은 정보는 현실에 존재할 권리도 없다는 듯이 말이다. 인도주의적 가치관이 보편적이라는 듯이 매사에 적용하고 싶어 하고 심지어 불관용적인 태도를 보이기까지 하는 정신적 과잉 활동인도 그 점은 마찬가지다. 불관용에 대한 불관용도 어쨌든 불관용이다. 예를 들어, 어떤 동물보호단체 회원들은 가혹한 상황을 고발하면서 그 잔인성이 무색하리만치 폭력적으로 투우나 모피 착용에 반대하는 행동을 벌인다. 과격한 행동은 그들이 지지하는 대의명분을 떨어뜨린다.

'지도' 개념에서 중요한 두 번째 측면은 지도가 포함하는 정보의 수에 있다. 언뜻 생각하면 정보가 빈약한 지도는 제한적인 용도로만 쓰이지만 정보가 풍부한 지도는 도움이 된다. 물론, 정확하고 상세한 지도는 그 자체로 좋은 시작이다. 그렇지만 정보가 풍부하다 못해 넘쳐 나는 정신적 과잉 활동인을 오랫동안 상대해 보니 정보의 수는 필요조건이지 충분조건은 아니라는 생각이 든다. 나아가, 너무 많은 정보는 정보를 죽인다. 어떤 정신의 지도는 정보를 좀 삭제해서 여백을 두는 편이 나을 듯 보이기도 한다. 이런 생각이 NLP에서는 정통에 속하지 않을 것이다. 그리고 정보의 위계질서가 잡혀 있으면 활용하기에는 좀 더 낫다. 도로교통 지도에서도 도로들은 중요도에 따라 서로 다른 굵기의 선으로 표시된다. 정신적 과잉 활동인의 지도에는 고속도로와 오솔길을 막론하고 모든 길이 똑같이 표시되어 있다고나 할까.

마지막으로, 비록 믿고 싶지는 않겠지만 방향을 잡는 데 꼭 필요한 정보들도 지도에 추가할 수 있도록 정보를 여과하는 필터들을 심도 깊게 청소할 필요가 있다. 정신적 과잉 활동인은 이상주의에 갇혀서 자기 신념을 어지럽히는 데이터들을 지도에 추가하기를 거부한다. 내가 도입부에서 언급한 저 유명한 '기억상실'이 상당 부분 설명된다. 어느 사람은 상담 도중에 "하지만 전 세상이 제가 믿는 것과 다르다는 사실을 알고 싶지 않다고요!"라고 외칠 정도였다.

문제는 이런 사람이 존재조차 몰랐던 사이코패스의 생각과 부딪힐 때 일어난다. 갑자기 우리의 심리적 풍경 속에 뭔가 얼음처럼 차가운 것, 소름이 쭈뼛 서게 하는 낯선 것이 나타난다. 여러분은 부끄러운 듯 "그 생각이 문득 머릿속을 스치더라고요",

그렇게 뒤틀린 생각이 어떻게 들었는지 모르겠다는 고백을 털어놓는다. 그런데 아니다! 여러분이 배배 꼬여서 그런 생각이 든 게 아니다……. 바람 빠진 타이어로 고속도로를 주행한 아내의 사연을 다시 떠올려 보자. 그런 짓을 저지르는 머저리들이 실제로 존재한다. 여러분은 의심의 여지가 없는 사태를 목격하고서야 겨우 심리 조종자의 생각을 스치듯 파악한다.

이런 정보를 어떻게 할 것인가? 정보를 몰아내는 대신에 여러분의 정신 지도에 중요 표시로 남기는 편이 낫다. 여러분의 산악등반용 지도에 아름다운 오솔길뿐만 아니라 산사태가 자주 일어나는 지역, 험난한 협곡이 색색별로 표시되어 있다면 등산이 더욱 즐거울 것이다! 그 지역에 독사가 자주 출몰한다면 그 점도 알아 두는 편이 좋지 않을까. 배낭에 독을 뽑아내는 펌프라도 하나 챙기면 좋을 것이다. 그런 정보를 챙길수록 더 안전해진다. 나는 12년 전에 심리 조종에 대한 첫 번째 책을 쓸 때부터 여러분에게 심리 조종자들이 존재한다는 것을 알고 그들이 어떻게 행동하는지 알아 두라고 제안했다. 여러분의 정신 지도에 산사태가 자주 일어나는 지역, 추락 위험이 있는 협곡을 표시하라는 이야기다. 그러나 어떤 사람들은 정보를 거르는 필터가 너무 강력한 나머지 내가 자기들의 지도를 추잡한 얼룩으로 더럽히려고 그런 책을 썼다고 생각한다.

하루는 운전을 하는 중에 매우 이상한 일을 겪었다. 내비게

이션에서 목적지를 검색했더니 기껏해야 네 시간 걸릴 거라는 나의 예상과 달리 여덟 시간 걸린다고 나온 것이다. 이상하다 생각했지만 내비게이션 화면에 뜬 목적지 주소가 정확했기 때문에 굳이 확인하지 않았다. 그러다 고속도로에 진입했는데 황당하게도 내비게이션이 줄기차게 "고속도로에서 나오세요! 고속도로에서 나오세요!"라고 외치는 것이었다. 왜 이런 어처구니없는 일이 벌어지는지는 당시에 몰랐다. 한참 나중에야 내비게이션이 국도 우선 옵션으로 되어 있었다는 것을 알았다.◆

이 사소한 봉변은 우리 행동의 타당성 여부를 잘 보여 준다. 세상을 보는 내 시각에서 내가 세상을 돌아다니는 방식이 나온다. 제대로 된 정보를 가지고 있지 않거나 지도를 읽을 줄 모른다면 세상에서 이동하기가 힘들 것이다. 내 마음의 내비게이션은 어떻게 형성되어 있는가? 거기에 어떤 정보들이 담겨 있는가? 정보의 파라미터를 지정하고 잘 분류했는가? 누가 감히 거기에 손을 댔을까?

그리고 다른 사람들의 내비게이션에는 무엇이 담겨 있을까? 왜 그들은 멀쩡한 고속도로를 두고 딴 데로 가거나 시내에서 목적지를 못 찾고 빙빙 도는가?

◆ 누가 내 차 내비게이션을 건드렸는지는 현재 조사 중에 있다.

놀랍게도 찰떡궁합인 두 세계

정신적 과잉 활동인과 심리 조종자는 동일한 영토에서 만나지만 정신 지도가 근본적으로 다르고 지도를 읽는 법도 극과 극으로 갈라진다. 둘 다 자기 지도만 읽을 줄 알지, 상대의 지도에 나타난 표시들을 이해 못 한다. 한쪽 지도에는 화합, 인간다움, 이타주의, 청렴 등의 가치가 있다. 다른 쪽 지도는 전쟁, 잔혹, 탐욕, 거짓을 우선시한다. 이처럼 현실에 대한 표상은 피차 이율배반적이건만 역설적이게도 그 작동 방식들은 기막히게 상호 보완적이다. 여러분이 판단해 보기 바란다. 내가 찾은 상호 보완성들을 목록으로 정리했더니 정말로 한두 가지가 아니다.

전쟁 대 평화

앞에서 여러분 뇌의 욕구를 살펴보았다. 여러분의 연결 욕구는 심리 조종자의 서열 정하기 욕구와 충돌한다. 여러분은 평화를, 그 사람은 전쟁을 원한다.

> 세상의 평화는 우리 내면의 평화에 달려 있습니다. 우리가 공감, 대화, 타인의 권리 존중을 염두에 두고 문제에 접근할 수 있다면 힘과 무기에 호소하는 것보다 훨씬 더 나은

해결책이 될 겁니다. 외부의 무장해제는 내면의 무장해제
에 달린 일입니다.

- 달라이라마

정신적 과잉 활동인은 대부분 이 아름다운 격언에 온 마음
으로 동의할 테지만, 심리 조종자들은 비웃을 것이다. 어쩌면 그
들이 옳을지도 모른다. 객관적으로, 사실만 보자면, 달라이라마
의 말씀은 중국의 티베트 침략에 대하여 평균 이상으로 잘 통하
고 있지만 일반적으로 전쟁 중인 국가들에는 통하지 않는 것 같
다. 이런 판국에, 왜 모든 이가 평화를 소망한다고 고집스럽게
믿는가?

아멜리 노통브는 소설 《사랑의 파괴_Le Sabotage amoureux_》[*]에서
놀라운 통찰력을 담아냈다.

"전쟁은 1972년에 시작되었다. 그해에 나는 어마어마한 진
리를 깨달았다. 지상에서 없어서는 안 될 단 하나의 존재는 적이
다. 적이 없는 인간은 보잘것없다. 그의 삶은 무와 권태에 짓눌
린다. 적은 메시아다. 적은 그저 존재하기만 해도 인간에게 활력
을 불어넣는다. 적이 있음으로써 인생이라는 불길한 사고는 한
편의 서사시가 된다."

◆ 아멜리 노통브, 김남주 옮김, 《사랑의 파괴》, 열린책들, 2002.

이 소설에서 어린아이들 사이의 전쟁이 시작된 1972년, 노통브는 여섯 살이었다. 베이징 싼리툰 지구에서 그녀는 아이들끼리의 잔인한 전쟁에 적극적으로 참여하면서 삶의 활기를 찾는다. 소설가는 이렇게 관찰한다.

"온갖 국적의 아이들이 행렬을 이룬다고 생각해 보라. 그 아이들을 비좁은 콘크리트 공간 안에 몰아넣는다. 그들을 감시도 없이 자유롭게 내버려 두라. 그 아이들이 우정으로 하나가 되리라고 생각하는 자들은 순진해 빠진 바보들이다."

아멜리 노통브와 루이 페르고*가 멋지게 소설에서 써냈듯이, 할 일도 없고 어른의 감시도 받지 않는 아이들은 싸움에 금세 흥분하고 동정심이나 한계를 모르는 행동을 하곤 한다. 그런데 심리 조종자들은 단추 전쟁을 벌이는 딱 그 정도 나이에 정신연령이 고착되어 있다.

반면에 생각이 너무 많은 사람은 사랑과 평화와 화합이 넘치는 세상을 믿는다. 이 사람은 갈등을 두려워하고 잔잔하면서도 친밀한 관계를 선호한다. 참 희한하게도 심리 조종자는 그 반대다. 친밀함을 오히려 두려워하고 갈등에서 생명력을 느낀다. 그는 완전히 피해망상에 빠져 온 세상과 전쟁을 치른다. 싸

◆ 루이 페르고, 정혜용 옮김, 《단추 전쟁》, 낮은산, 2004.

움에 흥분을 느끼고, 자신의 못된 짓에 중독된다. 자기가 작정하고 일으킨 갈등에서 힘을 얻고 자신의 전능에 취한다. 한마디로 그는 휴전협정을 맺을 마음이 없다!

여러분은 감각이 예민하기 때문에 전쟁은 감각기관을 건드리는 것부터 시작된다. 그다음에는 삶의 기쁨이 위협당할 것이다. 음침하고 미움 많고 산통 깨기 좋아하는 사람에게 당신이 느끼는 삶의 기쁨은 일종의 도발이기 때문이다. 마지막으로, 이 전쟁은 신경학적이다. 우리가 앞에서 보았듯이 당신은 예측을 벗어난 것, 충격적인 것을 잘 관리하지 못한다. 심리 조종자는 일부러 예측을 벗어나는 충동적, 모순적 행동을 하고 늘 다급하게 사람을 압박함으로써 당신의 이런 약점들을 뻔뻔하게 이용한다. 당신의 병적인 인지적 종결 욕구를 이용하여 늘 뭔가 찜찜한 심리 상태에 처하게 할 것이다. 나아가 화를 낼 줄 모르는 당신 성격과 당신의 무방비 상태를 이용하여 분노발작을 퍼부으면서 공격할 것이다.

정신적 과잉 활동인들이 이런 상황을 겪고도 내게 뭐라고 하는지 아는가. "그 사람도 성질부릴 만한 이유가 있어서 그런 거예요!" 그래, 이유는 있다. 하지만 여러분이 생각하는 그런 이유는 아니다. 당신은 그 사람의 심리 지도를 올바른 방향으로 읽을 줄 모른다.

인간다움 대 잔혹성

심리 조종자에게 대가 없이 호의를 베풀면 그는 성질이 나고 두려움이 치밀어 올라 미칠 지경이 된다. 주판을 굴린 후에만 친절하게 굴 수 있는 그 사람은 당신이 왜 그렇게 행동하는지 이해를 못 한다. 그래서 당신이 무슨 꿍꿍이가 있나, 나중에 이 친절의 대가를 요구하지는 않을까 전전긍긍한다. 하지만 함정은 발견할 수 없다. 애초에 없으니까. 그런데도 심리 조종자는 당신에게 사악한 계산이 깔려 있고 자기는 위험한 입장에 처해 있다고 믿는다. 그 사람은 쓸데없이 심술을 부리는데 당신은 이 사실을 이해하지 못한다. 정말 믿을 수가 없지 않은가? 당신은 악의를 상상할 능력이 없고 그 사람은 대가 없이 베푸는 친절의 유익을 이해할 능력이 없다.

여러분은 친절을 인간관계의 핵심 가치라고 생각한다. 여러분이 스스로 존중받는 법만 안다면 96퍼센트의 사람에게는 그런 생각으로 대해도 된다. 하지만 4퍼센트에 해당하는 심리 조종자들은 인도주의적 가치를 약점이나 바보짓으로밖에 생각하지 않으므로 달리 상대해야 한다. 그들에게는 악의가 핵심 가치다. 악의가 곧 다른 사람들보다 강하고 약삭빠르다는 증거라고 생각하기 때문이다. 여러분은 따뜻하고 그들은 냉랭하다. 여러분은 사랑을 좋아하고 그들은 미움을 좋아한다. 그건 그들의 선택이고 권리다.

그들에게 여러분의 평화를 강요하지 말되, 그들의 전쟁에
말려들지도 마라.

이타주의가 나르시시즘을 살찌울 때

생각이 너무 많은 사람들은 자기 이익에 연연치 않고 좀 헤프다
싶을 만큼 자발적으로 너그러움을 베푼다. 신경전형인과는 달
리, 이들은 자기가 준 것을 헤아리지 않는다. 사회학자들이 말하
는 '논 제로섬 게임'을 본능적으로 수행하는 것이다. 제로섬 게
임의 경우에는 승자가 있으면 패자가 있고, 승자의 이득과 패자
의 손실을 합치면 0이 된다(+1 – 1 = 0). 내가 이기면 네가 지고,
내가 지면 네가 이긴다.

그런데 논 제로섬 게임에서는 손실이 없다. 다음과 같은 상
황을 논 제로섬 게임으로 묶을 수 있을 것 같다. 어떤 운전자가
주차를 하고 있었는데 지나가던 행인이 라이트를 끄지 않았다
고 알려 준다. 계산대 앞에 줄을 서 있던 손님이 30초 정도 시간
을 내어 다른 손님이 떨어뜨린 장갑을 주워서 건넨다. 논 제로섬
게임에서는 내 행동이 내게 이득이나 손실을 가져다주지 않는
다. 나는 잃은 것도 없고 얻은 것도 없다(누군가에게 도움이 되었다
는 기쁨, 상대의 환한 얼굴을 보는 기쁨을 제외한다면). 하지만 상대는 뭔
가를 얻는다(0 + 1 = 1). 나는 손해 보지 않았지만 상대에게 이익

이 생긴 것이다. 아, 물론 라이트를 끄지 않거나 장갑을 잃어버린 사람을 오전 내내 찾아다녔다면 손해가 없다고 하기 힘들겠지만 말이다.

그런데 심리 조종자가 피해자를 무료 서비스 제공자 취급하는 관계에서는 논 제로섬 게임이 오래가지 못한다. 앞에서 마르지 않는 분수와 바닥 없는 우물 이야기를 했다. 둘 다 균형이 무너진 상태긴 하지만 서로 상호 보완적 관계니까 손발이 맞을 수는 있다. 정신적 과잉 활동인은 너무 많이 내주면서 자기가 준 것의 가치를 낮추어 본다. 심리 조종자는 배은망덕하게 욕심 부리고 게걸스레 가져가거나 아예 요구만 하든가 한다. 그가 뭔가를 줄 때에는 항상 최소한으로, 이해타산을 따져 내주며 자기가 치른 값을 부풀려 떠벌린다.

하지만 받을 줄 모르는 사람은 그 정도에도 충분히 감격한다. 그래서 내가 곧잘 여러분에게 "감사하는 마음이 과도하게 발달했다"고 짓궂게 말하곤 하는 것이다. 실은 둘 가운데 어느 쪽도 소박하고 겸허하게 고마움을 표현할 줄 모른다. 한쪽은 남들의 행복을 위해서 자기를 희생할 작정까지 한다. 얼마나 잘된 일인가. 마침 상대편은 남의 희생으로 얻는 자기만족을 아주 당연하게 생각하고 있으니!

이 불공평한 증여와 사취의 축에서 핵심은 에너지다. 여러분은 생기와 활력이 가득한 사람들인데 심리 조종자들은 속이 텅 비었고 게으르다. 한번은 어느 심리 조종자가 내게 뻔뻔하리만치 속을 터놓고 아내와 같이 사는 이유를 말했다. "아내는 기력이 남아도는데 난 그렇지 않거든요." 한술 더 떠 이렇게 덧붙였다. "난 그루터기에 붙어사는 버섯 같아요. 그 사람 기운으로 사는 거죠!" 분명히 짚고 갈 만한 말이다. 이 말이 다시 한 번 증명해 주듯이 심리 조종자들은 여러분이 생각하는 것보다 훨씬 분명히 자기 소행을 의식한다.

작가 대니얼 로즈와 캐슬린 로즈는 《흡혈귀들 Vampires: Emotional Predators Who Want to Suck the Life Out of You》◆에서 심리 조종자와 그가 빨아들이고 소진시키는 에너지 문제를 흡혈귀라는 은유로 완벽하게 담아냈다. 실제로 이런 인간들은 흡혈귀가 피를 빨아먹듯이 남의 에너지를 빨아먹고 산다. 그들과의 상호작용에서 벗어날 때면 최후의 한 방울까지 다 털리고 탈진해서 쥐어짜도 나올 게 없다! 그런 인간들이 애프터서비스 창구에, 회사 안에, 가족이나 지인 중에도 넘쳐 난다. 그들과의 교류는 피곤하기 그지없다. 그렇다. 여러분은 에너지가 남아돈다. 나는 여러분이 정신적 괴롭힘에서 벗어난 후 얼마나 신속하게 만신창이 상태에

◆ Daniel & Kathleen Rhodes, *Vampires: Emotional Predators Who Want to Suck the Life Out of You*, Prometheus Books, 1998.

서 일어나는지 지켜볼 때면 경이로움을 느낀다.

하지만 원자로처럼 에너지가 넘쳐 난다고 해서 다른 사람에게 빼앗겨도 괜찮은 것은 아니다. 더욱이 그 사람은 당신에게서 훔쳐 간 에너지를 재활용하지도 못한다. 여러분의 소중한 시간, 돈, 에너지를 부정적이고 생산성 없는 관계에 소진하지 마라. 그보다 훨씬 나은 사용처들이 널리고 널렸다.

청렴 대 사기

한참 앞에서 지능에 대한 얘기를 했다. 나는 똑똑한 사람일수록 심리 조종에 취약할 수도 있다고 했다. 그뿐만 아니라 똑똑한 사람은 인도주의적 윤리와 책임감이 투철하게 발달할 공산이 크다. 정신적 과잉 활동인은 매사에, 심지어 자기와 별 상관없는 일에까지 책임을 느낀다. 이 사람은 자기 행동에서 빚어지는 결과를 예측하거나 어떤 문제를 원인까지 거슬러 올라가 보는 것을 당연시한다. 또한 기꺼이 자기 잘못을 인정하고 자기비판을 할 줄 안다. 진심으로 자신의 성실, 정직, 반듯함을 실천하면서 살고 싶은 마음이 있다. 참여하고 헌신할 줄 아는 사람이기에 자기가 한 약속은 어떤 상황에서든 지키고 싶어 한다. 의리, 청렴, 정의는 그에게 아주 중요한 가치들이다. 이 사람은 이런 가치들이 심리 조종자의 안중에 없다는 생각을 눈곱만큼도 못 한다.

미성숙한 심리 조종자가 얼마나 파렴치하고 양심이 없는지 그도 좀 알면 좋으련만! 심리 조종자는 자기 행동이 불러올 결과에 아랑곳하지 않으며 자기는 뭔 짓을 해도 벌을 받지 않는 것처럼 생각한다. 어리석으면서도 약삭빠르다. 순진한 사람들을 쉽사리 등쳐 먹을 수만 있다면 위선과 거짓도 제법 쓸 만한 무기다. 유아적인 전능 환상에 빠져 있을 때에는 바보들이 자기 말을 곧이곧대로 믿는 모습보다 재미난 게 없다!

아이처럼 자기가 말만 하면 뭐든 다 되는 줄 아는 사람은 행동보다 말이 앞선다. 여기저기서 자기가 대단한 일을 한 사람, 배포가 큰 사람처럼 떠벌리고 다니지만 실은 손가락 하나 까딱하지 않는다. "내가 ○○를 하려면 할 수 있었는데 말이야"까지만 말해도 허다한 이들이 반쯤 넘어오니까. 말의 마법에 빠진 사람은 결코 지키지 않을 온갖 약속을 남발한다. 어쨌든 모두들 안다. 약속은 말한 사람이 아니라 듣는 사람이 지키는 거다! 약속을 믿은 사람들은 고소하게 됐다! 심리 조종자는 의무에 매여야 한다는 생각 자체가 없다. 그는 문서화된 의무, 법적 의무조차 무시하려면 무시할 수 있다. 정신적 과잉 활동인처럼 책임감이 유독 투철한 사람으로서는 상상도 못 할 사고방식이다.

사실 정신적 과잉 활동인은 자아가 상당히 위축되어 있기 때문에 항상 자기가 사기를 치는 것 같다고 느낀다. 정작 사기의 제왕은 그의 눈앞에 있으며 진짜 사기꾼은 양심의 가책이 뭔지도 모른다! 얼마나 역설적인가. 진정한 사기꾼은 의식적으로 사기를 치면서도 부끄러움이나 후회를 느끼지 않는다.

이제 이해했으리라. 심리 조종자와 정신적 과잉 활동인이 얼마나 서로를 이해하기 힘든지 말이다. 그 둘은 완전히 정반대라서 상대의 실체를 파악한다는 것이 불가능하다. 정신적 과잉 활동인의 정직과 청렴이라는 신념 체계는 심리 조종자의 사고방식과 완전히 대척점에 있다.

마지막으로, 심리 조종자는 당신의 실체가 뭐가 됐든 관심 없다는 차이가 있다. 어차피 자기 스타일을 강요할 건데 당신의 실체가 무슨 상관인가. 그러나 당신은 본인의 천사표 가치관을 통하여 그 사람을 이해하기를 진심으로 바라고 애쓴 나머지 결국 그의 공모자 비슷하게 전락할 것이다.

심리 조종자는 도덕과 법에 개의치 않고 살아가는 악당이다. 당신은 창의적이고 우수한 두뇌를 십분 활용해 그에게 보급로를 뚫어 주고 그가 유유자적하니 못된 짓을 할 수 있도록 절묘한 핑계와 알리바이를 만들어 줄 것이다.

생각이 많은 사람과 심리 조종자 사이의 상호 보완성

정신적 과잉 활동인	심리 조종자
평화	**전쟁**
화합 욕구	혼돈을 좋아함
갈등에 대한 두려움	갈등 욕구
친밀해지고자 하는 용기, 연결 욕구	친밀함에 대한 두려움, 알력관계 욕구
감각 과민증	과도한 자극으로 내면의 공허를 상쇄하고자 함
삶의 기쁨	흥겨운 분위기 망치기
예측에서 벗어난 것과 충격적인 것을 관리하기 어려워함	예측 불능, 충동, 모순, 긴급성을 앞세운 압박
무방비	공격적
화를 낼 줄 모름	화를 매우 잘 냄
인지적 종결 욕구	미결 상태를 일부러 지속시킴
인간다움	**잔혹성**
사랑, 친절	증오, 심술
대가를 바라지 않는 호의	쓸데없는 악의
타인의 악의를 잘 생각하지 못함	대가 없는 호의를 상상하지 못함
판단을 거부하고 남의 흉을 보기 싫어함	멸시, 비난
온정	냉담함
휴머니스트	사이코패스
성찰	내실 없음, 현실부정, 정체된 사고
지성	어리석음

이타주의	나르시시즘
감사, 너그러움	배은망덕, 인색
헤프다 싶을 정도로 자기 이익을 돌보지 않음	탐욕, 계산
다른 사람의 행복을 위해 자기를 희생할 수 있음	남들이 자신을 위해 희생하는 것을 당연시함
에너지가 넘침	게으름
원자로처럼 에너지를 생산함	흡혈귀처럼 에너지를 빨아들임
청렴	**사기**
지나친 책임감	무책임
진정성	위선
성실	거짓말
정직, 올곧음	속이고, 훔치고, 사기 치기
투명성	은폐
약속을 지키는 자세	지키지 않을 약속
자기를 앞세우지 않으면서 행동함	행동이 따르지 않는 말
의리	배신
사기꾼이 된 것 같은 느낌	진짜 사기꾼
공모자	**악당**
수단을 보급해 주고 핑계와 알리바이를 만들어 줌	도덕과 법에 개의치 않고 살아감

3부

당신이
'자꾸'만 빠지는
함정의 실체

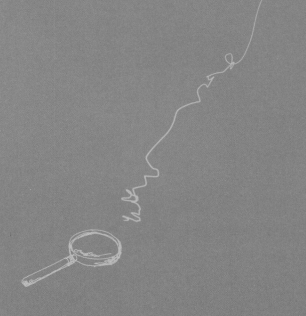

여기까지 잘 따라온 독자들은 무슨 수를 써서라도 불공평하고 유해하며 에너지를 잡아먹는 이런 인간관계에서 벗어나고 싶다는 생각을 당연히 할 것이다. 이제 높은 봉우리 하나만 넘으면 그다음부터는 산비탈로 내려가 자유로이 걸어갈 수 있다.

3부에서는 원인과 결과를, 다시 말해 우리를 가장 심란하게 만드는 원인이나 가장 당혹스러운 결과도 외면하지 않고 전부 정면으로 직시할 것을 제안한다. 이런 대가를 치러야만 여러분은 구원의 계기를 만날 것이요, 두 번 다시 잠들지 않을 테니까. 그다음부터는 마음이 홀가분해질 것이다.

8장
피해자 역할에서
공모자 역할로

악을 막지 못한 자가 악을 돕는다.

― 키케로

이 장은 아마 여러분 마음에 들지 않을 것이다. 그렇지만 이 부분도 지적으로 정직하게 탐독하고 자기 행동의 결과들을 분명히 직시하기 바란다. 죄의식을 차단하는 가장 좋은 방법은 자기 책임을 정면으로 보는 것이다. 심리 조종이라는 현상을 잘 모르는 사람이 (본인은 모르지만 객관적으로는) 심리 조종 피해자일 수 있다. 앞에서 보았지만 심리 조종자의 수작질은 인간관계의 통상적 영역에서 벗어나 있다. 그는 적절한 해석을 못 하기 때문에 적절하게 행동할 수도 없다.

정보에 접근할 수 있고 정보를 이용할 수도 있는데 정보 파악을 일부러 거부한다면 그것부터가 당신 책임이다. 굳이 여러분에게 일깨우자면, 모래 속에 고개를 처박고 현실을 외면하는 타조의 자세는 뒤에서 발로 차이기 딱 좋은 자세다⋯⋯. 그렇지만 여러분이 정보에 접근해 상황이 어떻게 돌아가는지 알았는데도 단지 여러분의 이상주의 때문에 현실을 보지 않으려 할 수도 있다.

이런 식으로 행동한다면 그때부터 여러분은 피해자도 아니고 구원자도 아니고 영락없는 공모자가 된다. 이 점을 이해하기 바란다. 인구의 2~4퍼센트의 일탈과 잔혹 행위를 눈감아 준다면 그건 인류 전체에 대한 배신이다.

~~~~~~~~~~~~~~~~~~

메시지와 메신저

《나는 생각이 너무 많아: 생존편》을 읽은 독자들은 아멜리가 내게 보낸 장문의 이메일과 이 대목을 기억할 것이다.

저는 나르시시즘에 빠진 변태들 얘기가 가장 충격적이었습니다. 선생님은 그들이 뼛속까지 못돼 먹었고 달라질 가망이 전혀 없다고, 끈질기다 싶을 정도로 거듭 말하고 강조했어요. 저는 선생님이 마녀사냥을 한다는 인상을 받았고 왜 그렇게까지 그들을 비난하는 데 열을 올리는지 이해할 수 없었어요. …… 왜 그들을 근본까지 잔인하고 위험하다고 보는지 이해가 안 가요. 그들이 자기는 뭐든지 할 수 있다는 감정, 신나는 우월감에서 자기만족을 얻는다는 건 알아요. 하지만 그들도 그렇게 사는 게 행복하지는 않을 것이고, 의식을 하면서도 그러는 건 아니라고 생각해요. 어떤 경우에도 인간인 이상 순전히 의도적으로 악할 수는 없지 않나요? …… 네, 확실하게 말하지요. 제가 보기에는 그렇게 못된 사람들이 존재한다는 생각을 심어 주는 선생님이야말로 '못된' 사람입니다(선생님이 진짜로 못됐다고 생각하는 건 아니지만요). 어떻게 그렇게 이해심 없는 태도로 쉽게 판단을 내리는지 이해가 안 가요. …… 솔직히 그런 의견에는 절대 공감할 수 없고, 기가 막힐 따름입니다.♦

불이 나서 누군가 "불이야!"라고 외치면 그 사람을 두들겨 패야 할까? 이제 메시지와 메신저를 혼동하지 않았으면 한다. 여러분이 객관적인 자세로 주의 깊게 내 책들을 읽었다면 내 주

♦ 아멜리의 이메일을 발췌해서 인용했음을 밝혀 둔다.

장이 이데올로기가 아니라 사실에 입각해 있음을 알 것이다. 나는 사실만을 이야기한다. 내가 들은 증언을 전달한다. 내가 전개한 분석을 넘겨준다. 이런저런 이론들과 해결책들을 제안한다. 이 모든 것을 도발치료로 담아내기는 한다만, 아멜리가 말하는 것처럼 '마녀사냥'에 나선 적은 없다. 나는 단지 심리 조종자들을 멀리하고 여러분 자신을 보호하라고 했을 뿐이다. 심리 조종에 저항하는 기법을 가르쳤고 그들이 여러분에게 끼친 악을 바로잡으라고 했다. 나는 심리 조종자들과 '개인적 원한'을 청산하려는 게 아니다.

나는 심리 조종자들을 멸절시켜야 한다고 말하거나 글로 쓴 적이 없다. 오히려 변화시키겠다는 생각을 버리고 그들이 어떻게 살든지 그냥 내버려 두라고 말하는 입장이다. 내가 불쌍히 여기지도 않고 걱정하지도 않는 이유는 그들이 어차피 늘 자기 마음대로 살 것이요, 새로운 먹잇감을 금세 찾을 수 있기 때문이다.

다행히 내 책이 자기를 '구원'했다며 뜨거운 감사를 표하는 독자 편지도 많이 받았다. 그런 편지가 얼마나 고마운지 모른다. 그렇게 말해 주는 독자들이 없었다면 아마 진즉에 이 일을 때려치웠을 것이다. 전에 없던 주장을 처음 공개적으로 펼치는 책 한 권을 쓰려면 얼마나 용기를 쥐어짜야 하는지 이해하는 사람은 극히 드물다. 《나는 생각이 너무 많아: 생존편》에서 나는 여러분이 심리 조종을 관리하는 방식에 대해 분통을 터뜨리고 실망을 표현했다. 나의 분노와 실망은 엉뚱하게 해석되었고 잘못 받아들여졌다. 여러분은 혐오감을 느꼈고 그 사실을 내게 알리기를 조금도 주저하지 않았다. 한 독자는(단 한 사람만이!) 나의 분노를 충분히 이해하고 자신의 의도와 다르지만 자신을 보호할 방법을 찾아 주어 고맙다고 인사를 전했다.

나는 꽤 오랫동안 여러분의 비난 가득한 시선, 일그러진 얼굴, 충격받은 듯한 표정을 마주해 왔다. 여러분의 비언어적 표현을 읽을 줄 안다! "프티콜랭 씨는 자기 심보가 고약하니까 인구의 2~4퍼센트는 못돼 먹었고 본인들이 그 사실을 알면서도 일부러 그런다고 말하지!" 다행히도 여러분은 대놓고 화를 낼 줄 모르는 사람들이기 때문에 내가 그 공격성을 정면으로 접할 일은 거의 없다. 그렇지만 이메일, 블로그, 페이스북에서는…… 여러분도 아주 신랄해질 수 있다.

어떤 블로거는 독자들이 반드시 생각해야 할 바가 무엇인지 설명할 수 있을 만큼 자기가 똑똑하다고 믿은 모양이다. "크리스텔 프티콜랭은 본인이 대상에게 꽤 빠져 있는 듯 보인다(특히 친절한 정신적 과잉 활동인들은 모두 사랑이 넘치는데 못되고도 못된 심리 조종자들은 속이 텅텅 비었고 정신적 과잉 활동인들을 잡아먹으려 든다는 대목이 그렇다……. 내가 대단히 과장한 표현이 아니다)." 이 어리석고 냉소적인 포스팅과 내가 코칭하는 피해자들의 절망을 함께 생각하다가 솔직히 말해 증오심마저 치밀어 올랐다. 특히 못되고도 못된 심리 조종자들이 작정하고 자기 자식조차 상대편을 벌주기 위한 복수의 도구로 삼을 때가 그렇다. 그러니 제발 메신저에게 총부리를 겨누지 말고 메시지에 좀 더 주의를 기울여 주기 바란다.

변호사 역할

카프먼의 드라마 삼각형에는 아주 약간의 수고로 후광을 두르고 주목을 받을 수 있는 심리게임이 하나 있다. 이름은 '변호사 역할'이다. 구원자 역할을 맡는 데서 출발하여 '공격당하는' 사람을 철두철미하게 보호하는 행세를 하면 된다. 그냥 측은해 못 견디겠다는 말투로 "가엾어라, 그 사람을 이해해 줘야 해요!"라고 하고서 오만 가지 핑계와 구실을 마련해 주면 충분하다. 여러분의 거대한 뇌는 이런 변호사 역할을 잘하는데다가 즐기기까지 한다. 예를 들어, 질투심이 강하고 신의가 없는 어떤 사람을 여러분의 친구 한 명이 신랄하게 공격했다. 그 사람을 싸고도는 것이 변호사 역할이다. 그가 질투심이 강한 이유는 아픈 상처가 있기 때문이야, 당신이 그를 용서해야 해, 당신이 그런 걸 마음에 두면 안 되지 등등. 변호사 역할은 쉽게 할 수 있을 뿐

232   3부   당신이 '자꾸'만 빠지는 함정의 실체

아니라 자기가 보통 사람보다 개방적이고 너그럽고 선의가 넘친다는 환상을 준다.

하지만 이 역할에는 큰 문제점이 있다. 옹호해선 안 될 것을 옹호하거나 실제로 일탈 행위에 피해를 입는 사람들에게 못할 짓을 한다는 점이다. 가장 재미있는 것은, 사실 여러분이 가장 불평할 만한 입장에 있다는 것이다. 주위 사람들이 이해해 주지 않는다, 피해자를 잘못 알고 있다, 여러분의 고통을 생각해 주지 않는다고 말할 만한 입장 아닌가? 경청과 이해가 필요한 순간, 다른 사람들이 변호사 역할을 하고 나서면 당연히 짜증이 나지 않겠는가?

고약한 천사병

여러분이 그 달콤한 천사병에서 벗어나는 것이 중요하니까 좀 세게 말하겠다. 얼마 전에 러시아판 번역서 출간을 계기로 러시아에서 강연을 할 기회가 있었다. 내가 정신적 과잉 활동인과 겪는 문제를 러시아 사람들 앞에서 설명했다. 나는 심리 조종자의 정체를 점점 더 잘 알게 되건만 여러분은 천사병이나 이상주의에 빠져 그들의 해악을 볼 수 없고 보려 하지도 않으니 우리 사이에 깊은 골이 파일 수밖에 없으며 그런 문제로 매우 좌절감을 느끼고 있다고 고백했다. 그러자 청중 속에서 어떤 여성이 다정하게 말했다.

"정신적 과잉 활동인들은 영혼이 너무 순수해서 그래요."

나는 그 말이 참 귀여우면서도(특히 러시아어로 들었을 때) 분명 일리가 있다고 생각했다. 내 상담실에서 만난 사람들만 보더라도, 생각이 너무 많은 사람들은 객관적으로도 성품이 좋아서 코칭이 즐겁다. 하지만 어디 좋기만 할까! 어느 시점에 가면 지나쳐도 너무 지나치다는 생각이 든다! 천사병 때문에 심리 조종자만 좋은 일을 해 준다면 정말 문제가 있다. 천사병 때문에 엉뚱한 사람을 피해자로 착각한다면 역시 문제가 있는 거니까 말이다.

여러분이 진심으로 이 부분을 생각해 봤으면 좋겠다. 심보가 고약한 사람의 공모자가 되어 누군가에게 피해를 주는 일을 돕는 게 과연 영혼이 순수한 걸까? 어느 순간이 되면 사람은 행동으로 책임을 져야 한다. 심리 조종자들은 그들의 행동으로, 여러분은 여러분의 행동으로.

천사병과 영적 구도를 혼동하지 마라. 천사병과 영적 오만이야말로 진정한 영적 구도를 방해하는 두 가지 암초다. 이미 보았다시피, 천사병은 아주 고약한 악이 될 수도 있다. 영적 오만은 자기가 남들보다 지혜롭고, 영적으로 고양되어 있고, 신과

가까이 이어져 있다고 생각하는 것이다. 때로는 이런 자세가 마법적 사고, 나아가 마법적 현실 부정에 흡사하게 나타날 수도 있다. 부정적인 것은 아예 보지 말아야 한다느니, 용서할 줄 알아야 한다느니, 운명에 저항하지 말아야 한다느니……. 팔자가 사나워도 업業이니 할 수 없다는 말도 들린다. 나는 여러분이 도대체 무슨 조화로 이런 소리를 여러분의 정의 욕구에 갖다 붙였는지 모르겠다.

하지만 여러분은 잘못한 사람들에게 면책권을 주고 피해자들은 '받아들이고' '용서할' 줄 모른다고 비난함으로써 다시 한번 표적을 착각한 것이다. 여러분은 고차원적인 사랑과 스톡홀름 증후군을 정말로 구분할 수 있는가? 고차원적인 사랑은 자기를 괴롭히는 그 사람을 진심으로 사랑하더라도 그의 악행을 봐주거나 자신이 입은 피해를 축소하지 않는다. 스톡홀름 증후군은 가해자의 동기를 이해한다는 이유로 핑계를 찾아 주고 그 사람의 일탈 행동들까지 옹호한다.

추잡한 것을
미화하는 습관

부당 행위를 영적으로 승화하고 뭔가 성스러운 의미를 찾으려는 이 의지는 '추잡한 것을 미화하는' 하나의 방식일 뿐이다. 여러분은 말한다. "제 업보죠, 뭐……. 그 사람이 그러니까 저라도 열심히 살 수밖에요……. 그런 사람들도 있으니까 우리가 발전을 하는 거죠." 듣기 좋은 고차원적인 설명을 제거하면 추잡하고 모욕적인 사연들이다! 담백한 시선으로 들여다보면 여러분도 이건 사기라고 인정할 수밖에 없을 것이다. 인정하고 나면 고차원적인 설명이 우스꽝스럽고 여러분이 애처롭다는 생각이 일어난다. 그렇지 않다. 여러분은 인간적인 사람들이라서 걸려든 거다.

이차선 도로에서 차를 몬다고 상상해 보자. 저 앞에 웬 자전거가 넘어져 있고 그 옆에 의식을 잃은 채 쓰러져 있는 사람이 눈에 띈다. 여러분은 일단 차를 세우고 그 사람을 구하러 달려간다. 이게 정상인의 정상 반응이다. 동물들도 위험에 빠진 개체를 구하러 갈 줄 알며, 때로는 자기와 다른 종에도 그런 태도를 취한다. 곤경에 처한 사람을 돕는 것은 절대로 우스꽝스럽거나 애처로운 일이 아니다. 그런 데서 우리의 인간다움을 볼 수 있다. 게다가 재난 상황에서는 아주 이기적인 사람들조차 우리 조상들의 반응 양식을 되찾곤 한다. 하지만 여러분이 도와주려고 몸을 숙이는 순간 자전거 옆에 쓰러져 있던 사람이 냅다 주먹을 휘두르고 여러분의 차를 훔쳐 달아난다면? 그는 여러분의 아름다운 마음을 이용해서 제 잇속을 채운 것이다. 여러분은 아무 잘못도 없고, 그 사람을 도우려 했던 행동을 부끄러워할 이유도 없다.

하지만 여러분이 그 도둑놈과의 관계를 업보 운운하며 장황하게 설명한다면 사람들이 과연 그 말을 믿을지, 또한 그런 설명이 여러분의 자존감을 회복시킬지 나는 잘 모르겠다. 나쁜 일을 한 번 당했다는 이유로 두 번 다시 곤경에 빠진 사람을 도우러 나서서는 안 될까? 아니, 여러분은 그 인간다움을 간직해도 좋다. 단지 좀 더 분별력을 갖추고 자기를 보호할 대책을 마련할 필요가 있을 뿐이다. 맹목적 긍정주의와 의욕 빠진 부정주의, 그 사이에 통찰이 깃든 가능주의의 길이 있다.

때로는 여러분의 영적 구도심은 신실한데 수준을 잘못 잡아서 문제가 되기도 한다. 마리는 자신의 깨달음을 이렇게 고백했다. "지난 주말에 피정避靜을 갔어요. 어느 신부님이 자기는 개인적으로 사제가 교구 신도들을 데리고 하는 코칭에 반대하는 입장이라고 하시더군요. 코칭은 결국 타인이 더 나은 방향으로 변하기를 기대하는 과정이라고 보신다나요. 그런데 사제의 역할은 불완전한 인간을 그 모습 그대로 신의 창조물로 받아들이는 거래요. 그 말을 듣고 생각이 많아졌어요. 문득 내가 정반대의 과오를 범하는 건 아닌가 싶더군요. 나는 남편을 나를 존중하고 합당하게 행동하는 배우자로서가 아니라 신의 창조물로서만 받아들이고 있는 것 같아요. 나는 피정에서 돌아와서 남편에게 말했어요. '있잖아, 내가 당신을 존중하고 좋게 대하는 이유는 당신도 하느님의 창조물이라고 생각하기 때문이야. 당신도 인간으로서 존중받을 권리가 있으니까. 하지만 아내 입장에서는 도저히 좋게 대할 수가 없어. 당신은 진짜 너무한 사람이야! 당신 너무하다고 하루 종일 외치라고 해도 난 할 수 있어!' 내가 인간적으로 말하면 그 사람은 나를 다시 잠재우는 데 성공했구나 생각할 사람이지요. 나도 그쯤은 알아요. 실제로, 내가 남편에 대한 존중을 보여 줬기 때문에 그 사람이 날 막 대한 지 꽤 오래됐어요."

뭐든지 허용하는 게 사랑은 아니다. 사람을 용서하고 과오를 너그러이 봐줄 수는 있다. 궁극적으로는 자기 행동을 책임지게 하는 것이 상대의 명예를 지켜 주는 방식이다. 상대를 뭔가 모자라거나 무책임한 사람으로 보지 않는다면 여러분은 상대에게 자기 행실을 고칠 기회를 줄 수 있다.

이야기꾼 파트릭 다케Patrick Dacquay는 《마법사의 21가지 생활 수칙Les 21 règles de vie de l'enchanteur》에서 이렇게 말했다. "아서 왕에게 참된 사랑의 표현이란 어떤 경우에도 감정과 결부된 것이 아니었다. 그는 단호하게 판단하고 딱 잘라 말할 줄 알면서도 분노, 복수, 증오를 담지 않았다. 그는 가장 고결한 가치들을 섬기는 종이요, 왕국을 지배하는 옛 법률의 수호자였다."◆

여러분은 영적 구도의 길을 걸을 수 있다. 단지 분별력과 의식을 갖추기만 하면 그 여정이 더 보람찰 것이다.

공모자 역할이
초래하는 나쁜 결과

지금까지 보았듯이 심리 조종자는 과거에 악동이었고 지금도 믿음이나 법에 구애받지 않고 사는 사람이다. 악동이 어른이 되면 '악당' 소리를 듣는다. 악당을 도와주고 그에게 수단, 핑계, 알리바이, 보호를 제공하는 사람이 있다면, '공모자' 소리를 들어 마땅하다. 자, 이것이 여러분의 친절, 악의를 인정하지 않으려는 고집, 화합하며 살고 싶은 욕구, 누구나 알고 보면 좋은 면이 있다는 신념, 남에게 도움이 되고 쓸모 있는 사람이 되고 싶다는 바람, 결국은 사랑으로 상대를 변화시킬 수 있다는 확신이 어우러져 빚어낸 결과다. '가엾은 심리 조종자'들은 사랑이 부족해

◆ Patrick Dacquay, *Les 21 Règles de vie de l'enchanteur*, Éd. Vèga, 2017.

서 그렇게 못된 사람들이 되었으니 사랑을 충분히 받기만 한다면……. 결과적으로는 여러분이 그들의 대의를 지켜 주고 그들의 파괴력을 증폭시키는 역할을 한다. 구체적인 예를 몇 가지 살펴보자.

어리석은 사람만이 대신해 준다

내게 상담을 받는 사람들 중에는 자신이 심리 조종자 남편 혹은 아내에게서 간신히 벗어난 피해자와 재혼했다고 생각하는 사람이 (정확한 수는 밝힐 수 없지만) 꽤 있다. 그들은 자기 배우자가 전남편 또는 전처와 벌이는 전쟁에서 승리하기를 바라는 마음으로 모든 기력과 지능을 쏟아부어 가면서 배우자를 지원한다. 법적 절차를 밟는다든가 서류를 작성하는 일도, 가엾은 배우자는 너무 지치고 망가져서 그런 일을 할 형편이 못 된다는 이유로 그들이 대신해 준다. 그래서 자기들도 모르는 사이에 배우자의 전남편 또는 전처를 힘들게 하고 법적으로 제압하는 작업을 혼자 도맡게 된다.

그러다 시간이 좀 지나면 의심이 싹튼다. 피해자였다고 주장하는 배우자가 실은 심리 조종자가 아닐까? 심지어 초혼 상대가 전혀 문제가 없는 사람이었을지도 모른다는 생각이 들기 시작한다. 결국 그들은 가슴 아픈 현실을 직면하게 된다. 배우자에게 속아서 아무 잘못도 없는 사람, 오히려 피해만 입은 사람을 그렇게나 들볶았던 것이다. 혹시 이 비슷한 상황에 놓여 있다면 배우자의 이혼소송은 배우자에게 맡기고 여러분은 깊이 관여하지 마라. 배우자가 심리 조종 피해자라면 심리상담사나 심리치료사에게 맡겨라. 배우자가 피해자가 맞다고 해도 그게 여러분이 그 사람 일을 대신해 줄 이유가 되지 않는다.

다른 예도 한번 보자. 내게 상담을 받는 아주 똑똑한 건축 기사가 있다. 그녀는 전남편도 건축기사인데 사람이 너무 바보 같아서 기가 막힐 지경이라고 말하곤 했다. 나는 상담을 몇 번 진행하고서 이렇게 물었다. "아니, 그런 사람이 학위는 어떻게 땄대요?"◆ 그녀는 별안간 거북한 표정이 되더니 조심스레 말을 꺼냈다. "실은…… 전남편과 건축학과 졸업반 때부터 사귀었는데요……. 선생님 말씀이 맞아요. 그 사람이 학교생활을 성실히 하지 않은데다가 아는 것도 없어서 제가 졸업논문을 대신 써 줬어요. 구술시험도 제가 다 대비시켰고요. 제가 그러지 않았다면 그 사람은 절대로 졸업장을 받을 수 없었을 거예요." 한마디로 전남편은 학과에서 알아주는 만년 낙제생이었다. 공부는 못했지만 꾀가 아주 없는 사람은 아닌 모양이다. 아, 참 잘하셨습니다. 내조의 여왕이 눈앞에 있네요! 덕분에 졸업도 못 할 사

◆ 프랑스에서는 건축학과를 졸업하면 별도의 자격증 시험 없이 건축기사 면허를 발급 받는다. 하지만 학년 승급과 졸업이 매우 어려운 편이다. - 옮긴이

람이 학위를 받았군요! 프랑스에서 건축기사 학위를 받은 사람이라면 당연히 설계도면을 그리고 건물을 지을 줄 알아야 하는데, 건축에 대해 벽돌공 수준의 지식밖에 없는 건축기사가 탄생했군요!

얼마나 심각한 상황인지 진지하게 생각한 적이 없던 그녀는 비로소 곰곰이 생각에 잠기더니 이렇게 말했다. "그래요, 선생님 말씀이 옳아요. 그 사람과 함께 일하면 늘 배관 공사나 페인트칠 정도밖에 맡길 수 없었어요. 상대적으로 단순한 일을 맡겨야만 전남편이 기분 좋게 일을 했으니까요. 그럴 때는 하루 종일 흥얼흥얼 콧노래를 부르더군요." 그렇다, 그게 자기 수준에서 할 수 있는 일이니까. 건축기사 본연의 작업은 감당할 수 없는 일이니 스트레스가 될 수밖에 없다. 그런데 그가 스트레스를 받는다는 것은 본인도 자기가 그런 일을 못 한다는 자각이 있다는 뜻이다.

졸업장을 받을 자격 없는 무능한 학생을 억척스럽게 졸업시킨 사람이 어디 그 여성뿐이랴. 나는 코칭 상담을 하면서 자기가 애를 써서 심리 조종자에게 좋은 성적이나 성과, 추천장, 후원 따위를 받아다 주었다고 자랑스럽게 말하는 정신적 과잉 활동인을 참 많이도 보았다. 당장은 기분 좋고 뿌듯할 것이다. 하지만 여러분은 부적절한 구원자 역할로 타인에게 도움을 주었다. 마땅히 길렀어야 할 능력을 갖추지 못한 사람에게 정골의사,

의사, 변호사, 심지어 심리치료사 면허를 안겨 주는 위험한 짓을 저질렀다.

여러분이 안겨 주다시피 한 학위나 자격증은 지식과 능력을 보증하는 장치다. 여러분이 엉뚱한 사람에게 금박을 입혀서 뭇사람들을 현혹한 거다. 나는 상담실에서 가끔 소름이 쫙 일어난다. 피상담자가 누군가를 가리켜 빼도 박도 못하게 변태적이기 그지없는 심성이라고 거듭 증언하는데, 그렇게 입증된 사람이 남의 덕으로 자격을 얻어 사람들의 심신을 다루는 일에 종사하는 사실을 알게 될 때 오싹해진다.

무능을 드러내야 끝낼 수 있다

사람들이 곧잘 심리 조종자를 똑똑하고 괜찮은 사람으로 착각하는 이유 가운데 하나가 여기에 있다. 그리고 심리 조종자들이 실은 매우 어리석다는 내 주장이 객관적으로 사실임에도 잘 받아들여지지 않는 이유도 다르지 않다. 이게 다 여러분이 두뇌를 열심히 굴려 그들에게 학위나 자격증을 만들어 주거나 그들을 썩 괜찮은 지위에 올려놓은 결과다. 심리 조종자들이 그런 조건을 얻기까지의 과정을 사례별로 하나하나 추적해 보고 싶을 정도다. 게다가 늘 진짜 조건을 갖추고 있다는 보장도 없다. 학력이나 자격을 부풀리거나 위조하는 사람들이 있지 않은가. 잊을 만하면 학력위조 사태가 한 번씩 터진다. 법원에서 업무를 맡아

보는 어떤 심리학자, 모 병원 의사, 어느 동네 치과의사는 아무도 그들의 학력을 검증하려고 생각하지 않았기 때문에 학위나 자격증 없이도 오랫동안 그 일로 먹고 살았다.

기업에서도 상사의 실책을 덮어 주는 일을 그만두라고 내가 직원들에게 말해야만 할 때가 있다. 상사의 무능을 더 이상 감추지 않으면 상황은 빠르게 역전된다. 내가 목격한 경우가 생각난다. 마갈리는 컴퓨터 프로그래머인데 무능하고 불성실한 상사 몫까지 하느라 동료 프로그래머 한 사람과 함께 고생을 하고 있었다. 나는 마갈리에게 재차 말했다. "상사의 일을 대신 해 주지 말아요! 그런 짓은 그냥 안 하면 되는 거예요!" 마갈리는 동료에게도 내 조언을 알렸다. 오래가지 않아 사달이 났다. 문제의 상사가 휴가를 간 동안 본사 간부들이 문제를 알아차렸다. 마갈리는 내게 이렇게 말했다.

"예전 같았으면 우리가 골치 아플 각오하고 거짓말을 하면서까지 상사를 보호해 줬을 거예요. 하지만 이번에는 우리 둘 다 있는 그대로 말했어요."

"아뇨, 아무개 씨는 휴가 중입니다……. 죄송합니다만 저희는 코드를 모르기 때문에……."
"뭐라고요? 아무개 씨가 코드를 전달하지 않았습니까?"
"네, 저희는 전달받은 적 없습니다. 저희는 어떠한 지시도 받은 바 없습니다. 그리고 아무개 씨의 개인 휴대전화 번호도 모릅니다."

"알았습니다, 그럼 프로세스가 어떻게 되는 거죠?"

"제가 알기로는 프로세스고 뭐고 없습니다만."

아무개 씨는 휴가에서 돌아온 즉시 해고당했다. 마갈리와 동료는 그의 무능과 실책을 무려 6년 동안 감춰 주었다. 그들은 그를 보호했을 뿐 아니라 지옥 같은 직장생활을 자초했다.

또 다른 예도 보자. 아직도 그 사람을 생각하면 나는 마음이 영 좋지 않다. 그녀는 지방의 한 지점에서 경리 일을 맡고 있었다. 지점 사장이라는 작자는 성질머리가 아주 고약했다. 하루는 그 사장이 주차장에서 납품업자와 한바탕했다. 학교 운동장에서 한 가닥 하던 버릇이 어디 가랴. 사장은 평소처럼 상스럽고 폭력적인 태도로 일관했다. "이 새끼야, 두고 봐라! 내가 너 죽여 버린다……." 납품업자는 건전하고 상식적인 사람이었으므로 이 일을 본사에 알리고 시정 조치를 요구했다. 본사에서도 자기네가 할 일을 했다. 그 지점에 감사를 실시한 것이다.

그런데 정작 지점에서 사장 때문에 죽을 맛이던 피상담인은 감사 과정에서 아무런 불만도 보고하지 않았다. "겁이 나서" 아무 말도 할 수 없었단다. 모두 자기 할 일을 했는데 그녀만은 하지 않았다. 이래서 내가 여러분이 그들의 소행을 싸고돈다고 하는 거다. 이 사례가 특히 안타까웠던 이유는, 그 사장이 새로 들어온 아주 어린 비서를 거의 매일 울릴 정도로 못살게 굴고 있었기 때문이다. 괴롭힘이 사람을 잡는다. 여러분이 괴롭힘을 보고도 침묵함으로써 용인한다면 타인을 위험에 몰아넣는 일에 공모자가 되는 셈이다. 간단히 말하자면 그 경리는 어린 비서의 괴로움을 덜어 줄 수도 있었건만 그렇게 하지 않았다.

여러분이 순진하게도 심리 조종자의 믿음직한 보급책 노릇을 떠안을 때 어떤 중요한 쟁점들이 왔다갔다 하는지 똑바로 깨닫기를 바란다.

> 여러분은 자기가 그 사람의 구원자라고 생각하지만 실제로는 고품격 (무료) 경비 서비스와 가사관리 서비스 중간 어디쯤에 해당한다.
> 여러분은 그 사람이 얻을 자격이 없는 학위, 직업, 직위, 명성, 명예를 얻게끔 싸고돌거나 그 사람을 업계 사람들에게 소개하고 추천한다.
> 여러분은 그 사람의 수족이 되어 서류를 만들어 주거나, 소송을 걸거나, 그 사람의 '적'을 괴롭히고 파멸시키는 일에 앞장선다.
> 여러분은 그 사람의 재정 기반이 되어 주곤 한다. 장물아비

노릇을 하거나, 명의를 빌려주거나, 은행 겸 스폰서가 되어
준다.
> 여러분은 그 사람의 자기 홍보 계획과 실무를 담당하고, 그
사람의 무능을 감춰 주며 변명거리와 알리바이까지 만들어
준다.

여러분이 이 장을 처음부터 끝까지 빠짐없이 읽었기를 바란
다. 만약 그랬다면 칭찬과 함께 진심으로 고맙다고 말하고 싶
다. 공모자 노릇은 이쯤에서 그만두어야 한다는 내 말에 여러분
이 동의했으면 좋겠다. 중요한 것은 '가엾은 심리 조종자들의
씨를 말리는' 게 아니라 그들의 파괴력이 커지지 않게 막고 그들
이 뿌린 대로 거두도록 내버려 두는 것이다. 정의에 죽고 정의에
사는 사람들이 보더라도, 이보다 공정한 태도는 없지 않을까!

9장
현실을 외면하기 위해 일으킨
고의적 기억상실

도입부에서도 보았듯이, 여러분 특유의 두뇌와 특유의 가 치관으로 심리 지배의 모든 면면을 관리하기란 참 어려운 일이 다. 이제 나는 이 맹목, 이 기억상실, 사태를 정면으로 보지 않으 려는 이 거부의 가장 중요한 이유를 다뤄 볼까 한다. 이 역시 직 시하기가 쉽지 않다. 그러나 나는 바로 앞 장에서 심리 조종의 모든 면, 가장 모호하고 껄끄러운 면까지도 직시할 수 있어야 한다고 말했다. 대가를 치르고 나서야 비로소 심리 조종자들에 게서 완전히 해방될 수 있으므로.

자신이 놓인 현실을 외면하면 어떻게 되는지 한번 볼까. 파 비안은 상담실에 들어오자마자 병원에 간 아들 전화를 기다린 다는 말을 꺼냈다. 아들 토마가 그날 정신적으로 완전히 무너져서 직장에서 눈물을 보이기까지 했다나. 나는 토마를 건실하고 활동적이며 명랑한 청년으로 알고 있었다. 토마는 한 해 전에 몹시 변태적인 여자 친구를 만나서 심리 조종 문제를 심각하게 겪었지만 그 일을 잘 극복한 참이었다. 나는 토마가 걱정되었다. 분명히 직장 내 괴롭힘 문제 때문에 그 지경까지 갔으리라! 하지만 파비안은 초연한 말투로 대꾸했다.

"어머, 선생님, 아니에요. 걔는 감수성이 너무 예민해서 동료들 문제에 필요 이상으로 신경을 쓴다니까요! 그게 다예요."

파비안은 본인도 직장 내 괴롭힘을 당해 봤고 심리 조종자 남편과 힘겹게 갈라선 경험이 있는데 저리 가볍게 말할 수가 있을까. 때마침 토마가 전화를 했다. 병원에서 또 한 번 울고불고 했던 모양이다. 병가까지 냈다는 말에 나는 힘주어 말했다. "다 큰 성인이 별것 아닌 일로 직장에서 눈물까지 쏟지는 않아요. 토마는 직장 내 괴롭힘을 당하고 있을지도 모릅니다. 가볍게 생각하지 마세요. 직장생활이 때로는 자살을 생각하게 할 정도로 고통스러울 수 있어요. 제가 보기엔 토마도 심상치 않아요."

파비안은 화제를 돌리거나 현실을 부정하려 했다. 그다음에는 사태를 축소하려 했고, 토마가 악마 같은 상사를 만난 건 사실이지만 매사를 너무 깊이 마음에 두니까 힘든 거라고 토마에게 책임을 돌렸다. 나는 파비안에게 심리 지배 상황을 많이 겪어 봤으니 시간 내어 아들에게 심리 조종이 무엇이고 어떻게 작동하는지 설명해 주라고 했다. 파비안은 아들이 그 여자 친구를 만날 때 굉장히 걱정했다. 나는 얘기를 좀 더 나누고서야 그가 심리 조종자들의 존재를 '잊고' 싶어 한다는 것을 알았다. 그래야만 전남편이 심리 조종자였다는 사실을 '잊을' 수 있으니까.

그녀는 결국 모든 속내를 털어놓았다. 그토록 오랜 세월을 그런 인간에게 당하고 살았다는 사실이 너무 굴욕적이어서 자기는 전남편의 정체를 몰랐다고 인정하느니 차라리 계속 모르고 싶던 것이다. 그런데 안타깝게도 어머니의 현실 외면 때문에 토마는 자기 아버지가 어떤 사람인지 직시할 수 없었고 그 결과 사생활에서나 직장생활에서나 유독 심리 조종자들이 잘 들러붙는 청년이 되고 말았다. 파비안은 괜찮은 자기 이미지를 지키려다가 (아들에게 적합한 해석의 틀을 주지 못함으로써) 아들을 위험에 몰아넣고도 위험의 현실성을 부정했다.

~~~~~~~~~~~~~~~~~~~

긍정적 비통합 이론

정신적 과잉 활동인은 어릴 때부터 자기가 지각한 바를 의심한다. 이들이 포착한 것을 주위 사람이 포착하지 못하는 경우가 많기 때문이다. 정신적 과잉 활동인은 내적 현실과 외부 세계를 공존시키느라 영원한 갈등 속에서 살아간다. 그는 문화적 소외, 사회적 소외, 정신적 소외의 한가운데서 생을 이어 간다. 어떤 여성이 내게 이런 말을 했다. "상대를 바보 같은 여자라고 생각하다가 그런 기색을 들키느니 차라리 내 생각을 차단해 버리고 싶어요." 모든 것을 복잡다단하면서도 일관된 구조로 담아내려는 시도는 일종의 차력 묘기나 다름없다. 정신적 과잉 활동인은 늘 괴리된 정신으로 살아가고 곧잘 이러다 미쳐 버릴 것 같다고 생각한다. 심리 조종자는 이런 기분을 더욱더 부채질한다.

심리 지배에서 벗어나기 위해 첫발을 내디딜 때에는 사람이 이미 무척 약해져 있기 십상이다. 여러분도 알겠지만 이 사람은 "뼈도 못 추릴 뻔했다가" 겨우 용기를 낸 거다. 스트레스는 포화 상태이고 정신 상태도 심리 조종자의 농간에 조각조각 따로 놀고 흐트러져 있다. 그러다가 차차 최면에서 벗어나고 함정이 어떤 식으로 돌아가는지 이해하기 시작한다. 또한 다른 인간관계들과 비교하면서 이런저런 추리를 시작한다. 의식의 자각은 쉴 새 없이 연속적으로 이루어지면서 심리 세계의 근간을 완전히 뒤흔든다. 그 느낌은 극도로 불편하다.

정신적 과잉 활동인이 자기 생각을 재편성할 때면 정신의 구조 자체를 다시 손본다고 해도 과언이 아니다. 이 사람은 모든 관념을 서로 연결해 놓기 때문이다. 카지미에시 다브로프스키Kazimierz Dabrowski 박사는 영재가 자기 생각을 재편성하는 이 방

식을 '긍정적 비통합Positive Disintegration'으로 보았다.✦

　건실한 구조에 새로운 아이디어들을 추가하는 식으로 이루어지는 소규모 비통합은 확실히 긍정적이다. 정신의 대청소도 끝을 보고 난 후에는 길게 보아 긍정적일 수 있으나 당장은 불편하고 계속 끌고 나가기가 불안하다. 특히 복잡성 사유와 긍정적 비통합이라는 기제를 이해하는 심리치료사나 코치의 도움이 없다면 그 과정은 더욱 힘들 것이다. 미쳐 버릴 위험도 아주 없지는 않다. 하지만 안심하라. 과도기라서 그런 거니까.

∿∿∿∿∿∿∿∿∿∿∿

의식 자각의 단계
밟아 나가기

의식 자각은 흔히 이런 식으로 물꼬를 튼다. "미친 소리처럼 들리겠지만요, 내 주위에는 심리 조종자만 우글거리는 것 같아요! 겉보기에는 더없이 싹싹하지만 시도 때도 없이 내 생활에 끼어드는 이웃집 여자도 심리 조종자가 아닐까 싶고…… 나와 가장 친한 친구마저 심리 조종자가 아닌지 의심스러워요. 실은 그 친구가 저한테 쓴소리를 굉장히 많이 하거든요. 그것도 꼭 제가 사정이 안 좋을 때 더 들볶는 것 같아요……. 그리고 제 남편도 변태적인 구석이 다분히 있다는 생각이 들어요."

애초 의도는 직장 내 괴롭힘을 해결하려는 것뿐이었는데 결국 남편과 제일 친한 친구와 부모 가운데 한쪽마저 심리 조종자라는 사실을 깨닫게 되었다면 이런 '통찰insight'[**]은 심란하기 그지없을 것이다. 더욱이 당신 주위에도 당신이 내 책을 읽은 후로 아무나 보고 심리 조종자라고 한다는 둥, 프티콜랭은 사이비 교주 같다는 둥 면박을 주는 사람이 없지 않을 것이다. 그래서 당신은 정신적으로 더욱 혼란스럽고 의심이 깊어진다.

그렇지만 진실은 하나둘씩 드러난다. 연상은 꼬리에 꼬리를 물고 일어나 잘 맞물린 하나의 사슬을 이룬다. 내 아버지는 심리 조종자가 맞다. 아버지(또는 어머니)는 친할머니(또는 외할아버지)와 사악한 이인조를 이루었을 뿐 아니라 자기를 똑 닮은 내 여동생(또는 남동생)과도 그 같은 관계를 이루고 있다. 이제 나는 조카에 대해서도 의심이 간다. 그 충격의 파장이란! 특히 여기에 잇달아 다음과 같은 깨달음이 찾아온다면 어떨까. 나는 나도 모르는 사이에 심리 조종자와 결혼했다. 내 남편(또는 아내)도 자기 어머니(또는 아버지)와 사악한 커플 관계에 있으며, 더 끔찍한 사

---

[*] Kazimierz Dabrowski, *La Formation de la personnalité par la désintégration positive*, Éd. Pilule rouge, 2017. 더 알고 싶은 독자에게는 이 책도 추천한다. Patricia Lamare, *La Théorie de la désintégration positive de Dabrowski: un autre regard sur la surdouance, la santé mentale et les crises existentielles*, Éd. Sens et Lien, 2017

[**] 여기서는 어떤 문제에 대한 해결책을 불현듯 발견한다는 심리학적 의미로 쓰였다.

실은 자기를 많이 닮은 우리 딸(또는 아들)을 물들여 그러한 관계를 재생산할 요량이라는 것이다. 이 깨달음을 직면한 당사자는 곧잘 너무 두려운 나머지 더 나아가지 못하고 뒷걸음질을 치곤 한다.

너무 심하잖아! 생각할 수도 없는 일, 감당 못 할 일이다. 이게 무슨 뜻일까? 내게 정말로 어머니(또는 아버지)가 있었던가? 부분적으로만 그렇다고 말할 수 있다. 생물학적인 어머니(또는 아버지)는 있었지만 그 부모의 어머니다운(아버지다운) 측면을 누리지 못했으니까. 심리 조종자는 워낙 미성숙하기 때문에 인형 놀이나 학교 운동장에서 대장 놀이나 할 줄 알지 부모로서 갖추어야 할 자질을 계발하지 못한다. 그런데 부모가 날 사랑하지 않는다는 건 어떤 의미인가? 심리 조종자의 자식으로 산다는 게 어떤 것인지 직시할 준비가 됐다면 내가 쓴 《나는 왜 사랑받지 못할까?》를 읽어 보기 바란다.

그럼, 나는 혈혈단신 외톨이인가? 아니, 그렇지 않다. 하지만 건강한 사람들을 만나는 법을 배워야 할 것이다. 많은 이가 내게 이렇게 말한다. "나는 내 부모가 그런 사람이길 원치 않아요!" 그나마 부모가 지킬 박사와 하이드 씨처럼 두 얼굴의 소유자라고 생각하는 동안은 부모를 납득하고 부모가 심술을 부려도 참을 수 있다.

그러나 지킬 박사는 가면에 불과하고 하이드 씨가 본모습

일 뿐이라고 생각하면 끔찍하다. 이해하겠는가? 만약 나의 아들 또는 딸이 심리 조종자라면 나한테 뭐가 남을까? 나중에 무슨 일이 생긴다는 건가? 그러니까 여러분은 아예 빗장을 치고 기억 상실을 자초한다. 모두가 아름답고 모두가 친절한 나라로 숨어 버린다. 게다가 그것이 자식 된 자의 도리인 것 같기도 하다. 여러분이 심리 조종자의 자녀라면 이미 단단히 빗장 건 금기들, 잘 버려진 명령들과 더불어 사는 데 익숙하리라.

~~~~~~~~~~~~~~~~~~~

신격화된 부모가
숨겨 둔 명령

심리 조종자는 자기 가면 뒤의 얼굴을 들여다보는 행위를 범죄로 간주한다. 절대로 그의 이미지에 흠집을 내어서는 안 된다! 그런 짓을 했다가는 파멸에 이를 수도 있다. 그건 아주 무서운 일이고, 여러분은 무의식적으로 그 점을 잘 안다. 해로운 부모의 첫째 조건은 자식에게 자기를 신격화하는 것이다. 이 부모는 자기에 대해 나쁜 말을 일절 못 하게 하고 자기 결점을 생각조차 못 하게 막는다. 게다가 나는 이 특성이 부모가 자녀를 심리 조종하는지 그렇지 않은지 판별할 수 있게 하는 중요한 지표라고 본다.

어떤 아이는 최면에 걸린 듯 최상급 형용사를 잔뜩 써 가면서 자기 부모를 찬양한다. "우리 엄마는 세상에서 제일 좋은 엄마예요. 우리를 위해 희생하면서 살아왔어요." 아이는 자기가 좋아서 장밋빛 색안경을 쓴 채로 이상화된 세상에 머물기로 한 것이 아니라 그럴 수밖에 없었다. 겉으로 드러나지 않은 명령에까지 무의식적으로 복종할 정도라면 최악이다.

심리 조종자를 부모로 둔 사람은 부모와의 관계에 토를 달아선 안 되고, 거리를 두어서도 안 되며, 부모가 아무리 충격적인 짓을 해도 판단하면 안 된다. 이렇게 자란 사람에게 자기가 처한 상황이 비정상적이라는 깨달음은 불편함이라는 말로 다 표현이 안 된다. 그 깨달음이 범죄처럼 느껴진다. 부모에게 신의를 지키려면 앎, 이해, 기억, 고발, 자기주장을 모두 마다해야만 한다. 그렇게 여러분은 분노를 할 줄도 모르는 사람이 된 것이다.

교류분석에서는 피상담자가 전혀 웃기지 않은 얘기를 신경질적인 웃음을 흘리면서 말할 때 '매달린 자의 웃음'이라는 표현을 쓴다. 이 웃음은 무의식적인 부모의 명령에 복종할 때마다 표출되곤 한다. 예를 들어 "내가 그렇게 서투르다니까요! 어휴, 이런! 한번 생각을 해 보세요……." 희한하게도 심리 조종 피해자들이 내 앞에서 말하는 방식이 딱 그렇다. 그들은 킬킬대면서 똑같은 말을 되풀이하곤 한다. "내가 너무 순진한가 봐요! 너무 순진해서 그래요!" 이 말을 번역하면 '나는 부모님에게 순진하게 살라는 명령을 받았어요' 정도 되겠다.

사회생활에서 수많은 좌절을 경험한 다미앵도 그런 경우였다. 그는 상대가 하라는 대로 해야만 한다는 무의식적 명령에 매여 있었기 때문에 제대로 계약서도 쓰지 않고 일을 하곤 했다. 나는 그에게 물어보았다. "당신이 이제부터 만만한 사람으로 살지 않는다면 어떻게 될 것 같아요?" 다미앵은 겁에 질린 표정을 짓더니 동요했다.

"그러면 엄청 얄미운 놈이 되지 않을까요? 상대에게 구린 속셈이 있다고 감히 상상만 해도 내가 사이코패스가 된 기분이 들 겁니다!"

그런 명령을 밑천 삼아 판을 잘 깔아 보라! 자, 여러분은 어떤가? 여러분의 얼굴에도 매달린 자의 웃음이 떠오르곤 하는가? 여러분은 어떤 명령들에 매여서 제 발목을 잡고 있다고 웃음으로 표를 내고 있는가?

보호자이자
가해자인 사람들

부모는 자녀를 보호해야 할 사람이다. 그러나 심리 조종자 부모는 자녀를 보호하기는커녕 공격을 가한다. 정서적으로, 심리적으로, 신체적으로, 그리고 많은 경우에는 성적으로도. 자녀는 무방비 상태로 당해야만 하고 어떤 식으로든 자기 자신을 보호해서는 안 된다는 점이 더 나쁘다.

여러분이 지금까지도 자기를 보호할 줄 모르고 심리 조종자들이 파리 꼬이듯 주위에 우글대는 이유를 이제 알 것이다. 해로운 부모는 자기 자식에게 '심리 조종 가능' 소프트웨어를 깔아 놓는다. 자녀는 그 프로그램을 제거해서는 안 된다고 교육받았기 때문에 아무런 보호책 없이 늘 당하고 살 수밖에 없다. 나쁜 사람들이 접근해서 그 소프트웨어를 신나게 사용하고 가도 괜찮은 거다.

세대를 관통하는 저주

비밀은 고이 감추어져야 한다. 심리 조종자의 사회적 이미지를 건드리는 것은 범죄나 다름없기 때문이다. 솔직하게 말하자면 여러분이 격한 감정으로 반응하는 이유를 이렇게 설명할 수도 있다. 진실을 말하는 것이 신과도 같은 부모를 모독하는 불경죄

이므로! 정신적으로 건강한 사람들에게는 때때로 그렇게나 고지식하게 굴면서 일탈 행위를 저지르는 사람들은 너그럽게 이해해 주는 여러분의 스톡홀름 증후군도 이제 설명된다.

자신의 행동을 보라. 결국 여러분이 판단하기를 거부하는 그 대상은 누구인가? 주로 심리 조종자들 아닌가! 이런 자각은 심히 고통스러운 과정을 불러오며 그 파장이 결코 가볍지 않지만 똑같은 도식을 다음 세대에 재생산하고 싶지 않다면 반드시 거쳐야 할 관문이다.

파비안은 자기가 사람 보는 눈이 없었다고 인정하고 싶지 않았기 때문에 전남편이 심리 조종자였다는 사실을 차라리 모르고 싶었다고 말했다. 그러나 내 생각에 파비안은 자기 부모 가운데 한쪽이 심리 조종자였다는 사실도 외면하고 싶었던 듯하다. 파비안의 현실 부정은 토마가 동일한 세대 간 도식에서 벗어나는 데 걸림돌이 되었다. 모친 때문에 토마는 자기 아버지의 사람됨을 제대로 이해하지 못했고 그 결과 괴롭힘당하기 딱 좋은 사람이 되어 있었다. 악질적인 심리 조종자인 여자 친구와 결혼할 뻔한 적도 있다.

만약 그랬더라면 토마가 아버지에게 학대당했던 것처럼(아마 파비안도 부모 가운데 한 명에게 비슷한 대접을 받았겠지만) 토마의 자녀들도 그 여자에게 학대당할 것이다. 그리고 그 자녀 가운데 한

명은 어머니와 손발이 잘 맞는 심리 조종자가 될 것이다. 한마디로, 자각을 끝까지 밀고 나가야 한다는 것이다.

나는 사람이 심리 조종자가 되는 이유 가운데 하나가 근친 상간적 관계라고 지적했다. 그런 관계는 우리 생각보다 흔하다. 파비안은 지금까지 어떻게 살아왔을까? 그녀는 자기 후손들을 어떤 위험에 방치한 것일까? 가족의 비밀이 규명되지 않는다면 장차 토마가 낳을 아이들은 어떻게 자랄까?

심리 조종을 직시하기 어려운 이유는 다 알고 보고 이해해 버리면 그때부터는 눈 가리고 아웅 할 수가 없기 때문이다. 문제를 직시하고 나면 중립적이고 수동적인 자세에 머물 수가 없다. 윤리적으로 어떤 입장을 취하고, 고발하고, 딱 잘라 말할 수밖에 없다. 앞에서도 말했지만 사람 자체가 아니라 그의 잘못된 행동을 단죄해야만 한다는 얘기다. 요컨대, 그때부터는 박해자 역할을 떠안고 고자질쟁이가 될 수밖에 없다. 가족의 비밀을 규명한다는 것은 종종 가족의 해체까지 각오해야 할 일이다.

하지만 대가를 치러야만 우리는 다음 세대를 해방시킬 수 있다.

회복탄력성이 높은
정신적 과잉 활동인

전작 《나는 생각이 너무 많아》에서 나는 정신적 과잉 활동인은 회복탄력성이 높다는 얘기를 한 바 있다.

실제로 위험, 불안정, 학대는 사람을 극도로 예민하면서도 창의적으로 사고하게끔 몰아간다. 학대를 당한 아이들 중 에서 두뇌 활동이 비상하게 좋아지는 경우가 있다. …… 부모가 선량한 보통 사람이라면 일부러 아이를 학대하는 게 아니다. 하지만 두뇌 활동이 남다른 아이를 감당할 역 량이 안 되니까 아이를 심하게 꾸짖거나 소원하게 대할 수 는 있다. 그렇잖아도 감수성이 예민한 아이에게 부모의 몰 이해, 꾸중, 비판은 정신적 폭력과 다르지 않다. …… 영재 성이 있는 아이는 자신의 부모보다 통찰력 있고 이성적이 며 어른스럽기 때문에 부모에게서 안정감을 찾을 수 없다. 아이는 본능적으로 자기가 부모보다 똑똑하다는 것을, 부 모의 이해에 의지할 수 없다는 것을 안다. 따라서 스스로 심리적 회복탄력성을 키우지 않으면 안 된다.

원래는 철로에 쓰이는 쇠처럼 극한 조건에서도 잘 버티는

금속의 성질을 가리키던 이 개념을 보리스 시륄니크Boris Cyrulnik
는 심리학으로 끌고 들어왔다.✦ 나는 지성이 안락에 무뎌지고 위
험을 만나면 깨어난다고 생각한다. 정신적 과잉 활동인의 적응
력은 그들이 어린 시절 겪은 위험에 비례한다. 요컨대 감각 과
민, 유난히 민감한 편도체, 의미를 추구하며 마구 갈래를 뻗는
생각, 불안한 예측은 원래 모두 외상 후 스트레스의 징조일 것이
다. 심리적 외상이 생물학적으로 유전될 수 있느냐는 이제 막 가
능성이 연구되기 시작했다. 우리의 세포가 체험을 기억하고 다
음 세대에 전달할 수도 있다는 얘기다. 어쩌면 그런 연구가 영재
성의 유전이라는 측면을 설명해 줄지도 모르겠다.

내가 임상에서 살펴본 바로는, 정신적 과잉 활동인은 부모
도 성향이 비슷한 경우가 많았다. 그렇다면 정신적 외상은 이전
세대들에게까지 거슬러 올라갈 것이다. 그렇지만 오히려 이런
경우에 해당하는 정신적 과잉 활동인은 심리 조종에 직면하더
라도 그 상황에 잘 대처하고 경계심을 늦추지 않는 듯하다.

내가 지금까지 기술한 내용에 여러분이 해당된다면 수고스
럽더라도 이 사태를 정면돌파하기 위해 누군가에게 도움을 받
는 것이 바람직하다. 어린 시절에 당한 학대를 마주한다는 것

✦ Boris Cyrulnik, *Un merveilleux malheur*, Odile Jacob, 2002; *Les Vilains Petits Canards*,
  Odile Jacob, 2004.

은 굉장히 힘이 드는 일이다. 특히 심리적 학대는 겉으로 드러나지 않으면서 훨씬 음흉하다. 온전하고 순리에 맞는 인간관계들을 회복하려면 이제 심리 조종자들에게 혹하지 말고 그들이 알아서 도망가게 해야 한다. 그리고 자기를 보호하는 법을 시급히 배워야 한다.

사회가 여러분을 보호해 줄 거라고 기대해선 안 된다. 사회가 여러분을 이해해 줄 거라는 기대조차 하지 않는 편이 낫다.

10장
절대로 하면
안 되는 생각들

바보와 싸우지 말라. 바보는 상대를 자기 수준으로 끌어
내려 경험으로 이겨 버린다.

- 알베르트 아인슈타인

심리 지배 상황에서 벗어나기를 원한다면, 더는 심리 조종
자들이 당신에게 들러붙지 않기를 원한다면 습관처럼 하던 행동
들을 뿌리부터 갈아엎어야 한다. 이제 당신은 그런 행동들이 사
태를 지속시키고 악화시킨다는 점을 충분히 알았을 것이다. 같
은 일을 점점 더 많이 하면 같은 결과가 점점 더 많이 나타난다.
특히 여러분이 절대로 해서는 안 될 것들을 목록으로 추렸다.

나는 그 사람을
구원할 수 있어

다른 건 둘째 치더라도, 구원자 역할은 절대로 하면 안 된다. 어른이라면 무방비 상태의 어린아이와 달라야 한다. 다 큰 어른을 젖먹이 다루듯 애지중지 키워 줄 이유가 없다. 정말로 보호받아야 할 사람은 아이들이다. 아이들은 어리고, 위험에 취약하며, 법적으로도 스스로를 보호할 수단을 지니고 있지 않기 때문이다. 어른들 중에는 여러분이 보듬고 키워 줘야 할 불쌍한 병아리가 없다. 착각하지 마라. 못돼 먹은 사람과 불행한 사람은 다르다. 심리 조종자들이 남들보다 딱히 더 불행하지는 않다. 그저 우는 소리를 크게 낼 뿐이다. 그들은 '보상받을' 필요가 없으며 여러분이 보상을 할 필요는 더더욱 없다. 마음고생이 많았구나 이해할 수는 있다만 그건 다른 사람들도 마찬가지이고 자기 문제는 자기가 풀어야 한다.

어른이라면 자격도 없는 구원자에게 기대기보다는 전문가를 찾아가 얼마든지 도움을 구할 여력이 있다. 게다가 주위 사람들에게 아마추어 심리치료사 노릇을 하는 것이 본인에게 위험할 수도 있다. 만약 시중 은행이 어떤 사람에게 대출을 거부했다면 거기에는 마땅한 이유가 있을 것이다. 그 사람에게 사설 은행 노룻을 해 주지 마라. 상환은 영영 이루어지지 않을 테니까.

구원자 역할 단골배우들은 "난 네가 필요해"라는 말에 꼼짝을 못 한다. 그들은 이 말을 듣자마자 가슴이 뭉클하고 그렇게 말해 준 사람이 한없이 고맙다. 아, 드디어! 누군가가 고맙게도 내게 필요하다고 해 주는구나! 당신은 버선발로 달려 나가 상대가 뭘 부탁하든 감격에 겨워 다 들어준다! 당신은 자기가 테레사 수녀인 줄 알지만 상대는 당신을 부려 먹기 좋은 노새 정도로밖에 생각하지 않는다. 그런 처지가 뭐 그리 만족스러울까? 다음에 누군가 "난 네가 필요해"라고 하거든 그 말이 '난 너를 이용하고 싶어'라는 뜻은 아닌지 꼭 짚고 넘어가기 바란다.

주는 것만큼
받지 않아도 괜찮아

결코 마르지 않는 분수의 수도꼭지를 잠글 때가 왔다. 여러분은 공정거래를 준수해야 한다. 상식에 비추어 생각해 본다면, 심리 조종자를 더 이상 겉늙은 미성년자, 아직 어른 구실을 못 하는 사람 취급하지 않는다면 여러분이 그 사람에게 해 주는 모든 것이 결코 정당화될 수 없음을 이해할 것이다. 사랑과 돌봄을 혼동해서는 안 된다. 어린아이의 성장기, 특히 만 7세 이전까지는 모성적 돌봄이 반드시 필요하다. 하지만 아이가 웬만큼 컸다면 그런 식의 돌봄은 오히려 독이 된다. 계속 아기 취급을 하면 아이가 자율성을 익힐 수 없기 때문이다.

"엄마는 널 사랑해. 하지만 네 손으로 빵에 버터를 발라 먹으렴. 빵에 버터를 발라 주는 것과 사랑은 아무 상관도 없단다."

성인 대 성인의 관계에는 모성적 돌봄이 들어설 이유가 없다. 당신은 무상으로 뭔가를 해 주고 다른 사람들에게 감사와 인정을 받는다. 그렇지만 당신도 그런 게 통하지 않는다는 사실을 알 만한 위치에 있지 않은가.

《나는 생각이 너무 많아: 생존편》에서 나는 파트릭 다케가 《샤먼 할아버지가 지구의 아이들과 손자들에게 전한 말*Paroles d'un grand-père chaman*》에서 제시한 '샤먼의 대등한 교류' 개념을 언급한 바 있다.◆

가령, 샤먼의 세 가지 태도와 정신적 과잉 활동인의 특징은 어떤 관련이 있을까?

위계를 두지 않음: 여러분은 전반적으로 위계질서에 대한

◆ Patrick Dacquay, *Paroles d'un grand-père chaman*, Éd. Véga, 2014.

감각이 없기 때문에 곤란을 겪는다. 더욱이 무능하고 공정하지 못한 윗사람과의 관계는 말할 것도 없다.

대등한 교류: 여러분이 늘 환상을 품지만 실생활에서 이루지 못하는 일 아닌가.

평범함: 알다시피, 여러분도 이렇게 소박하고 겸손한 자세를 표방할 때가 한두 번이 아니다!

이 개념의 골자를 말하자면 이렇다. 조상들의 지혜는 모두 공정하고 대등한 교환에 바탕을 두고 있으므로 어떤 것도 공짜가 아니다. "나는 너에게 주고, 너는 나에게 준다." 이때에는 아무도 다른 사람에게 절대적인 힘을 행사하지 않는다. 그러나 받지 않고 주기만 하는 사람은 상대를 빚진 자로 만들기 때문에 미묘한 힘을 거머쥔다. 주지 않고 받기만 하는 사람은 자유와 절개를 잃고 비굴한 입장, 걸인과도 같은 처지에 놓인다.

이 두 가지 태도는 모두 인간적인 상처의 결과겠지만 결코 장려되어서는 안 되며 가급적 바로잡아야 한다. 따라서 공정거래는 우리가 올바른 태도와 적절한 행동을 갖추어야만 가능하기 때문에 실제로 이루어지기는 꽤 어렵다.

여러분에게 다시 한 번 분명히 말한다. 자신이 주는 것과 받는 것 사이의 균형을 찾는 일은 순전히 개인에게 달렸다. 자기 자신의 가치를 깨달을 때에만 그 균형을 발견할 수 있기 때문이다. 하지만 그런 경지에 이르기 전까지는 공정성에 대한 여러분의 감각에 의지해야 할 것이다.

~~~~~~~~~~~~~~~~~~~

그땐 그럴 수밖에 없었으니까

여러분은 심리 조종자가 크나큰 고통을 겪은 탓에 그렇게 행동하게 되었다고 생각하기 때문에 그 사람의 핑곗거리를 찾아 준다. 그런 핑계를 많이 찾아 줄수록 그 사람에게 여러분을 마음대로 휘두를 힘을 안겨 주는 셈이다. 그러다 결국 여러분은 용납해서는 안 될 소행마저 용납하게 될 테고 그 사람이 하는 못된 짓의 공모자로 전락할 것이다. 하는 짓은 미워해도 사람은 미워하지 않을 수 있다. 그렇지만 일탈 행동은 절대로 눈감아 주면 안 된다. 세상에는 변명의 여지가 없는 행동들도 있다.

핑계를 만들어 주는 것과 용서하는 것을 혼동하지 마라. 용서는 의식의 기나긴 구도라 할 수 있다. 그 사람에게 핑계를 만들어 주는 것은 상처를 급히 싸매 더 악화시키는 것이다. 입장을 분명히 하고 따질 일은 따져야 하건만 그 상황을 회피하려는 시도에 불과하다.

얼굴을 보고
결판을 내야겠어

주위에 심리 조종자가 있다면 알 것이다. 그 사람은 모두와 껄끄러운 관계가 되고 그런 상황을 즐기기까지 한다. 그는 싸움을 좋아한다! 알다시피 그 사람은 의식적으로 갈등과 불화를 조장하고 거기서 힘을 얻는다. 그는 말썽을 일으키고 걸핏 하면 고소장을 날린다. 심리 조종자와의 소통에서 첫째가는 수칙은 그 사람과 제대로 소통하겠다는 생각을 버리는 것이다.

그 사람과 싸우려 하지 마라. 싸워 봐야 아무 소용도 없다. 당신과 그 사람은 대등한 무기를 가지고 싸우는 게 아니다. 심리 조종자는 이성으로 납득 가능한 한계를 벗어나 있기 때문에 당신은 도저히 그 사람의 정신구조를 상대할 수 없다. 당신은 늘 인간적인 양심을 느끼지만 그 사람은 그렇게 생겨 먹지를 않았다. 당신이 취할 수 있는 가장 좋은 태도는 가급적 엄하게 그 사람을 단속하고 최대한 거리를 두는 것이다.

이제 싸우는 것도 지친다

여러분은 빈약한 무기를 들고 벌이는 힘든 싸움에 지친 나머지 그냥 그 사람이 하자는 대로 해 버리고 싶을 것이다. 아주 고역스러운 요구조차 그냥 들어주고, 여러분에게 상처를 주는 그 사람의 생각을 무시하고, 그 사람이 무슨 말을 떠들고 무슨 짓을 하든지 그냥 내버려 두고 싶을 것이다. 그러면 그 사람의 신경질, 분노발작, 괴롭힘을 피할 수 있고 여러분은 빨리 다른 일로 넘어갈 수 있을 테니까. 하지만 그 계산은 틀렸다. 고함과 호통을 피하면 그런 소리 들을 일이 점점 많아진다. 갈등을 그런 식으로 단기적으로만 관리한 결과는 자못 비극적이다. 여러분이 한 번씩 져줄 때마다 상대의 영토가 불어난다. 게다가 그 사람의 유아적인 전능 환상을 살찌우게 된다는 점은 더 나쁘다.

기다리면 그 사람은 달라질 거야

여러분이 이 책을 덮을 때 딱 한 가지만 기억해야 한다면 바로 이거다. '심리 조종자가 달라질 거라고 믿지 마라.' 심리 조종자는 늘 조금만 더 참으면 뭔가 바뀔 거라는 희망 속에 여러분을 붙잡아 놓는다. 자기도 이제 바뀔 거라고, 상황이 좋아질 거라고, 이제 곧 직장을 구할 거라고 말이다. 심리 조종자는 이번에는 정말로 자기가 얼마나 잘못했는지 깨달았고, 이제 고생스러운 나날은 끝났으며, 두 번 다시 당신을 힘들게 하지 않을 거라는 믿음을 심어 주기 좋아한다.

그 사람은 사악하게도 늘 이번에는 정말로 당신과 헤어질 거라고 위협하지만 결코 당신을 놓아 주지 않는다. 그래서 당신은 이제 곧 해방될 거라는 헛된 희망 속에서 살아간다. 이미 말했듯이 그 사람은 은근히 자기에게 만족하고 자부심마저 느끼기 때문에 굳이 달라질 이유가 없다. 그 사람은 자기가 아니라 다른 사람들에게 문제가 있다고 생각한다.

심리 조종자는 안 변한다. 본인이 변화를 원치 않기 때문이고, 그건 그 사람 자유다. 여러분은 스스로에게 이런 질문들을 터놓고 던져 보기 바란다. 그 사람이 변하기를 기대하면서 살아온 세월이 얼마나 오래됐는가? 10년? 15년? 20년? 언제까지 기다리기만 할 건가? 만약 그 사람이 영원히 변하지 않을 거라면 어떻게 할 건가?

내가 그렇게
행동하지 않았더라면

심리 조종자의 주장대로 여러분과 그 사람의 관계를 여러분만 책임져야 한다고 생각한다면 밑 빠진 독에 물 붓기를 더욱더 열심히 하는 꼴이다. 이미 너무 많은 것을 쏟아부었기 때문에 이제 발을 뺄 수 없다고 생각하는 행동 방식을 '잃은 돈 쫓아가기'라고 한다. 심리 조종자와 싸우느라 이미 10년을 잃었다면 안됐지만, 장차 10년을 더 잃을 필요는 없지 않을까. 추잡한 짓거리를 직시하지 않으려고 에둘러 좋게 말하지는 마라. 사기당한 줄도 모르는 얼굴을 하는 것보다는 사기를 당했구나라고 깨닫는 편이 낫지 않은가.

턱없이 주제넘은 죄책감에 사로잡혀 살아가지 마라. 여러분이 모든 것을 좌우할 수는 없다. 심리 조종자들은 그냥 상대하면 안 되는 사람들이다. 그러니까 이제부터라도 상대하지 않으면 된다.

솔직하게 말하면
알아줄 거야

심리 조종 피해자들에게는 비밀 정원, 자기만의 은밀한 공간이 없다. 그들은 어떤 질문을 받든지 솔직하게 곧이곧대로 대답한다. 이처럼 투명한 태도는 심리 조종자에게 악용당하기 딱 좋다. 심리 조종자는 상대를 지배하고 생각까지 통제하려 하는 반면, 자기에 대해서는 숨기는 것이 많고 아무것도 솔직하게 전해 주지 않는다. '넌 뭐든지 다 말해야 하지만 나한테는 아무것도 묻지 마'가 그의 속셈이다. 한마디로 그 사람은 당신에게 절대적인 투명성과 신뢰를 요구한다. 이 규칙을 어기는 것은 대역죄에 해당한다.

심리 조종자의 태도는 죄수를 다루는 간수의 태도와 흡사하다. 그는 줄기차게 심문하고, 염탐하고, 감시하고, 엿듣고, 남의 우편물을 읽고, 가방을 뒤지고, 남의 휴대전화와 컴퓨터를 몰래 들여다본다. 당신이 해명을 요구하거나 그 사람에게 뭔가를 숨겼다가는 혼자 보기 아까운 피해망상 발작이 한바탕 벌어질 것이다.

침묵을 고수하기, 질문에 대답하지 않기, 정보를 넘겨주지 않기, 자기만의 비밀 정원 가꾸기……. 심리 조종 피해자에게는 대개 이런 요령이 부족하다. 이런 사람은 외교술과 위선을, 진실성과 투명성을 혼동하기 때문에 요령을 익혀야겠다는 생각 자체가 없다. 게다가 정신적 과잉 활동인은 자기 생각을 정리하기 위해서라도 속내를 말로 풀어내고 싶어 한다. 그들은 자기 생각을 속에만 담고 있기를 힘들어하고 괴로워한다.

그렇지만 광인과 현자는 분명 다르다. 현자는 상대를 가려 말을 하지만 광인은 그렇지 않으니까. 여러분은 지금부터 입을 다물고 버티는 법부터 배워야 한다. 자기 삶의 특수한 요소들을 전부 공개하지는 마라. 심리 조종자에게 털어놓은 모든 말은 언젠가 부메랑이 되어 여러분의 얼굴에 정통으로 날아올 것이다.

탈주를 꿈꾸는 죄수가 간수에게 자기 계획을 알릴 리는 없다. 지배 관계에서 벗어나려면 피해자는 반드시 어떤 일, 어떤 행동은 숨길 줄 알아야 한다. 굳이 변명하려 하지도 말고, 입을 꾹 닫고, 자신의 진짜 생각을 입 밖으로 내지 않아야 한다. 심리 조종자의 의심을 사지 않으면서 그렇게 할 수 있어야 한다. 이건 아주 미묘한 화법 훈련이다. 심리 조종자는 뭔가가 자기 통제에서 벗어났다는 느낌이 들면 사람을 쥐 잡듯 잡으면서 불안해한다. 피해자는 힘이 없고 아직 조건화된 복종에서 벗어나지 못했으므로 공든 탑을 쉽사리 무너뜨리곤 한다.

재교육은 쉽지 않거니와 시간도 많이 걸린다. 자기방어적인 변명을 조금씩 차분한 자기주장으로 대체해야 한다. 가령 "미안해, 회사 일 때문에 어쩔 수 없이 붙잡혀 있었어"라는 말 대신 "응, 그래, 내가 오늘 퇴근이 좀 늦었어"라고 말하면 어떨까. 심리 조종자의 손에 무기를 쥐여 주기 싫다면 그 사람에게 변명하거나 애원하지 마라. 눈물로 호소하지도 말고, 항변하지도 마라. 그 사람이 여러분의 관점에서 생각해 볼 수도 있을 거라는 꿈을 꾸지 마라.

말이 나온 김에 한 가지 짚고 넘어가자. 여러분이 얼마나 힘든지 그 사람에게 이해시킬 생각은 하지 마라. 그 사람은 이미 다 알지만 신경 쓰지 않는다. 여러분이 고통을 호소하고 동정심을 불러일으키려 할수록, 다시 말해 여러분이 피해자 역할에 충실할수록, 가해자라는 그 사람의 역할은 굳건해진다. 모든 갈등이 대화로 해결될 줄 아나, 천만의 말씀이다. 이제 그 사람과 진지하게 얘기를 해 보려고 하지도 마라. 만만하게 보일까 봐 괴로워도 표를 내지 않는 고양이처럼, 고통을 표 내지 않는 법도 배울 필요가 있다.

두려워하지 않는 것은 결국 내게 나쁜 것이 될 수가 없다!

내 팔자가
그럼 그렇지 뭐

가만히 여러분의 삶을 한번 돌아보자. 이렇게 사는 것이 행복한가? 웃고 싶을 때 마음껏 웃을 수 있는가? 뭔가에 뜨겁게 열광하고, 뜨겁게 환호할 수 있는가? 자기 자신을 지키면서 즐겁게 살고 있는가? 좋아하는 사람들을 마음대로 만날 수 있고, 좋아하는 활동을 마음대로 할 수 있는가? 사랑을 자유로이 주고받으면서 살고 있다고 생각하는가? 인도주의적 가치관을 일상 속에서 거리낌 없이 표현하면서 살고 있는가? 여러분의 인간관계에는 경청, 존중, 공정성이 있는가?

여러분은 하고 싶은 일을 하면서 사는가? 자신에게 어긋남없이, 자기답게 살고 있는가? 자신의 꿈을 이루기 위해 실제로하고 있는 일이 있는가? 선량하고 인간적인 사람들에게 쏟을 시간과 기력이 있는가? 심리 조종자를 상대하느라 당신이 좋아하는 다른 사람들에게 소홀하거나 잘못을 저지른 적이 없다고 확신할 수 있는가?

여러분이 심리 조종자에게 사로잡혀 있다면 이런 질문에 "아니오"라고 답할 수밖에 없다. 감옥에 갇혀 살면서 행복할 수있을까? 그럴 리가 없다. 심리 조종자와 함께라면 살아도 사는 게 아니다. 삶의 기쁨은 질식당하고, 여러분의 생명력은 그 사람 뒤치다꺼리에 다 쓰이며, 사랑 또한 불가능하다. 살아 있는 즐거움을 한껏 누리려고 태어난 여러분이 왜 불행을 질질 끌고만 있는가?

4부

지금
당신에게 필요한 건
'선 긋기'

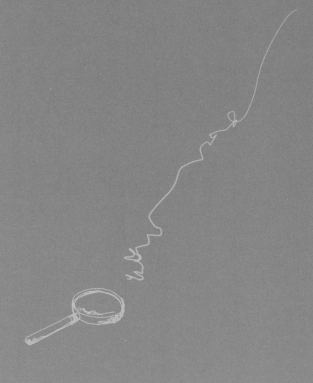

이제부터 차분하게 자기주장을 펴기가 훨씬 수월해질 것이다. 두고 보라. 당신 생각을 분명히 전달하고 "싫어"라고 딱 부러지게 말하는 것이 당연하고도 즐거운 일이 될 터이니. 그런 의사표현이야말로 심리 조종자를 상대할 때 윤리적으로 가능한 유일한 길이기 때문이다. 단순하게, 수월하게, 효과적으로 거절을 표명할 수 있게 하는 도구들을 얻어서 사용하기만 하면 된다. 그 도구들은 저절로 효과를 나타낼 것이다.

가장 중요한 비결은 자기주장을 스스로에게 허용하는 것이기 때문이다.

11장
선을 다시 그어야
당신의 주장을 펼 수 있다

자기를 내세우는 태도, 이른바 '자기주장'은 자신이 아는 진실을 말하고 자기 권리를 보호하되 남의 진실을 부정하지 않으며 남의 권리도 침해하지 않는 자세다. 자기주장은 기술이 아니라 일종의 정신 상태이자 타인과 자기 자신을 대하는 태도라고 할 수 있다.

자기주장의 목적은 자신과 상대방이 모두 받아들일 수 있을 만한 정보를 전달하는 데 있다. 힘겨루기를 피하고 원활하게 소통하고 싶다면 자기주장을 잘 펼칠 수 있어야 한다. 바람직한 자기주장은 으레 볼 수 있는 세 가지 부정적인 행동 방식을 개입시키지 않는다.

> 공격 행동, 즉 완력을 통한 지배.

> 조종 행동, 즉 계책을 통한 지배.

> 포기 혹은 체념 행동, 즉 복종.

가시를 곤두세우지도 말고, 물렁하게 당하지도 말고, 그냥 자기주장을 하라! 여러분도 알겠지만 이런 태도는 심리 조종자들이 제안하는 인간관계들과 완전히 딴판이다. 심리 조종자를 상대로 자기주장을 펼친다는 것은 궁극의 훈련, 최종시험에 해당한다. 여러분이 이렇게 할 수 있다면 책임감 있는 어른 입장에서 최대치를 해낸 것이다. 그러고 나면 사실상 이제 어떤 일도 여러분에게 일어나지 못할 것이다. 여러분은 어떤 상황에서든지 자기 자신을 존중하고 남들에게서도 존중을 받아 낼 무기를 완비했다.

그렇지만 이런 태도가 심리 조종자에게도 좋은 영향을 줄 거라는 생각은 버려라. 그 사람은 계속해서 여러분을 지배하고 싶어 하고 여러분의 진실에 귀 기울이기를 거부할 것이다. 그러니 여러분이 자기 의사를 완전히 표현할 수 있게 되더라도 계속 그 사람을 감시하고 단속하는 수고를 기울이는 편이 낫다.

'나'라는 사람
새롭게 바라보기

자기주장을 효과적으로 펼치려면 먼저 내가 중심을 잡고 진실하게 살아야 한다. 그러자면 자기 자신을 객관적이면서도 따뜻한 시선으로 의식해야 한다. 자신의 권리를 잘 알고 자기에게 공정하고 좋은 것이 무엇인지도 알아야 한다. 충분히 시간을 들여 자신의 진실을 경청하고 규정하지 않는다면 그 진실을 어떻게 표현하겠는가? 지금까지 우리가 보았듯이, 정신적 과잉 활동인은 감각이 과민하고 신경이 예민하게 곤두서 있을 때가 많다. 자기가 수집한 정보를 믿지 않는다면 예리하고 성능 좋은 수신 장치가 있어 봤자 무슨 소용 있을까? 여러분은 지나치게 남에게 중심을 두고, 지나치게 타협적이며, 지나치게 남을 이해해 주며 자기가 맞춰 주기 때문에 관계 속에서 자기 존재를 쉽게 망각한다. 집요한 면이 없다 보니 심리 조종자들에게 농락당하기 쉽고, 여러분의 진실한 모습 그대로 관계 맺기를 바라는 건강한 사람들을 따돌리게 된다.

결국 자기계발의 핵심은 자기 속을 뒤집어 보고 오장육부에서 솟아나는 이야기에 귀를 기울이는 것이라고나 할까. 확실한 본능과 예리한 직감이 있다 한들, 그걸 다 입막음하고 산다면 무슨 소용이 있을까?! 얼마나 여러 번 생각했던가. '난 알고 있었어! 난 이렇게 될 것 같았어! 그때 내 감을 믿었어야 했는데!' 내 상담실에서 피해자들은 심리 조종자를 처음 만났을 때부터 머릿속에 경고음이 울려 퍼졌다고 솔직하게 털어놓곤 한다. '조심해! 저 사람은 잘 모르겠어! 이건 사랑이 아니야!'

그렇지만 오만 가지 그릇된 이유들을 좇아 피해자들은 경고음을 무시하고 그 상황에 빠져들었다. 그들은 사람을 너무 빨리 판단한 것 같아 부끄러웠고, 매혹적인 감언이설을 믿고 싶었으며, 본인의 꿈을 좇아 달려들었다……. 말하자면, 데이터를 관념적으로 받아들였을 뿐 자기들의 경험과는 단절돼 있었던 것이다. 분명히 알아 두자. 본능은 거짓말을 하지 않는다. 본능은 여러분의 변연뇌, 즉 다른 것들을 다 제쳐 놓고 생존만을 생각하는 뇌와 연결되어 있기 때문이다. 여러분의 본능이 상대가 포식자라고 경고한다면, 어떤 특정한 생각들이 '문득 머릿속을 스치고' 간다면 반드시 새겨들어야 한다.

직감도 거짓말을 하지 않는다. 정보를 많이 포착하는 사람은 말 그대로 '비범한 통찰력이 있다extralucide(신기가 있다).' 하지만 자신의 감정과 건설적인 제휴를 맺어야만 잘 여과된 선명한 메시지를 얻을 수 있다. 내가 건네는 조언은 이렇다. 토를 달지 말고 직감을 따라가 보라. 가령 어느 저녁모임에 초대를 받았다고 하자. 누가 초대를 했는지, 어떤 명목으로 어디서 열리는 모임인지, 누구누구가 참석할 것인지 다 알고 있다. 때때로 여러분은 그날 모임이 어떻게 진행될지 벌써 '안다.' 여러분의 직감이 어긋나서 예상과는 달리 유쾌하고 기분 좋은 모임이 될 수도 있을 거라고 자신을 속이려 해 봐야 소용없다.

초대를 거절해서 모임 주최자를 언짢게 할까 봐 겁이 난다면 조금 겸손하게 생각하라. 여러분이 그렇게까지 그 자리에 없어서는 안 될 사람일까? 여러분이 빠지면 모임이 어그러지기라도 할까 봐? 직감을 무시하면 얼마 지나지 않아 그게 잘못이었음을 깨닫게 된다는 문제가 있다. 하지만 직감을 따르면 자기가 거절한 선택지를 경험할 일 자체가 없으므로 그게 잘한 일인지 잘못한 일인지 알 길이 없다. 물론 때로는 여러분이 참석하지 않았던 모임 얘기, 여러분이 지원하지 않았던 일자리 얘기가 귀에 들어올지도 모른다……. 하지만 그런 얘기도 대개는 여러분의 직감이 틀리지 않았음을 확인해 준다. 그러니까 한 번쯤은 아무것도 따지지 않고 자신의 직감을 따라 볼 필요가 있다.

위장 뒤쪽의 태양 신경총, 자주 막히곤 하는 이곳에 신경을 집중하고 오로지 나 자신에게 귀를 기울여 보라. 나는 무엇을 느끼는가? 무슨 생각을 하는가? 내게 맞는 것은 무엇인가? 나는 뭘 하고 싶은가? 무엇이 내게 필요한가? 머리가 아니라 오장육부로 이 모든 물음에 답할 수 있다면 여러분은 진실하고 중심이 잘 잡힌 사람이 맞다.

마음의 소리에
귀 기울이기

자기주장을 계발하려면 한 박자 쉬어 가고 한 걸음 물러날 줄 알아야 한다. 여러분의 삶은 정상적이지 않다. 직감이 그렇게 부르짖은 지도 한참 됐건만, 여러분은 그 외침에 귀 기울이기보다는 직감의 입을 틀어막는 전략들을 구사해 왔다. 단, 직감은 격의를 갖추지 않는다는 것은 알아 두자. '도대체 뭘 기다리느라 저 인간하고 못 헤어져? 너도 알잖아. 일생을 함께할 만한 남자가 아니라는 거. 저 남자가 네 자식들의 아빠가 되기를 바라는 거야? 네가 손 놓고 있는 동안도 세월은 잘 가고 넌 나이를 먹겠지. 제발 빨리 헤어져!' '그 일 빨리 때려치워! 너한테 아무 의미도 없는 일이잖아. 네 인생이 먼저 아니야? 네가 할 만한 일들은 많아. 인생을 걸고 할 만한 일, 만족감도 있으면서 네 두뇌를 좀 더 신명 나게 쓰는 일! 지겨워 죽겠어! 나 좀 구해 줘!' 물론 여러분의 직감은 매달 내야 할 집세, 고용시장 상황, 갚아야 할 대출금, 사회적 제약 따위를 전혀 고려하지 않는다.

그렇지만 여러분이 귀를 기울이기 시작하면 그때부터 직감과의 대화 창구가 열린다. '좋아, 네 말 잘 들었어. 네 말이 맞아. 그 사람과 헤어져야 해. 앞으로 사흘 안에 다 정리할 거야. 하지만 어떤 식으로 정리하는 게 좋을지 네가 좀 알려줘.' '맞아, 이 일은 진짜 엿 같아! 사람을 조금씩 피 말려 죽이는 것 같아. 이 일을 그만두고 내 피를 끓게 하는 일을 잡으려면 어떻게 해야 할지 아이디어를 좀 줘.' 그다음에는 아무 말 말고 조금 쉬어라. 주시하고 경청하라. 밖에서 일어나는 일보다 여러분 안에서 일어나는 일을 더 중요시하라. 직감은 우리의 친구이자 보호자다. 직감은 확실하다. 직감은 우리가 잘되기만을 바란다.

자기가 겪은 일을 객관적으로 바라보기란 매우 힘들다. 약간 거리를 두기 위해서 나와 가장 친한 친구가 나와 똑같은 일을 겪었다고 상상해 보자. 그 친구에게 뭐라고 말해 줄까? 그 친구가 고약한 인간 손아귀에서 벗어나려면 어떻게 행동해야 한다고 생각하는가?

~~~~~~~~~~~~~~~~

절대로 안 되는 것과
불가침권 정하기

그 사람이 심리 조종자이냐 아니냐는 알고 보면 그렇게까지 중요하지 않다. 상대가 넘으면 안 되는 선은 여러분이 정하는 거니까. 여러분의 가치관을 수호하고, 여러분에 대한 존중을 확보하라. 그게 어른으로서 마땅히 해야 할 일이다. 그러자면 기본적인 금지사항, 불가침의 권리를 확고히 정해 두어야 한다. 여러분은 일탈 행동을 너그러이 봐주곤 한다. 여러분이 건강하고 확실한 한계선을 정립할 수 있도록 자신에게나 타인에게나 절대로 봐주면 안 될 행동을 몇 가지 꼽아 본다.

보편적으로 용납 불가한 행동

첫째, 자기 혹은 타인에 대한 신체적 정신적 위해를 용납해선 안 된다. 즉 때리거나 욕하면 안 된다는 이야기다. 유치원 때부터 엄하게 가르쳐야 한다. 그렇게만 해도 골치 아픈 일이 한결 줄어들지 않을까 싶다. 하지만 이 문제에 대해서 어른들이 하는 말은 일관성이 없다. 그렇기 때문에 학교 운동장이나 놀이터에서는 정글의 법칙이 통한다.

둘째, 위법이다. 심리 조종자들은 도덕이나 법을 아랑곳하지 않는다. 그들은 여러분도 법의 외곽지대로 끌려 나오게끔 일을 꾸민다. 계약서, 보호 장치, 증명서류를 생략하고 넘어가는 식으로……. 법은 사람들을 보호하라고 만든 거다. 아무도 여러분이 법을 어기게끔 강요해서는 안 된다.

셋째, 기본적인 안전수칙 위반, 즉 사람을 위험에 빠뜨릴 수 있는 행동도 허용 불가다. 심리 조종자들은 무분별하거니와 사람을 겁주면서 좋아하기 때문에, 특히 운을 시험해 본답시고 정말로 위험할 수도 있는 상황을 조장하거나 방치한다. 게다가 본인이 위험을 감지해 놓고도 절대 위험하지 않다고 딱 잡아떼곤 한다. 그런 태도에서 그들의 수동적 공격성을 볼 수 있다. 그들이 '겁쟁이'라고 비웃든 말든 당신과 당신 자녀의 안전은 스스로 챙겨야 한다.

넷째, 개인 존중, 인류 전체에 대한 존중, 각자가 신성하게 여기는 것에 대한 존중이 결여된 태도다. 여러분이 참되고 중요하고 신성하게 여기는 대상을 두고 하는 못된 말, 모욕, 불경을 용납하지 마라. 기분 나쁜 조롱은 유머가 될 수 없다.

다섯째, 보건위생 의식 결여, 건강에 위해를 가하는 행동이다. 다른 사람때문에 더러움, 악취, 병균을 참고 살아서는 안 된다. 아무도 여러분에게 난방을 틀지 말라거나 곰팡이 소굴에서 살라고 강요할 수 없다. 심리 조종자와 함께 지낼 때에는 여러분이 먹고 마시는 것에도 주의를 기울이기 바란다. 그는 당신이 병나는 꼴을 보고 싶어서 먹여선 안 될 것을 먹일 수도 있는 인간이다.

여섯째, 공동생활 수칙 위반은 허용 불가다. 심리 조종자들은 규칙을 자기는 해당사항이 없고 남들이나 지키는 거라고 생각한다. 버릇없고 뻔뻔하다. 그래서 인사를 하지 않을 권리, 식사 자리를 박차고 나갈 권리, 남의 말을 중간에 끊을 권리 등을 스스로에게 부여한다. 그들은 고맙다는 말을 할 줄 모르고, 남을 칭찬할 줄도 모른다. 그런 태도를 봐줄 필요는 없다.

마지막으로 전능 환상을 부추기는 행동을 용납해선 안 된다. 여러분이 그 누구도 실망시킨 적이 없다면 그 또한 용납할 수 없는 행동 방식이다.

보편적으로 용납 불가한 이런 행동은 전반적인 토대를 닦기 위한 '최소한의 기준'이다. 여러분이 이 최소한의 밑천을 자기 것으로 삼고 나면 어떤 행동은 용납해도 되고 어떤 행동은 단호하게 막아야 하는지 현장 감각이 생길 것이다. 심리 조종자를 상대할 때에는 용납 불가한 행동들이 더 늘어난다. 이를테면 거짓말, 쓸데없는 심술, 멸시, 타인을 (다시 말해, 여러분을) 파멸시키려는 음험한 수작 등이 있겠다.

불가침의 권리

기본적인 금지사항들이 정해졌다면 여러분의 내면에서부터 기본권을 되찾아라. 그 권리들을 몇 번이고 되뇌면서 머리와 마음으로 완전히 익혀라. 또랑또랑 소리 내어 여러 번 읽으면서 자기 안에서 어떤 느낌이 드는지 살펴보자.

> 나는 다른 사람들에게 존중받을 권리가 있다.
> 나는 내 감정과 욕망을 표현할 권리가 있다.
> 나는 나의 우선순위를 챙길 권리가 있다.
> 나는 죄책감 없이 거절할 권리가 있다.

> 나는 내가 대가를 지불한 서비스를 받을 권리가 있다.

> 나는 내 관점이 타인의 관점과 다를지라도 당당히 피력할 권리가 있다.

> 나는 신체적·정신적·정서적 위협에서 나 자신을 보호할 권리가 있다.

> 나는 내가 생각하는 행복에 걸맞게 삶을 꾸릴 권리가 있다.

어떤가. 읽어 보니 좋지 않은가? 이 권리들은 우리의 개인적 공간의 경계선이기도 하다. 심리 조종자들은 이 선을 지키지 않고 우리의 권리를 인정하지 않는다. 따라서 우리가 그들에게 침범의 여지를 주지 말아야 한다.

∿∿∿∿∿∿∿∿∿∿

예의 없고 일관성 없게
구는 법 배우기

나는 피해자들이 심리 조종자를 상대하려면 두 가지 중요한 태도를 스스로에게 허락할 수 있어야 한다고 본다. 없어서는 안 될 태도라고 해도 좋다! 첫째, 예의를 잠시 생략할 줄도 알아야 한다. 둘째, 자기가 한 말을 뒤엎을 줄도 알아야 한다.

가끔은 예의 없이 굴어도 괜찮아

계산대에 줄을 서 있는데 앞사람이 꿈지럭대다가 당신 발을 밟는다. 일반적으로는 발을 밟힌 사람이 아프다는 표를 내기 때문에 상황은 금방 종료된다. 하지만 (심리 조종자에게 길들여진) 당신의 태도는 오히려 이런 식이다.

'저런, 자기가 내 발을 밟은 줄도 모르는 모양이네. 알았다면 당장 발을 치웠겠지. 하지만 선량한 사람이 어쩌다가 그럴 수도 있는 거잖아. 내가 발을 치워 달라고 하면 저 사람이 미안해서 어쩔 줄을 모르겠지. 뭐, 대수롭지 않아. 별로 아프지도 않잖아. 나만 좀 참으면 돼. 금방 앞으로 이동할 걸, 뭐.'

당신이 생각하기에도 이런 태도는 좀 황당하지 않은가? 자기 발가락은 자기가 지켜야지! 이런 상황에서는 앞사람 어깨를 살짝 치면서 "실례합니다만, 지금 선생님 구두굽이 제 발을 밟고 있거든요? 발 좀 치워 주세요. 네, 감사합니다"라고 하는 것이 정상이다. 이 정도만으로도 자기주장의 중요한 첫걸음을 내디딘 것일 수 있다!

내 생각에 이 경우 96퍼센트 정도는 앞사람이 발을 치우면서 미안하다고 말하고 끝난다. 하지만 귓구멍이 막혔는지 꿈쩍도 하지 않는 무례한 인간을 만난다면 당신이 그 사람을 밀어내서라도 당신 발부터 챙겨야 한다. 예의에 어긋나는 행동인 줄은 나도 안다. 하지만 자기를 지키기 위해서라면 주저하지 말고 그래야 한다.

여러분이 병적으로 예의를 차리느라 얼마나 끔찍한 위험까지 자초할 수 있는지 지금까지 내가 보고 들은 바가 있다. 내게 상담을 받던 어느 여성은 원치 않는 성관계까지 '예의상' 당했다. 직장 동료가 그녀에게 퇴근 후에 한잔하자고 했다. 그 남성 동료는 그날 땀을 너무 많이 흘려서 온몸이 끈적끈적하다고, 자기 집에 잠깐 들렀다 갔으면 좋겠다고 했다. 아, 10분도 안 걸려요! 물만 한번 끼얹고 옷 갈아입을게요. 그녀는 자기가 그 사람 입장이어도 온몸이 땀으로 끈끈하면 불쾌할 것 같아서 순순히 그러라고 했다.

그런데 그 사람 집에 도착하자마자 분위기가 바뀌었다. 그녀는 겁이 났고 그 남자가 샤워를 하는 동안 도망치고 싶은 마음밖에 없었다. 내가 왜 그때 도망치지 않았느냐고 물었더니 그녀의 대답은 이러했다.

"간다는 인사도 없이 가 버리면 안 되잖아요."

안타깝게도 그녀는 인사를 할 시간이 없었다. 그는 욕실에서 나오자마자 그녀를 덮쳤다. 신고를 받고 출동한 경찰은 그녀의 행동이나 해명을 어이없어했다. 꼭 이 사연이 아니더라도 사람을 마비시키는 병적인 예의 차리기가 인간관계에서 화를 부른다는 비극적인 증언들을 나는 많이 접했다.

소니아의 사연을 기억하는가? 옛 직장 동료는 자기 멋대로 일을 다 꾸며 놓고 그녀를 사장 자리에 앉히려 했다. 그녀는 계약서에 서명하려는 순간, 구두로 합의한 내용과 계약 조건이 영 다르다는 것을 알았다. 그녀의 본능은 지금 바보 같은 짓을 저지르는 거라고 외쳤다. 그렇지만 서명을 하지 않을 수가 없었다……. 예의가 아니니까! 차라리 파란을 일으킬 각오를 했어야 했다. "이 너절한 종이 쪼가리는 뭔가요? 구두로 합의한 내용과 다르잖아요! 아니, 내가 이 엉터리 같은 계약서에 서명할 거라고 생각했나요? 이거 가져가서 다시 한 번 보세요. 그다음에 가서 얘기하죠! (얘기할 일 없으면 더 좋고요.)"

자기가 편안하게 느끼는 구역(가짜 책임 지대)을 과감하게 박차고 나올 수 있어야 한다. 여러분은 그냥 갈등이 싫어서 거기 처박혀 있을 뿐이다. 화합이라는 가치를 추구하면서 살고 싶어 하니까……. 과감하게 예의를 내팽개치고, 고함을 지르고, 쾅 소리 나게 문을 닫고, 진상을 떨어야 여러분 자신을 구할 수 있는 때도 있다. 연습해 보자!

의견을 바꿀 권리

여러분은 의견을 바꿀 권리를 자신에게 좀체 허락하지 않고, 했던 말을 철회하는 것조차 힘들어한다. 처음에는 생각하지 못했던 부분을 나중에 가서 고려하고 찬찬히 성찰할 권리가 우리에게 있다. 언제나 자신에게 뒷걸음질을 허락할 수 있어야 한다. 특히 제 발로 고생길에 들어가고 있음을 깨달았을 때는 빨리 뒷걸음질로 나와야 한다. 누구나 자기 생각을 유예할 권리가 있으며 숨겨진 불행에서 자신을 보호할 권리가 있다. 설령 본인이 처음에는 동의한 불행일지라도.

길게 말할 필요도 없다. "내가 다시 생각해 봤는데 ○○하기로 했어." 변명하지 않고 의견을 바꿀 권리가 법으로도 보장되어 있다는 것 아는가? 가령 소비자는 15일 이내에 변심에 의한 반품과 환불의 권리를 누릴 수 있다. 변심의 이유를 구구절절 설명할 필요도 없고, 추가 비용을 부담할 필요도 없다. 심리 조종자 앞에서 이 같은 권리를 행사하는 것은 지극히 합법적일 뿐더러 여러분의 우회적인 동의보다 훨씬 중요하다. 그 사람은 항상 아닌 밤중에 홍두깨처럼 쳐들어오거나, 막판에 가서 사람을 들볶거나, 빠져나갈 수 없게끔 일을 다 꾸며 와서는 발을 동동 구르거나, 분별 있게 결정을 내리는 데 아주 중요한 정보를 숨기거나, 압박과 괴롭힘을 행사한다.

심리 조종자가 자기 기분대로 일을 손바닥 뒤집듯 하는 바람에 고생한 적이 있을 것이다. 이제 여러분이 그만하라고 말해야 한다.

장 레옹 보부아와 로베르 뱅상 줄은 《정직한 사람들을 위한 인간 조종법 *Petit traité de manipulation à l'usage des honnêtes gens*》◆에서 인간은 일관성을 지키려는 욕구가 있기 때문에 심리 조종 기법이 먹히는 거라고 보았다. 사람은 저마다 자기모순이나 자기분열에 빠지지 않으려고 끊임없이 몸부림치고 자기 내면의 혼돈과 싸운다. 말하자면, 우리 모두는 정신을 놓아 버릴까 봐 두렵다. 게다가 심리 조종자는 당신이 자기 심기를 건드리면 이 말부터 내뱉는다.

"미쳤군!"

일관성 욕구의 가장 소름 끼치는 예는 밀그램의 실험이 아닐까. 연구진은 피실험자들에게 처벌이 기억력에 미치는 영향을 연구한다고 둘러댔지만 실제로는 피실험자들의 복종을 실험했다. 그리고 아주 정상적인 사람도 아무 원한 없는 타인을 거의 고문하다시피 할 수 있다는 결론을 끌어냈다. 100명에서 72명은 점점 위험해지고 상식에서 벗어나는 처벌 과정을 끝까지 수행했다. 자기 입장을 분명히 밝히고 그만하라고 말하지 못하는 당신도 이런 실험에서 72명 가운데 한 명이 될지도 모른다!

이런 형태의 조종에 저항하는 가장 좋은 방법은 그냥 일관성을 포기하는 것, 특히 좀 제멋대로 구는 것이다. 심리 조종 상황에서는 그런 태도도 요긴하다. 모두에게 좋은 얼굴만 보이려

◆ 로베르 뱅상 줄, 장 레옹 보부아, 임희근 옮김, 《인간 조종법: 정직한 사람들을 위한》, 궁리, 2008.

고 하지 마라. 버릇없는 사람, 정신 나간 사람으로 보이면 뭐 어떤가. (특히 내 입으로 내뱉은 약속이 나를 조종하는 족쇄가 됐을 때!) 약속을 뒤엎는 게 뭐가 어때서. 여러분은 훨씬 자유롭게 행동할 수 있다.

내가 책임져야 하는 건 나 자신

정신의 기준들을 다시 잡는 과정은 여러분이 자신과 중대한 약속을 하면서 마무리된다. 다시는 자기 자신을 방임하지 않겠다는 약속 말이다. 나 자신과 계약을 체결하자. 내가 제안하는 계약서는 바로 다음에 써 두었다.

각자가 처한 상황이 다를 수 있으니, 여러분 사정에 맞게 조금 고치거나 이런저런 요소들을 조합해서 딱 들어맞는 계약서를 만들어 보자. 다른 누구도 대신 해 줄 수 없는, 여러분만이 할 수 있는 일이다!

나 자신과의 계약서

나는 이제 무섭다고 도망치지 않고, 고통 앞에서 나 자신을 팽개치지 않겠다고 약속합니다.

나는 내 안에 나 자신과 타인을 위한 사랑의 공간을 잘 지켜 나갈 것입니다. 그로써 완전한 폐쇄와 완전한 개방에서, 그리고 피해자, 박해자, 구원자 역할에서 벗어날 것입니다.

나는 인간관계에서의 내 입장과 그 결과들을 온전히 의식하고 책임질 것을 약속합니다.

나는 이제 나를 배신하지 않을 겁니다. 나의 욕구, 바람, 가치관에 부합하는 삶을 살기 위해서 실제로 행동하겠습니다.

서명 나 _____ & 나 _____

12장
'사람 보는 눈'을 키우는 데
효과적인 기술들

이제 모든 인간관계에서 유용할뿐더러 심리 조종자를 상대하기에 더없이 요긴한 자기주장을 실천할 준비가 되었을 것이다. 자기주장을 하거나 거절 의사를 밝히기란 그리 쉽지 않다. 어떤 사람들에게는, 상황이 정상적이고 상대가 좋은 뜻을 품고 있다 해도, 이보다 어려운 일이 없다. 어떤 대기업들은 면접 채용 단계부터 신입사원들에게 자기주장 훈련을 시킨다. 그래야만 신입사원들이 회의에서 자유롭게 자기 의견을 내놓을 수 있기 때문이다. 내가 《자기주장을 펼치고 감히 싫다고 말하라 *S'affirmer et oser dire non*》◆에서도 말했듯이 거절을 전혀 하지 않고 살 수는

◆ Christel Petitcollin, *S'affirmer et oser dire non*, Éd. Jouvence, 2003(국내 미출간).

없다. 예를 들어, 같은 날 두 군데서 초대를 받았다면 둘 가운데 하나는 거절을 할 수밖에 없다.

거절이 여러분의 한계선을 정해 준다. 다른 사람들은 그 선을 알 권리와 필요가 있다. 심리 조종자를 상대로 자기주장을 할 수 있다면 이미 마지막 단계에 온 것이다. 이건 굉장히 까다롭고 어렵지만 꼭 필요한 일이다. 다들 알다시피, '뼈도 못 추리고' 나가떨어질 생각이 아니라면 해야만 하는 일이다. 이제 여러분은 이 상황에 어떤 것들이 관건으로 걸려 있는지 잘 안다. 심리 조종자와의 대화를 집중훈련 워크숍 삼아서 자기주장에 박차를 가해 보자. 심리 조종자가 알아듣게 거절 의사를 전달할 수 있다면 여러분 인생에서 가장 중요한 자기계발을 완수한 것이다! 이미 에베레스트산을 올라왔으니 나머지 여정은 건강에 좋은 산책쯤으로 생각해도 된다!

하지만 에베레스트산을 장비도 없이 올라갈 수는 없다. 그래서 나는 여러분에게 아이젠, 등산모, 피켈 등 성능 좋은 등산 장비 일체를 갖춰 줄까 한다. 일단은 여러분이 부딪히게 될 어려움의 성격부터 얘기해 보자.

심리 조종자 앞에선
왜 거절이 힘들까

심리 조종자는 부담스럽고 고집이 세며 위협적인 사람이다. 그는 여러분의 거절에서 아주 작은 빈틈이라도 발견하면 그걸 붙들고 늘어지며 여러분을 심각하게 괴롭힐 수도 있다. 엔간히 딱 부러지게 "싫어"라고 하지 않으면 그 사람은 거절을 거절로 접수하지도 않는다. 그는 당신이 약해지는 듯한 부분을 전방위로 공략할 것이며 뭔가 빈틈이 있다고 생각하는 동안에는 결코 싸움을 철회하지 않을 것이다. 심리 조종자도 최소한 당신이 취하는 입장의 약점들을 조목조목 따지는 재주만큼은 놀랍다. 그는 예상 가능한 반박들을 완벽하게 처리한다. 당신이 변명하면 그 사람은 당신 주장에 근거가 없음을 증명해 보일 것이다. 당신이 "싫어"라고 했어도 심리 조종자는 "싫어"가 머지않아 "좋아"가 될 거라 생각한다.

괴롭힘

더 고약한 노릇은, 당신의 거절이 너무 서툴고 모호하기 때문에 그 사람이 더 흥분하고 당신을 자기 마음대로 복종시킬 욕심에 불탄다는 것이다. 일례로 성추행 상황에서 가해자는 피해자도 자기가 하는 짓에 성적으로 흥분하고 괜히 거부하는 척하는 거라고 생각한다. 유일한 해결책은 당신을 괴롭히는 그 사람의 눈을 똑바로 보면서 당신은 그 사람과의 성관계에 관심 없다고 확실하게 말하는 것뿐이다. 그 사람은 당신 보고 미쳤다는 둥, 자기는 그럴 생각이 없는데 당신이 김칫국을 마시는 모양이라는 둥 기분 나쁜 소리를 해대겠지만 어쨌든 추행은 중단할 것이다. 가해자가 직장 사람이라면 그런 일을 조용히 덮고서 그 직장에 계속 다닐 꿈도 꾸지 마라. 당신은 자기 자신을 지켰을 뿐이지만 상대는 자기 나르시시즘에 입은 상처를 절대로 잊지 않을 것이다. 성적 괴롭힘이 지속되도록 내버려 둔다는 것은 다른 의미에서도 파괴적인 처사다. 심리 조종자는 확고부동하고 특단의 조치까지 각오한 거부 앞에서만 뒷걸음질을 치기 때문이다.

그렇기 때문에 여러분의 "싫어"는 더없이 고집스러워야 한다. 여러분은 불굴의 의지로 버텨야 하고 눈곱만큼도 여지를 주지 않는 거부로써 심리 조종자를 떨쳐 내야 한다. 생각보다는 어렵지 않다.

불성실

심리 조종자는 간교하고 거짓말을 잘하며 언제나 불성실하기 짝이 없다. 그 사람은 촉박함을 앞세워 압박을 가하고, 의사결정에 중요한 정보를 고의로 숨기고, 자료를 바꿔서 여러분을 함정에 빠뜨린다. 그 사람이 늘어놓는 정보나 자료만 봐서는 거절할 이유가 하등 없을 것 같다. "야, 이거 너한테는 대박이야! 내가 이런 제안을 하는 걸 고맙게 생각해야 돼. 나한테는 돌아오는 게 별로 없어. 네가 잘되길 바라니까 이 건을 들고 온 거야. 두 번 생각할 필요도 없어. 무조건 오케이 해야 되는 일이야. 자, 빨리 결정해! 기회는 지금뿐이다? 네가 싫다고 하면 난 두 번 말하지 않을 거야!"

자, 탈탈 털리는 기분 괜찮은가? 거절을 할 줄 몰라서 정말로 비극적인 사태를 맞는 경우는 흔하다. 얼마나 많은 사람이 나를 찾아와 속아서 결혼했다, 사기를 당해서 빚을 떠안았다, 법적으로나 재정적으로 곤란한 처지에 놓였다고 고백하는지 모른다. 그들은 위험을 의식했으면서도 거절을 할 도리가 없어서 곤란한 상황을 자초했다. 심리 조종자에게 거절을 표명한다는 것은 일견 솔깃하게 들리는 그 사람의 제안에 숨겨진 흉계, 계략, 함정을 감지할 수 있다는 뜻이다.

여러분이 여기에 휩쓸리지 않으려면 충분히 멀찍이 물러나 사안의 긴급성부터 제거해야 할 것이다. 자기 느낌을 믿어 보자. 믿기지 않을 정도로 조건들이 좋다면 대개는 결코 믿으면 안 되는 조건들이다. 충분히 시간을 들여 정보를 수집하고 함정을 간파하라. 계약서 하단에 깨알 같은 글씨로 들어가 있는 조항들도 빠뜨리지 않고 숙지해야 한다.

분노발작

유아적 전능 환상에 정체되어 있는 심리 조종자는 본인의 좌절
을 관리할 능력이 없다. 그는 자기 뜻을 거스르는 것은 용납할
수 없다고 생각한다! 그래서 수틀렸다 하면 게거품을 물고 협박
과 욕설을 퍼붓고는 앙갚음을 하려 든다. 따라서 당신이 그에게
"싫어"라고 말했다면 그를 좌절시킨 셈이므로 무서운 눈초리,
분노발작, 보복이 따라올 것이다. 심리 조종자의 위협적인 시도
에는 코미디 같은 데가 있다. 여러분은 이런 일에 꿋꿋하게 버틸
수 있어야 한다.

　　그 사람은 사사건건 트집을 잡고 당신에게 죄책감을 조장
하려 할 것이다. 어린애가 한바탕 떼를 쓰는구나라는 눈길로 그
의 분노발작을 바라보라. 게다가 앞에서도 말했듯이, 나는 여러
분이 그를 더 자주 도발해서 분노발작을 불러일으키기를 바란
다. 여러분은 그런 상황에서 자기주장을 점차 더 잘 펼 수 있게
될 것이다. 잘 기억하자. 어린애는 크게 떼를 쓰고 나면 얌전하
게 말을 잘 듣는다.

인간관계에 취약한 여러분의 특성들

여기까지 읽었다면 이해했겠지만 여러분에게도 문제가 있다. 여
러분은 유연성과 적응력이 뛰어나다. 게다가 상대를 기쁘게 해
주려는 마음이 앞서 자기가 감당할 수 있는 한계선을 잘 정해

두지 않는다. 이 모든 특성이 심리 조종자의 전능 환상을 부채질한다. 심리 조종자는 미성숙한 인간이기 때문에 당신을 대리 부모쯤으로 생각한다. 상상해 보자. 제멋대로인 아이에게 뭐든지 허용하는 교육이 어떤 결과를 불러올지. 말귀를 못 알아듣는 아이와 토론을 할 수는 없다. 그런 아이에게는 넘어서는 안 될 선을 정해 주고 잘 단속하는 수밖에 없다. 그 사람과의 관계에서 부모 노릇을 할 거라면 적어도 똑바로 하기라도 하자. 심리 조종자를 단속해야 한다!

이제 여러분은 어떤 장애물들이 있는지 알았고, 그 장애물들을 어떻게 둘러 가거나 넘어갈 수 있는지 알았다. 장애물들을 쌓고 또 쌓아 태산을 만들지 말자. 처음 한 번 딱 잘라 말하기가 어렵지, 그다음부터는 외려 재미가 붙을 것이다!

~~~~~~~~~~~~~~~~

단순하지만 탁월한 자기주장의 도구

자기주장을 잘하게 될수록 관계의 구성요소들을 바꾸기도 쉬워진다. 그렇게 할 수 있으려면 몇 가지 간단한 기법을 알아두는 것이 좋다. 이 기법들은 그냥 실제로 사용하기만 하면 될 만큼 단순하지만 현장에서 효과가 확실하다.

긴급성을 앞세운 압박 거부하기

자, 여기 입 밖으로 내기만 하면 되는 마법의 주문이 있다. "한번 찬찬히 생각해 볼게." 상대가 독촉하거든 탈레랑의 명언을 인용 하라. "그렇게 긴급하다면 벌써 너무 늦은 게지." 아니면, 그냥 슛을 날려라. "내가 일정이 안 돼……. 다른 약속이 확정될 거 고 기다리는 중이라서……. 내가 여력이 될지 아직은 잘 모르겠 네." 조금 더 훈련되면 이렇게 받아칠 수도 있을 것이다.

"네가 이렇게 상황을 급박하게 만든 거야. 좀 더 일찍 말을 했어야지. 이런 경우는 원칙적으로 응하면 안 된다고 봐. 남에게 등 떠밀리는 것도 싫고, 이미 다 벌려 놓은 일을 들이밀면서 결 정하라고 하는 것도 정말 별로야. 다음부터는 미리 얘기해."

자기주장의 짜임새

자기주장의 8할은 목표를 분명히 밝히는 데 있다. 중심을 잡고 자기답게 살아갈수록 이런 말이 쉽게 입 밖으로 나올 것이다.

> 난 그걸 하고 싶어.
> 난 그렇게 믿어.
> 난 그렇게 생각해.

> 난 그걸 바라.

> 난 그거 안 할 거야!

긁힌 디스크

그동안 여러분은 변명에 너무 많은 시간을 쏟았다. '또 잔소리 구나!'라고 생각하는 사람에게 여러분이 늘어놓는 말은 점점 더 설득력 없게 들릴 뿐이다. '긁힌 디스크' 기법이 여러분의 시간 과 에너지를 절약해 줄 것이다. 이제 여러분의 입장을 간단히 서 너 마디로 정리하고 그 말만 무한 반복하라. 아예 번호를 매겨 서 되풀이해도 좋다.

"엄마? 두 번 말했어요, 우리는 크리스마스에 못 가요…….
엄마, 다섯 번째예요. 우리는 크리스마스에 안 갈 거예요…….
저 열 번째 말하는 거예요. 우리는 크리스마스에 엄마한테 못 가 요……."

이 기법의 위력이 느껴지는가? 당신 엄마가 크리스마스 전 날에야 당신이 오지 않을 거라는 사실을 깨닫고 (참 놀랍게도!) 놀 라는 척할 때 당신은 아무 죄책감 없이 말할 수 있으리라. "엄마, 올해는 크리스마스에 엄마한테 못 간다고 정확히 열네 번 말씀 드렸어요. 엄마가 듣기 싫어서 안 들으셨나 보네요."

마법을 일으키는 말

긁힌 디스크 기법은 여러분의 입장을 좀 더 확고히 다져 준다. 하지만 이 기법만으로는 심리 조종자를 상대할 수 없다. 그는 자꾸만 당신을 생산성 없는 입씨름에 끌어들이려 할 것이다. 그 사람의 목표는 당신이 변명을 하게 만들어서 그중 뭐라도 꼬투리를 잡는 것이다. 심리 조종자는 당신이 싫다고 말한 '이유'에는 관심이 없고 당신의 거부를 무력화할 '방법'에만 관심이 있다. 그 사람이 시비를 걸 때 말려들었다면 이미 진 거다. 그는 무익한 궤변으로 당신을 유인하고, 똥개훈련 시키고, 정신적 혼란에 빠뜨릴 것이다. 그러고는 당신의 의견을 부침개 뒤집듯 홀라당 뒤집어 놓을 것이다.

그러니까 논쟁에 끼지 않는 게 상책이다. 마법의 주문 같은 이 네 문장을 구사하면 얼마든지 가능하다. 두고 보라, 이 말들이 기적을 일으키고 쓸데없는 갈등을 적잖이 덜어 줄 테니까.

> "당신이 그렇게 말하는 거지."
> "그렇게 생각하는 거야 당신 자유야."
> "그건 당신 의견이고."
> "완벽한 사람은 없는 거야."

긁힌 디스크 기법과 마법을 일으키는 말 기법을 조합하면 천하무적이다. 가령 당신을 심리적으로 조종하려 드는 어머니에게 크리스마스에 못 간다는 말을 열 번, 스무 번 반복하면 상대는 다른 방향에서 당신의 죄책감을 자극하려 할 것이다. "엄마는 안중에도 없구나! 자식으로서 이래도 되는 거냐? 너는 늘네 마누라와 네 새끼들만 중하지! 네 동생이 무척 실망할 거다!" 자, 마법의 말을 어떻게 적용하면 좋을까.

> 엄마는 안중에도 없구나! ↔ 그건 어머니 생각이에요.

> 자식으로서 이래도 되는 거냐? ↔ 세상에 완벽한 사람은 없어요.

> 너는 늘 네 마누라와 네 새끼들만 중하지! ↔ 그렇게 생각하는 건 어머니 자유예요.

> 네 동생이 무척 실망할 거다! ↔ 어머니가 그렇게 말씀하시는 거죠.

보다시피 저절로 착착 맞아 들어간다!

객관적 사실에 매달릴 것

여러분은 심술과 악의의 망망대해에서 절박하게 구명대를 붙잡듯 객관적인 사실을 붙잡고 매달려야 한다. 객관적 사실은 여러분이 의심의 심연에 가라앉지 않도록 지켜 준다. 사실에만 입각해 판단하고 행동하면 흔들릴 일이 없다. 100퍼센트 심리 조종자의 주관과 해석에 발목을 잡히지 말고 최대한 객관적인 데이터들로 넘어가라. 육하원칙도 도움이 될 수 있다. 육하원칙은 경찰 수사의 기본 질문이기도 하다. 언제, 어디서, 누가, 무엇을, 어떻게, 왜를 따지면 사실에 입각할 수밖에 없다. 여러분의 소통이 사실과 행동에 입각해 있는 한, 심리 조종자에게 왜곡할 빌미를 주더라도 마음 든든할 것이다.

객관적인 사실에 매달린다는 것은 감정대로 행동하지 않는 법을 배우고 자신의 주관성도 의식하게 된다는 것이다. 이를테면 여러분은 "오늘 꽤 덥다"와 "오늘 기온이 25도다"를 분명히 구분하는가? "이 방 크다"와 "이 방 크기는 30제곱미터야"의 차이를 의식하는가? 100퍼센트 사실에 입각해 생각하는 것은 명실상부한 훈련이다. 당신에게는 눈과 귀가 있다. 자기가 보고 들은 것을 믿고 그것만 말하라. 심리 조종자가 "당신은 만날 늦어!"라고 호통치거든 시계를 확인하고 이렇게만 말하면 된다. "응, 내가 늦었네. 지금 9시 6분이야. 정확히 6분 늦었어."

문자로 남은 흔적들은 잘 간수하라. "아뇨, 그렇지 않습니다. 저는 모 월 모 일 모 시에 그 문제를 고려할 거라고 확실히 전달하는 이메일까지 보내드렸습니다." 그리고 어떤 일이 진행되고 있는 중간에라도 자기 견해를 제시하거나 평가를 내리는 습관을 들이기 바란다. 이때 말투는 최대한 중립적이어야 한다. "잠깐만요, 비가 오는데요." "제가 보기에 그 지적은 적절하지 않습니다." "처음부터 지금까지 해결책은 전혀 제시하지 않으셨는데요."

상대가 숨기는 쟁점이나 관건을 수면으로 끌어올리는 태도도 권장할 만하다.

심리 조종자의 물밑작업을 눈치챘다면 물 밖으로 끌어내라. 그렇지만 질문을 던지는 입장, 솔직하게 자문을 구하는 듯한 태도를 유지하라. 그러지 않으면 심리 조종자는 당신이 자기 의도를 곡해한다고 되레 비난을 퍼부을 것이다(그 사람이 인정하지 않아서 그렇지, 그런 의도가 있다). 그러니까 대략 이런 식으로 접근해야 한다. "확실히 해 두고 싶어서 그래요! 지금 저한테 작업 거는 거 아니지요? 아닌 거 맞죠? 아, 아니라면 안심이에요. 저는 일과 사생활은 분리하고 싶어요." 혹은 어머니가 단단히 삐쳐서 이런 말을 했다 치자. "내년 크리스마스에 나는 이 세상 사람이 아닐지도 모르지!" 어머니에게 이렇게 물어보자. "제 마음 무거우라고 그런 말씀을 하시는 거예요?" 아니면 껄껄 웃으면서 받아쳐도 좋다. "휴, 마음이 놓이네요! 어머니가 여전하시다는 거 잘 알겠네요!" 심리 조종자 식으로 말하자면 이런 거다.

'들켰거든요? 훤히 다 보입니다!'

심리 조종자를 상대할 때에는 범상치 않은 자기주장 능력이 필요하다. 이 때문에 심리 조종자와의 만남이 진정한 자기계발의 계기가 되기도 한다. 물론 뼈도 못 추리고 당한다면 얘기가 다르지만! 당신의 코흘리개가 집중훈련 과정을 제공하고 당신의 자기주장에 혁혁한 발전을 가져올지도 모른다. 거절하기, 선을 그어 주기, 존중을 요구하기 등은 어른으로서 감당해야 할 책임이다.

피해자들은 자기주장에서 웬만큼 진전을 보자마자 한결 살기가 편해진다. 활력이 생기고 머릿속이 정리된다. 뿌연 안개가 조금씩 걷히는 것 같다. 심리 조종자의 본색이 드러난다. 그렇지만 심리 조종자는 변하지 않기 때문에(여러분도 이제는 그 사람이 변할 거라는 기대를 버리지 않았나?) 심리 조종에 맞서고 자기주장을 펼치는 방법은 그때그때만 통한다. 심리 조종의 궁극적인 해결책은 단 하나, 그 관계를 끝내는 것뿐이다.

심리 조종자와의 관계를 의무적으로 유지해야 하는 경우는 사실 그리 많지 않다. 그렇지만 심리 조종자가 연을 완전히 끊기에는 너무 가까운 가족이라면 그 사람과의 접촉을 최소화하는 방향으로 하라. 이를테면 1년에 몇 번 같이 밥을 먹고, 두세 달에 한 번 전화를 하되 통화는 10분을 넘기지 않는 식으로 말이다. 무엇보다 개인적인 얘기는 절대로 하지 마라. 날씨 얘기나

하고 안부나 확인하면 그걸로 족하다.

심리 조종자가 가까운 가족이 아닌 모든 경우에 대해서는 이렇게 단언할 수 있다.

도망치는 게 살 길이다!

닫는 글
당신이 그들을 알아볼 수 있다면

이 책을 덮을 때가 되었다. 나 몰라라 손 놓아 버리지 않은 여러분이 자랑스럽다. 여러분이 내가 제시한 순서대로 이 책을 빠짐없이 읽었다면 도구를 다 갖춘 셈이니 나도 안심이다. 어떤 장은 속으로 뜨끔해서 읽기가 힘들었을 것이다. 여러분의 용기에 박수를 보낸다!

여러분도 알다시피, 나의 목표는 파괴적인 인간관계에서 완전히 벗어나는 데 유용할 수 있는 정보를 모두 제공하는 것이다. 부디 모든 계기들이 좋게 작동하기를 바란다.

훗날에, 심리 지배의 악몽에서 벗어나고 난 후에는, 심리 조종자를 만나 본 것도 긍정적인 면이 있구나 싶을지 모른다. 그런 사람에게 걸려들었기 때문에 입장을 취하는 요령, 자기주장,

존중을 받아내는 법을 배울 수밖에 없었노라고…… . 심리 조종 자들이 있기 때문에 우리도 성장하게 되는 걸까? 어쨌든 그들 때문에 우리의 자기계발이 절박해지기는 한다. 결국 이런 관점 에서 보면 심리 조종자도 우리 스승이 될 수 있겠다. 우리를 변화시키고 우리가 우리 자신을 사랑하지 않을 수 없게 하는 비상한 능력의 스승이랄까.

이 작업이 끝나면 행복을 찾으러 나설 수 있다.

나는 경계심을 늦추지 않는 정신적 과잉 활동인을 대상으로 간단한 조사를 실시했다. 그들은 이제 심리 조종자의 접근을 먼발치에서도 바로 알아차린다. 두 번 다시 심리 조종자와의 관계로 돌아갈 마음이 없다. 그들은 누가 봐도 행복한 사람들이다. 나는 무엇이 그들을 구했는지, 결정적 계기는 어떤 것이었는지, 어떻게 두 번 다시 잠들지 않게 되었는지 물어보았다.

토마는 '코흘리개'라는 표현을 처음 찾아 준 사람이다. 나는 그 말을 듣자마자 재미있으면서도 심리 조종자에게 딱 들어맞는다고 생각했다. 그는 자기가 어떻게 심리 조종을 극복했는지 다음과 같이 요약했다. "어떤 사람들이 코흘리개이고 그들이 어떻게 수작을 꾸미는지 이해하게 됐습니다. 그 사람들은 먹구름을 몰고 다니는 것 같지요. 지금은 그런 사람을 보면 부들부들 떨릴 정도로 반감이 치밀어 오릅니다. 사실은 그 사이에 제가 진짜 정신적 과잉 활동인과 어울려 지내기 시작했거든요. 예전에 만나던 사람들과는 달라도 너무 달라서 헷갈리려야 헷갈릴 수가 없어요! 하지만 이 사람들과 지내는 게 얼마나 좋은지 몰라요. 다들 착하고, 순하고, 남의 얘기를 잘 들어 주고, 유머 감각도 있어요. 우리는 서로를 더 높이 끌어올려 주는 헬륨 풍선처럼 서로의 성장에 도움이 되는 것 같아요."

토마에게 감사를 보낸다! 바로 여기에 해법이 있다. 여러분이 사는 행성을 바꿀 수 있다! 여러분이 꿈꾸는 세상은 분명히 존재한다. 어울려 살 사람들을 선택하기만 하면 된다.

여러분은 행복해질 수 있다. 한껏 웃을 수 있다. 편안하고도 활기차게 살아갈 수 있다. 여러분이 원하는 만큼 얼마든지 열광하고, 칭찬하고, 뜨거운 박수갈채를 보낼 수 있다. 여러분이 좋아하는 일을 마음껏 할 수 있다. 여러분의 인간관계에도 경청, 존중, 정의가 실현될 수 있다. 여러분은 원하는 대로 행동하고 자기 꿈을 주도적으로 실현할 수 있다. 호의적이고 인간미 넘치는 사람들에게 여러분의 시간과 기력을 쏟아도 된다. 여러분은 늘 기쁘게, 늘 기분 좋게 배우고 성장할 수 있다. 사랑과 삶의 기쁨이 여러분의 삶 속에 흘러넘칠 것이다.

이 책을 덮는 순간부터 선택은 여러분 몫이다. 여러분에게 행복이 넘치기를 진심으로 기원한다.